国家社会科学基金"十三五"规划2019年度教育学重大课题"立德树人的落实机制研究"(VEA190002)资助出版

中国教育扶贫政策实施效果研究

王森 著

中国社会科学出版社

图书在版编目（CIP）数据

中国教育扶贫政策实施效果研究 / 王森著 . —北京：中国社会科学出版社，2020.11

ISBN 978 - 7 - 5203 - 7298 - 5

Ⅰ.①中… Ⅱ.①王… Ⅲ.①教育—扶贫—研究—中国 Ⅳ.①G52

中国版本图书馆 CIP 数据核字（2020）第 180249 号

出 版 人	赵剑英
责任编辑	田 文
责任校对	张爱华
责任印制	王 超

出 版	中国社会科学出版社
社 址	北京鼓楼西大街甲 158 号
邮 编	100720
网 址	http://www.csspw.cn
发 行 部	010 - 84083685
门 市 部	010 - 84029450
经 销	新华书店及其他书店

印刷装订	北京明恒达印务有限公司
版 次	2020 年 11 月第 1 版
印 次	2020 年 11 月第 1 次印刷

开 本	710×1000 1/16
印 张	15
字 数	231 千字
定 价	86.00 元

凡购买中国社会科学出版社图书，如有质量问题请与本社营销中心联系调换

电话：010 - 84083683

版权所有　侵权必究

序

党的十九大报告提出了"确保到二〇二〇年我国现行标准下农村贫困人口实现脱贫，贫困县全部摘帽，解决区域性整体贫困"的脱贫攻坚目标，并明确提出了"注重扶贫同扶志、扶智相结合"。十九届四中全会通过的《中共中央关于坚持和完善中国特色社会主义制度 推进国家治理体系和治理能力现代化若干重大问题的决定》指出："坚决打赢脱贫攻坚战，巩固脱贫攻坚成果，建立解决相对贫困的长效机制"，将扶贫作为民生保障制度的重要组成部分。教育作为重要的民生，在全面建成小康社会中发挥着重大的作用，通过提升贫困地区人力资本水平，满足贫困群体基本教育需求，对实现共同富裕，促进社会公平具有基础性的意义。

教育扶贫是国家扶贫战略的重要组成部分，是根本性的扶贫之策。经济的贫困可以逐步改变，但教育的贫困会伴随一个人的终身。将我国制度优势转化为国家治理效能是新时代贫困治理问题的一个重要方面。近年来，随着综合国力的全面提升，国家对欠发达地区的扶持力度达到了前所未有的水平，贫困地区发生了翻天覆地的变化，基本公共教育服务体系日趋完善。教育扶贫在推动城乡义务教育一体化发展、缩小城乡教育资源差距、促进教育公平、切断贫困代际传递方面发挥了重要作用。义务教育在贫困地区得到了有效保障，越来越多的家庭通过教育脱贫致富，"走出一个学生，脱贫一个家庭"。

王森以中国教育扶贫政策实施效果研究为博士论文，从教育扶贫政策实施效果的角度探讨自我国大规模有针对性的扶贫政策实施以来，教育扶贫政策重点、效果、特征以及中国经验。立足于"两个一百年"

奋斗目标的历史交汇期，在对教育扶贫历史梳理的基础上，分析其政策实施的效果，总结教育扶贫的中国经验，同时借鉴其他国家解决相对贫困的国际经验，对2020年之后我国教育扶贫政策战略升级的政策进行了构想。本书在其博士论文的基础上进行了修改完善。

随着小康社会的全面建成，我国将进入到基本实现社会主义现代化的新阶段。城乡区域发展差距和居民生活水平差距将进一步缩小，基本公共服务均等化将基本实现。对于解决相对贫困阶段教育扶贫问题的研究，我们期待着会有更多关注现实、关注农村、关注西部、关注弱势群体、关注公共政策公共性的研究成果呈现在广大读者面前。

2020 年 8 月

目　　录

第一章　绪论 …………………………………………………… (1)
　第一节　研究意义 …………………………………………… (1)
　第二节　扶贫与教育扶贫 …………………………………… (2)
　　一　贫困 ……………………………………………………… (2)
　　二　扶贫与教育 ……………………………………………… (5)
　　三　教育扶贫 ……………………………………………… (14)
　第三节　研究方法 …………………………………………… (22)
　　一　研究的主要内容 ……………………………………… (22)
　　二　研究方法与思路 ……………………………………… (23)
　第四节　理论基础 …………………………………………… (25)
　　一　基本需求理论 ………………………………………… (25)
　　二　教育投资理论 ………………………………………… (27)
　　三　教育发展与减贫理论 ………………………………… (30)
　　四　教育政策评价理论 …………………………………… (32)

第二章　教育扶贫政策的历史变迁 ………………………… (37)
　第一节　再苦不能苦孩子，再穷不能穷教育（1984—
　　　　　1993年） ………………………………………… (37)
　　一　要重视贫困地区的教育，增加智力投资 ………… (38)
　　二　把扫盲教育同学习实用技术、帮助农民脱贫致富
　　　　密切结合起来 ………………………………………… (38)

第二节　实施三教统筹与农科教结合（1994—2000 年）……… (40)
　　一　认真实施教育扶贫工程，大力提高中华民族素质 ……… (41)
　　二　培养更多的能脱贫致富的知识型劳动者 ……………… (42)
第三节　不让一个学生因家庭经济困难而失学（2001—
　　　　2010 年）……………………………………………… (43)
　　一　专项政策促进贫困地区义务教育发展 ………………… (43)
　　二　西部"两基"如期完成 …………………………………… (47)
　　三　完善国家资助贫困学生政策和对口支援制度 ………… (49)

第三章　教育扶贫政策实施效果评价的理论研究 …………… (52)
第一节　基于服务理论的政策执行评价 ……………………… (52)
　　一　教育扶贫的公共服务性 ………………………………… (52)
　　二　基于"重要性—表现"分析的改进策略 ………………… (55)
第二节　教育扶贫政策实施效果评价工具开发 ……………… (59)
　　一　已有教育扶贫政策的评价体系 ………………………… (59)
　　二　问卷设计 ………………………………………………… (62)
　　三　问卷的效度、信度分析 ………………………………… (66)
第三节　调查对象的样本特征 ………………………………… (70)
　　一　调查对象的选取 ………………………………………… (70)
　　二　样本特征 ………………………………………………… (71)

第四章　教育扶贫政策实施效果评价的实证研究 …………… (73)
第一节　教育扶贫政策实施情况的模糊综合评价 …………… (73)
　　一　模糊综合评价 …………………………………………… (73)
　　二　评价结果 ………………………………………………… (78)
第二节　教育扶贫政策实施效果的"重要性—表现"分析 …… (81)
　　一　"重要性—表现"定位分析结果 ………………………… (81)
　　二　贫困县脱贫之后需要强化的教育扶贫政策分析 ……… (93)
第三节　县级教育扶贫政策实施效果 ………………………… (97)
　　一　样本县基本情况 ………………………………………… (97)

目 录

　　二　县级教育扶贫效果 ……………………………………（98）

第五章　教育扶贫的中国特点与经验 ……………………（109）
　第一节　教育扶贫的中国特点 ………………………………（109）
　　一　"义务教育有保障"作为贫困户退出的必要条件 ……（109）
　　二　"发展教育脱贫一批"作为脱贫的重要方式 …………（112）
　第二节　教育扶贫的中国经验 ………………………………（122）
　　一　确立教育在扶贫政策中的战略地位 …………………（122）
　　二　分省制定教育精准扶贫实施方案 ……………………（124）
　　三　落实教育扶贫主体责任到县 …………………………（128）
　　四　基层扶贫干部因村因户因人精准施策 ………………（129）
　　五　构建多元教育帮扶体系 ………………………………（132）

第六章　缓解相对贫困背景下教育扶贫政策升级研究 ……（136）
　第一节　已脱贫县教育不平衡不充分发展的现状 …………（136）
　第二节　英美日"教育扶贫"政策与实践 …………………（140）
　　一　"教育扶贫"的政策目标 ………………………………（140）
　　二　注重弱势群体的教育培训 ……………………………（146）
　　三　注重学校食品与营养援助 ……………………………（153）
　　四　注重面向低收入家庭实施参与式帮扶 ………………（158）
　　五　注重提升处境不利儿童的学业成绩 …………………（166）
　　六　值得借鉴的国际经验与启示 …………………………（176）
　第三节　中国教育扶贫政策的战略升级 ……………………（178）
　　一　从"扶教育之贫"向"靠教育脱贫"升级 ……………（178）
　　二　从以农村教育为主向城乡教育扶贫升级 ……………（181）
　　三　从以学校教育扶贫为主向家校扶贫升级 ……………（183）
　　四　从以数量评价为主向量质并重升级 …………………（185）
　第四节　减缓相对贫困新阶段教育扶贫政策设计的建议 …（187）
　　一　建立健全教育扶贫政策的衔接机制 …………………（187）
　　二　完善教育扶贫对象的精准识别 ………………………（190）

三　统筹健康扶贫、教育扶贫形成政策合力……………………（191）

结　语……………………………………………………………（193）
　　一　主要研究结论……………………………………………（193）
　　二　可能的创新之处…………………………………………（195）
　　三　本研究的主要局限………………………………………（196）
　　四　未来研究方向……………………………………………（197）

主要参考文献……………………………………………………（198）

附　录……………………………………………………………（213）
　　一　教育扶贫政策实施效果调查问卷………………………（213）
　　二　访谈提纲…………………………………………………（218）
　　三　教育扶贫相关文件………………………………………（219）

后　记……………………………………………………………（231）

第一章 绪论

不了解农村，不了解贫困地区，不了解农民尤其是贫困农民，就不会真正了解中国，就不能真正懂得中国，更不可能治理好中国。①

第一节 研究意义

教育扶贫是扶贫开发的重要任务。越穷的地方越难办教育，但越穷的地方越需要办教育，越不办教育就越穷。这种马太效应，实际上也是一个"穷"和"愚"互为因果的恶性循环。② 本研究在新时代全面建成小康社会的宏观背景下阐释教育对贫困问题改善的积极意义，从政策实施效果的角度探讨教育扶贫。这有助于深入认识教育扶贫实践，探索教育扶贫的内在机理，扩宽教育扶贫研究的视野。"治贫先治愚"能够使人们更清晰地认识到无论针对绝对贫困还是相对贫困问题，教育扶贫都具有其他扶贫方式无可替代的先导性功能。

教育扶贫能够增强贫困家庭的内生动力。一个贫困家庭的孩子如果能接受职业教育，掌握一技之长，能就业，这一户脱贫就有希望了。③ 扶贫必扶智，扶贫先扶志，决定了教育扶贫在变"要我脱贫"为"我要脱贫"、增强困难群体参与方面的基础性地位。研究这一课题对形成

---

① 《习近平2014年3月7日在参加十二届全国人大二次会议贵州代表团审议时的讲话》（https://www.xuexi.cn/lgpage/detail/index.html? id=1818 2772789552056039）。
② 习近平：《摆脱贫困》，福建人民出版社1992年版，第173页。
③ 《习近平2015年11月28日在中央扶贫开发工作会议上的讲话》（https://www.xuexi.cn/lgpage/detail/index.html? id=15309761282700410 518）。

积极向上的社会风气、增强脱贫致富的内生动力，提高扶贫效率以及困难群体的人力资本水平有着重要现实意义。

教育扶贫发挥着"阻断贫困代际传递"的重要使命。抓好教育是扶贫开发的根本大计，要让贫困家庭的孩子都能接受公平的有质量的教育，起码学会一项有用的技能，不要让孩子输在起跑线上，尽力阻断贫困代际传递。[①] 本研究有助于深化人们对"教育扶贫"的认知，研究成果可以丰富教育扶贫理论，有助于把握中国教育扶贫特点，并向世界分享中国经验，为全球贫困治理提供有价值意义的参考。为减缓相对贫困新阶段教育的不平衡不充分发展寻找新的政策途径，对全面建成小康社会，加快从教育大国向学习大国、人力资源强国和人才强国迈进，对促进新时代扶贫政策战略升级具有重要的现实意义和战略价值。

第二节　扶贫与教育扶贫

一　贫困

减贫是国际社会普遍关注的问题。贫困涵盖了日常生活的多个方面，在经济学、社会学等领域都有广泛而深入地研究，但在解释什么是贫困方面尚未达成相应的共识。贫困在经济领域的解释侧重于日常生活必需品等物质需求的短缺。在此意义上，贫困可以理解为是一种无法获得可持续性收入的状况，即对最低限度的福祉以及生活基本需求的缺乏，往往与失业、饥饿和犯罪相伴而生。对贫困的社会学分析将稀缺的条件与社会中资源和权力分配的各个方面相互联系，并认识到贫困是人的生活"能力"下降的函数，包括无法获得信息、教育、医疗保健、社会资本或政治权力等。[②] 由于社会排斥、依赖及社会参与能力的下降，贫困也可以理解为社会地位不平等和社会关系不平等

[①] 《习近平2014年12月9日在中央经济工作会议上的讲话》（https://www.xuexi.cn/lgpage/detail/index.html?id=19831783960551 03524）。

[②] Emanuele Ferragina, Mark Tomlinson, Robert Walker, "Poverty and Participation in Twenty-First Century Multicultural Britain", *Social Policy and Society*, 2017, 16 (4), pp. 535 – 559.

第一章 绪论

的一个方面。① 可以通过加强社会参与向贫困人口提供关怀，最大程度地减少社会排斥。有研究指出，贫困并不是具有单一含义的概念，其含义通过一系列相似性联系在一起。对贫困的理解在社会科学领域中，至少有 12 种不同的意义。主要有物质上的剥夺、需求和有限的资源；经济上的生活水平、不平等和经济地位；社会地位上的社会阶层、依赖、隔离、基本安全以及机会的缺乏。这些含义在逻辑上相互独立，在某种意义上适用的情况不一定在其他意义上适用。②

世界银行认为贫困是福祉被剥夺，收入无法满足最低生存条件下对基本商品和服务的需求。还包括健康、教育、饮水、人身安全、能力、机会等方面的缺失。③ 联合国认为贫穷是选择以及机会的缺失，侵犯了人的基本尊严。具体包括缺乏吃、穿、教育、医疗、土地、饮水卫生安全、信贷机会、有效参与社会的基本能力，容易遭受排斥、暴力侵害、边缘化及脆弱化的影响。④

贫困是相对或绝对的，与缺乏收入或无法获得能力有关。其发展是长期的或暂时的，这与不平等密切相关。⑤ 绝对贫困是指生活在最低限度以下，社会可接受的生活条件之下，通常根据营养需求和其他必需品确定生活条件。绝对贫困衡量的是与满足基本需求所需财产有关的贫困。其概念内涵与更广泛的生活质量改善问题或社会整体不平等程度无关，这一概念并未认识到个体对社会和文化的需要。1990 年世界银行以世界上最贫穷国家的标准衡量了绝对贫困，将绝对贫困线定为每天 1 美元，1993 年、2005 年分别根据通货膨胀率按购买力

---

① Hilary Silver, "Social Exclusion and Social Solidarity: Three Paradigms", *International Labour Review*, 1994, 133 (5), pp. 531-578.

② Paul Spicker, "Definitions of Poverty: Twelve Clusters of Meaning", *Poverty: An International Glossary*, 2007, pp. 229-243.

③ World Bank, *World Development Report* 2000-2001: *Attacking Poverty*, World Bank Group, 2000.

④ David Gordon, "Indicators of Poverty & Hunger", https://www.poverty.ac.uk/system/files/indicators-of-poverty-and-hunger_UNpoverty.pdf.

⑤ UNESCO, "Poverty", (2018-06-17), https://wayback.archive-it.org/10611/20160908121214/http://www.unesco.org/new/en/social-and-human-sciences/themes/international-migration/glossary/poverty/.

平价进行了修订①，2015年10月，世界银行将新的国际贫困线调整为每天1.9美元。② 尽管世界银行的极端贫困线已被大多数国际组织所广泛采用，但由于其无法衡量贫困的程度、相对贫困等问题，世界各国都使用其他指标进行替代。

对绝对贫困的批评促使了相对贫困概念的发展，其特征是严重剥夺了人类的基本需求，包括食物、安全饮用水、卫生设施、住所、教育和信息等。③ 相对贫困是指相对于社会其他成员的经济状况而言的贫困，如果某一群体在相应社会背景下的生活水平低于一般水平，则可以被认定为贫困群体。通常将人口中最低的部分与较高的部分进行比较，以收入的五分位数或十分位数来衡量，欧盟、联合国以及经合组织将相对贫困率作为官方贫困率。马克思在《雇佣劳动与资本》中以房子和宫殿作为比较对象④，形象地描绘了贫困的相对性。当一个国家的人与其他国家相比没有达到一定的最低生活水平时，就会发生相对贫困，并且每个国家之间，甚至同一国家内，这种差异都会有所不同。⑤ 相对贫困是确定发达国家中贫困率最有用的措施，⑥ 反映了在特定时间和空间内的社会包容成本和机会均等。⑦ 在绝对贫困中，贫困通常是指那些无法获得人类生存基本必需品的人，而其他形式的贫困是指高于该阈值的贫困

---

① Martin Ravallion, Shaohua Chen, Prem Sangraula, "Dollar a Day Revisited", *The World Bank Economic Review*, 2008, 23 (2), pp. 163–184.

② Phil H., Maura L., "World Bank Forecasts Global Poverty to Fall Below 10% for First Time; Major Hurdles Remain in Goal to End Poverty by 2030" (2015-10-04), https://www.worldbank.org/en/news/press-release/2015/10/04/world-bank-forecasts-global-poverty-to-fall-below-10-for-first-time-major-hurdles-remain-in-goal-to-end-poverty-by-2030.

③ John Havard, "World Summit on Social Development", *The Lancet*, 1995, 345 (8946), pp. 335–336.

④ 马克思：《雇佣劳动与资本》，人民出版社2018年版，第31—32页。

⑤ Ricardo Sabates, *The Impact of Lifelong Learning on Poverty Reduction. Inquiry into the Future of Lifelong Learning (IFLL) Public Value Paper* 1, England and Wales: National Institute of Adult Continuing Education, 2008, pp. 1–28.

⑥ Dennis Raphael, "Poverty, Human Development, and Health in Canada: Research, Practice, and Advocacy Dilemmas", *CJNR (Canadian Journal of Nursing Research)*, 2009, 41 (2), pp. 7–18.

⑦ Jonathan Bradshaw, et al., *Relative Income Poverty among Children in Rich Countries*, UNICEF Innocenti Research Centre IWP-2012-01, January, 2012.

第一章 绪论

程度。阿玛蒂亚·森（Amartya Sen）指出，尽管存在某些方面的相对贫困，但在能力范围内贫困可以是绝对的概念。如无法获得足够食物以维持生存的家庭被视为绝对贫困。但在家庭层面上，不同群体、地区和国家之间食品篮子的成本和构成有很大差异。[①] "不存在关于贫困的客观定义……定义在各地和地区不时变化。"[②] 英国社会学家彼得·汤森（Peter Townsend）不仅将贫困视为收入的缺乏，而且将其视为阻止人们成为社会正式成员的现象，进一步发展了相对贫困的定义："当人们缺乏获取饮食、参加活动以及拥有生活条件和便利的资源时，即可以被认为处于贫困之中。"[③]

贫困具有多维性质，特别是住房、医疗卫生等社会方面[④]，社会排斥概念的引入加深了人们对贫困的理解。社会学对贫困的理解批判了自由选择模式的经济思想，主要研究贫困产生的文化、权力、社会结构的作用。对此进一步发展了相对贫困的概念，认为贫困不能只考虑经济，同时也是社会、政治和文化的问题。从收入角度分析，一个人只有在其收入低于该国的贫困线时才是贫困的；从基本需求角度分析，贫困包括对社会基本公共服务的需求；从能力角度分析，贫困意味着基本能力缺乏。[⑤]

二 扶贫与教育

1986年，国务院贫困地区经济开发领导小组成立，标志着在制度层面我国有组织、有计划、大规模的扶贫开发政策顶层设计的开始。之

[①] Amartya Sen, "Poor, Relatively Speaking", *Oxford Economic Papers*, 1983, 35 (2), pp. 153 – 169.

[②] Peter Adamson, *Measuring Child Poverty: New League Tables of Child Poverty in the World's Rich Countries. Innocenti Report Card* 10, UNICEF, 2012.

[③] Peter Townsend, *Poverty in the United Kingdom: a Survey of Household Resources and Standards of Living*, Berkeley: University of California Press, 1979, p. 31.

[④] Martin Ravallion, "Good and Bad Growth: The Human Development Reports", *World Development*, 1997, 25 (5), pp. 631 – 638.

[⑤] Peter Saunders, Yuvisthi Naidoo, Megan Griffiths, "Towards New Indicators of Disadvantage: Deprivation and Social Exclusion in Australia", *Australian Journal of Social Issues*, 2008, 43 (2), pp. 175 – 194.

后区域之间的差距逐步缩小、贫困人口数量持续下降。2011年以来，我国扶贫进入了新阶段，主要扶贫政策的目标如表1-1所示。

表1-1　　　　　中共中央、国务院扶贫文件中的扶贫目标

日期	文件名称	目标
2011年12月	中国农村扶贫开发纲要（2011—2020年）	"两不愁、三保障"……基本公共服务主要领域指标接近全国平均水平，扭转发展差距扩大趋势
2015年11月	关于打赢脱贫攻坚战的决定	"两不愁、三保障"……基本公共服务主要领域指标接近全国平均水平……
2016年11月	"十三五"脱贫攻坚规划	
2018年6月	关于打赢脱贫攻坚战三年行动的指导意见	到2020年……发展教育脱贫一批……切实解决义务教育学生因贫失学辍学问题……

在消除贫困、全面建成小康社会的历史背景下，2011年《中国农村扶贫开发纲要（2011—2020年）》提出"到2020年，稳定实现扶贫对象不愁吃、不愁穿，保障其义务教育、基本医疗和住房"的政策目标。将义务教育作为扶贫对象"三保障"的重要方面纳入国家扶贫规划之中。在2015年《中共中央　国务院关于打赢脱贫攻坚战的决定》中，"让贫困家庭子女都能接受公平有质量的教育"成为实现"阻断贫困代际传递"的重要途径。

2011年到2018年，我国的贫困发生率持续降低，贫困人口持续下降。农村贫困人口规模从12238万人下降到1660万人，年均减少15511.14万人；扶贫重点县贫困人口从6112万人下降到915万人，贫困人口减少了5197万人；扶贫重点县与农村之间的贫困发生率差距逐渐缩小，农村贫困发生率从12.7%下降到1.7%；扶贫重点县贫困发生率从29.2%下降到4.3%，下降幅度达到24.9%。扶贫重点县贫困发生率平均每年降低3.11%（图1-1）。[①] 根据世界银行按每天1.9美元衡量（2011年购买力平价）测算，我国贫困人口占总人口的百分比从

---

① 国家统计局住户调查办公室：《中国农村贫困监测报告2019》，中国统计出版社2019年版，第297—359页。

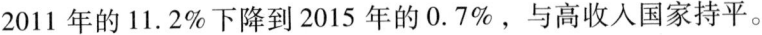

2011年的11.2%下降到2015年的0.7%,与高收入国家持平。

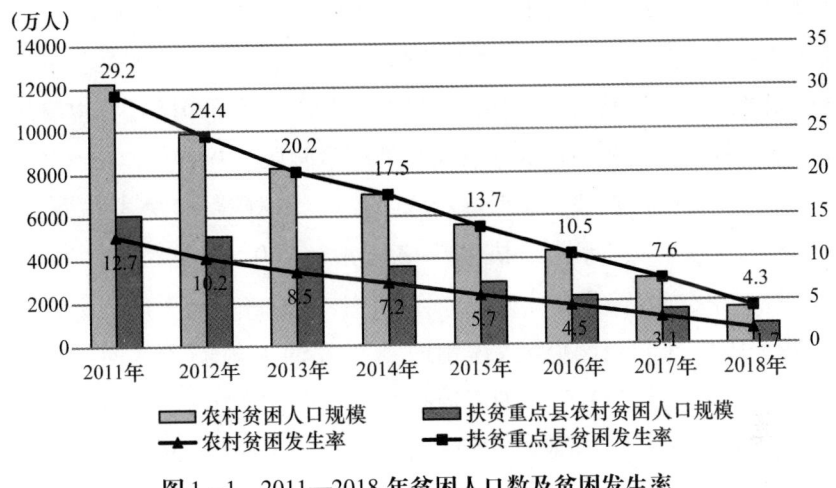

图1-1 2011—2018年贫困人口数及贫困发生率

(一)扶贫政策的历史分期

自新中国成立以来,针对贫困问题,我国在不同的历史时期,实行了不同的扶贫政策。根据不同的分期依据,中国扶贫历史分期主要有两阶段论、四阶段论、五阶段论、六阶段论,具体如下。

第一,以改革开放作为分期依据的"两阶段论"。该观点认为中国扶贫政策在其前后形成了不同的时期。张琦和万君(2018)认为中国扶贫理论创新与发展分为两个时期,一是新中国成立后艰难摸索中的扶贫机制理论摸索(1949—1978年);二是改革开放创新中扶贫机制理论突破(1978—2016年)。①

第二,以改革开放、制度化扶贫的节点作为分期依据的"四阶段论"。郑志龙(2015)认为中国贫困治理体系的形成和发展可以分为四个时期,分别为计划经济时期(1949—1978年)、改革开放初期(1979—1993年)、市场经济初期(1994—2000年)、新世纪以来(2001年至今)的贫困治理制度。② 黄承伟和刘欣(2018)将中国的扶

---

① 张琦、万君:《扶贫机制创新的理论与实践》,湖南人民出版社2018年版,第24—55页。
② 郑志龙:《基于马克思主义的中国贫困治理制度分析》,人民出版社2015年版,第119—163页。

贫开发分为四个阶段：物质资本匮乏的贫困及救济式扶贫（1949—1978年）、物质和人力资本投资的开发式扶贫（1978—2000年）、参与式扶贫理念及其政策行动（2001—2010年）、三维资本协同反贫困的扶贫机制及其政策行动（2011年至今）。① 向德平等（2018）将中国的减贫发展历程归纳为新中国成立后减贫的探索阶段（1949—1978年）、体制改革推动减贫阶段（1978—1985年）、大规模开发式扶贫阶段（1986—2000年）、新世纪扶贫攻坚阶段（2001年至今）。② 庄天慧（2018）将我国扶贫开发分为四个阶段：计划经济体制下的广义扶贫期（1949—1977年），计划经济体制改革引发的大规模减贫期（1978—1985年），有组织、有计划的区域扶贫开发期（1986—2011年），到户到人的精准扶贫精准脱贫攻坚期（2012年至今）。③ 高考和年旻（2018）根据扶贫的战略布局和实施效果将扶贫政策分为奠基阶段（1949—1977年）、大力推进阶段（1978—1993年）、扶贫攻坚阶段（1994—2010年）、扶贫完成阶段（2011—2020年）。④ 张秋宝（2017）认为我国扶贫开发历程的四个时期主要包括：扶贫开发战略的提出（1949—1985年），扶贫开发的全面展开（1986—2000年），扶贫开发的继续深入（2001—2012年），精准扶贫、脱贫攻坚的新阶段（2013年至今）。⑤ 胡兴东和杨林（2018）认为，中国政府在贫困治理上采用主动的、针对特定贫困对象实施特别扶贫措施始于20世纪80年代，其中扶贫模式的根本转折点是1986年。将中国扶贫的历史分为救济式扶贫（1949—1986年）与开发式扶贫（1986—2017年）两个时期。在救济式扶贫时期，以1978年为历史分界，划分为体制变革和救济式扶贫时期、体制改革推进型扶贫时期；在开发式扶贫时期，以2012年为历史分界，分为专项扶贫开发时期、全面消除绝对贫困

---

① 黄承伟、刘欣：《三维资本协同反贫困机制》，湖南人民出版社2018年版，第29—65页。
② 向德平等：《中国减贫行动（1978—2018）》，武汉出版社2018年版，第36—57页。
③ 庄天慧：《精准扶贫精准脱贫方略》，中国农业出版社2018年版，第26—35页。
④ 高考、年旻：《多维贫困视角下的精准扶贫研究》，华中科技大学出版社2018年版，第66—71页。
⑤ 张秋宝：《精准扶贫脱贫攻坚》，中国人事出版社2017年版，第18—26页。

第一章　绪论

的精准扶贫时期。① 孙久文、林万龙（2018）以改革开放作为起点，将扶贫开发战略政策演变划分为：制度变革背景下的扶贫政策（1978—1985年）、反贫困政策体系形成时期的扶贫政策（1986—2000年）、十年扶贫开发时期的扶贫政策（2001—2010年）、新十年扶贫开发时期的扶贫政策（2011—2020年）。②

第三，在四阶段分期的基础上进一步细化，将"精准扶贫"作为一个新的历史阶段划分的"五阶段论"。向德平和黄承伟（2016）认为贫困与发展的关系以及发展模式应成为划分中国减贫与发展阶段的标准，根据计划经济、体制改革、经济快速发展、和谐社会建设、全面建成小康社会的时代背景，中国减贫应分为广义化减贫阶段（1949—1978年）、普惠式减贫阶段（1978—1986年）、组织化减贫阶段（1986—2000年）、战略化减贫阶段（2000—2010年）、攻坚式减贫阶段（2010年至今）。③ 向德平等（2018）从中国减贫手段变迁的视角将中国的减贫事业划分为救济式扶贫（1949—1978年）、制度性扶贫（1978—1985年）、区域性开发（1986—2000年）、参与式扶贫（2001—2010年）、精准扶贫（2011年至今）。④ 文建龙（2018）将新中国成立以来中国共产党的扶贫历程分为广义扶贫阶段（1949—1978年）、大规模缓解贫困阶段（1978—1985年）、开发式扶贫阶段（1986—2007年）、两轮驱动扶贫阶段（2007—2013年）、精准扶贫新阶段（2014年至今）。⑤ 汪三贵等（2017）认为在中国扶贫历史进程中，持社会发展进程论的观点主张以新中国成立作为扶贫开发的起点；持民生工程论的观点主张以改革开放的体制改革作为开端。认为要在体制转型和发展的大背景下研究中国扶贫开发进程。将扶贫开发分为收入分配和社会发展减贫（1949—1978年）、体制改革主导的农村扶贫

---

① 胡兴东、杨林：《中国扶贫模式研究》，人民出版社2018年版，第46—67页。
② 孙久文、林万龙：《中国扶贫开发的战略与政策研究》，科学出版社2018年版，第12—25页。
③ 向德平、黄承伟：《减贫与发展》，社会科学文献出版社2016年版，第152—160页。
④ 向德平等：《减贫目标与减贫手段》，湖南人民出版社2018年版，第178—186页。
⑤ 文建龙：《中国共产党与中国扶贫事业：改革开放以来扶贫重心转移的路径与动因》，社会科学文献出版社2018年版，第51—89页。

(1979—1985年)、解决温饱的开发式扶贫(1986—2000年)、巩固温饱的全面扶贫(2001—2010年)、全面小康的精准扶贫(2011年以后),①在之后的研究中,又将1949—1978年这一时期称为"保障生存阶段"。②杨宜勇等(2019)根据不同时期扶贫开发政策的特征,将扶贫事业划分为"以农村经济体制改革推动减贫阶段"(1978—1985年)、区域开发式扶贫阶段(1986—1994年)、综合性扶贫攻坚阶段(1994—2000年)、"整村推进与'两轮驱动'扶贫阶段"(2001—2012年)、"精准扶贫、精准脱贫阶段"(2013年至今)。③

第四,凸显1994年"八七扶贫攻坚计划"标志性政策意义的"六阶段论"。吴国宝(2018)将中国的减贫历程划分为六个阶段,分别为改革前和1978—1985年的中国农村减贫、1986—1993年中国农村扶贫开发、1994—2000年"八七扶贫攻坚计划"期间的农村扶贫开发以及2001—2010年、2011—2013年、2013年以后的农村扶贫开发。④

通过上述分析可以发现,尽管中国扶贫政策的划分依据不同,但存在"重大历史事件"作为划分节点的共识,如图1-2所示。在中国扶贫的历史分期中,存在1949年、1978年、1986年、2000年、2010年前后的关键历史分期节点。1949年新中国成立、1978年改革开放等重大历史事件使这些时间点成为关键节点;1986年国务院贫困地区经济开发领导小组成立标志着中国扶贫步入了制度化管理轨道;1994年《国家八七扶贫攻坚计划(1994—2000年)》与《中国农村扶贫开发纲要(2001—2010年)》《中国农村扶贫开发纲要(2011—2020年)》,中国扶贫历史上三个纲领性的文件都成为了扶贫历史分期的重要依据。

(二)"义务教育有保障"的扶贫政策目标

在脱贫标准上,既不能脱离实际、拔高标准、吊高胃口,也不能虚

---

① 汪三贵、殷浩栋、王瑜:《中国扶贫开发的实践、挑战与政策展望》,《华南师范大学学报》(社会科学版)2017年第4期。
② 汪三贵:《当代中国扶贫》,中国人民大学出版社2019年版,第35—57页。
③ 杨宜勇:《新中国民生发展70年》,人民出版社2019年版,第280—287页。
④ 吴国宝:《中国减贫与发展:1978—2018》,社会科学文献出版社2018年版,第20—38页。

第一章 绪论

时间节点	两段论	四段论								五段论				六段论
2020年	2	4	4	4	4	4	4	4	4	5	5	5	5	6
2013年														
2012年											4		4	5
2011年						3	3							
2010年			3		3			3		4	3	4		4
2007年														
2001年														
2000年		3	2	3		2		2	3		3	3	3	3
1994年														
1993年			2			2						2	2	
1986年														
1985年				2	2	1	2	1	2	2	2	1	1	
1979年														
1978年	1	1	1	1	1	1	/	1	1	/				
1949年														

图 1-2 中国扶贫历史分期示意图

假脱贫、降低标准、影响成色。① 我们要求贫困人口实现"两不愁三保障",并解决区域性整体贫困,就是消除传统概念上的"绝对贫困"。……解决义务教育有保障,就是让贫困家庭的孩子能够接受九年义务教育,但不是把学前教育、高中、大学都包起来……不因病因学致贫返贫,是指不回到绝对贫困的状态,不会吃不饱饭穿不暖衣。② 2013 年《中共中央办公厅 国务院办公厅关于创新机制扎实推进农村扶贫开发工作的意见》关于教育发展的各项目标中,明确提出了"2015 年贫困地区义务教育巩固率达到 90% 以上",到 2020 年"进一步提高"的发展目标。

随着我国扶贫开发工作进入"啃硬骨头""攻坚拔寨"的冲刺期,

---

① 《习近平 2019 年 3 月 7 日参加十三届全国人大二次会议甘肃代表团审议时的讲话》(https://www.xuexi.cn/lgpage/detail/index.html?id=2233685390088327457)。

② 《习近平 2017 年 12 月 28 日在中央农村工作会议上的讲话》(https://www.xuexi.cn/lgpage/detail/index.html?id=7656949691176055434)。

2015年11月《中共中央 国务院关于打赢脱贫攻坚战的决定》对教育脱贫进行了全面部署，并进一步明确了建档立卡贫困户学生上高中、中职免学杂费政策。作为脱贫攻坚的行动指南，2016年11月《"十三五"脱贫攻坚规划》提出了到2020年贫困县义务教育巩固率93%的预期性目标。

在农村贫困人口显著减少，贫困发生率持续下降的背景下，在2018年6月《中共中央 国务院关于打赢脱贫攻坚战三年行动的指导意见》中针对集中连片特困地区，特别提出了加大控辍保学力度，确保贫困家庭适龄学生不因贫失学辍学。进一步明确了贫困地区义务教育薄弱学校、乡镇寄宿制学校和乡村小规模学校建设等政策措施，确保所有义务教育学校达到基本办学条件。"脱贫标准把握不精准，有的降低标准，没实现'两不愁三保障'就宣布脱贫，更多是拔高标准，像易地搬迁面积超标准、看病不花钱、上什么学都免费等，脱离国情不可持续。要坚持现行脱贫标准，既不拔高，也不降低。实现义务教育有保障主要是让贫困家庭义务教育阶段的孩子不失学辍学。"①

（三）"发展教育脱贫一批"的脱贫措施

"发展教育脱贫一批"是扶贫政策"五个一批"的重要内容。其主要内容包括教育经费向贫困地区、基础教育、职业教育倾斜，改善办学条件等方面。② 《中国农村扶贫开发纲要（2011—2020年）》要求到2020年"基本普及学前教育，义务教育水平进一步提高，普及高中阶段教育，加快发展远程继续教育和社区教育"。在此基础上，2013年12月《关于创新机制扎实推进农村扶贫开发工作的意见》增加了"基础教育办学质量""职业教育""教育培训就业""高等教育"和"继续教育"等领域的发展目标。通过"十二五"和"十三五"规划中对贫困地区教育发展的政策分析，可以发现国民经济发展规划对贫困地区教育的支持力度不断增强，具体如下（表1-2）。

---

① 《习近平在解决"两不愁三保障"突出问题座谈会上的讲话》（http://www.xinhuanet.com/2019-08/15/c_1124879967.htm）

② 《习近平2015年11月27日至28日在中央扶贫开发工作会议上的讲话》（https://www.xuexi.cn/lgpage/detail/index.html?id=17656968362666856080）。

第一章 绪论

表1-2 "十二五"和"十三五"规划中对贫困地区教育发展的政策表述

政策	"十二五"规划	"十三五"规划
公共教育	合理配置公共教育资源	加大公共教育投入
学校标准化	推进义务教育学校标准化建设	科学推进城乡义务教育公办学校标准化建设；改善薄弱学校和寄宿制学校办学条件
学校布局	统筹规划学校布局	优化教育布局
义务教育均衡	促进义务教育均衡发展	基本实现县域校际资源均衡配置
学前教育	积极发展农村学前教育	加强农村普惠性学前教育
高中阶段	/	普及
高校招生	扩大东部高校在中西部地区招生规模	扩大重点高校对中西部和农村地区招生规模
特殊教育	改善特殊教育学校办学条件	提升残疾人群特殊教育普及水平、条件保障和教育质量
民族教育	重视和支持民族教育发展推进"双语教学"	积极推进民族教育发展，科学稳妥推行双语教育，加大双语教师培训力度
资助	健全国家资助制度	完善资助体系

在公共教育资源配置方面，向贫困地区政策倾斜的力度不断加强；在义务教育方面，学校标准化建设、布局调整等政策的改革目标均有不同程度地进一步推进；在农村学前教育方面，政策覆盖面更为广泛；在高校招生方面，招生倾斜的惠及面进一步扩大，参与高校的办学水平更高；在特殊教育方面，从改善"办学条件"到更加注重"普及水平"和"教育质量"，发展质量不断提升；在民族教育方面，政策从"重视和支持"到"积极推进"，其执行力度不断增强；在学生资助方面，从"制度"到"体系"，资助机制更为健全，"实现家庭经济困难学生资助全覆盖"的对象更为精准。

这一时期部级教育扶贫专项政策先后出台（表1-3）。2013年7月，根据"把教育扶贫作为扶贫攻坚的优先任务"的指导思想，国务院办公厅转发了教育部等七部门出台的《关于实施教育扶贫工程意见》，提出了在基础教育、职业教育、高等教育、继续教育等领域，四个"提高"的教育发展政策子目标,并在学生资助、教育信息化等方面提出了五大具体任务。2016年12月,教育部等六部门出台了《教育脱贫攻坚"十三五"规划》,作为国家首个教育扶贫的五年规划,进一步明确了教育扶贫的政策目标。2018年1月,根据"坚持精准扶贫、精准脱贫"基本方略的要求,教育部、国务院扶贫办印发了《深度贫困地区教育脱贫攻坚实施方案(2018—2020年)》,提出了实现"三区三州"等深度贫困地区教育机会公平以及服务当地经济社会的政策措施。

表1-3　　　　　　　部级教育扶贫专项政策目标

时间	内容	
2013年7月	文件名称	《关于实施教育扶贫工程意见》
	目标	到2020年使片区基本公共教育服务水平接近全国平均水平,教育对促进片区人民群众脱贫致富、扩大中等收入群体、促进区域经济社会发展和生态文明建设的作用得到充分发挥
2016年12月	文件名称	《教育脱贫攻坚"十三五"规划》
	目标	到2020年,贫困地区教育总体发展水平显著提升,实现建档立卡等贫困人口教育基本公共服务全覆盖
2018年1月	文件名称	《深度贫困地区教育脱贫攻坚实施方案(2018—2020年)》
	目标	到2020年,"三区三州"等深度贫困地区教育总体发展水平显著提升,实现建档立卡贫困人口教育基本公共服务全覆盖

三　教育扶贫

(一)教育扶贫的历史分期

对教育扶贫始于何时,新中国成立这一重大历史事件是否应当作为中国教育扶贫政策的发端,学界进行了深入探讨,主要观点大致可以分为两类:一是教育扶贫政策发端于新中国成立时期,该观点认为新中国成立初期至改革开放前期国家对"一穷二白"[①]情况的改善属于广义上

---

① 毛泽东:《论十大关系》,《人民日报》1976年12月26日第1版。

第一章 绪论

的扶贫。李兴洲（2019）认为："这一时期任何旨在推进教育发展和民生改善的教育举措，都可以将其看作是一种教育扶贫行动。"[①] 二是将专门的扶贫政策视为教育扶贫的起点，袁利平和师嘉欣（2019）将新中国成立时期的"农村扫盲""农民短期技能培训"等称为"广泛意义上的教育扶贫运动"，并认为"真正意义上的教育扶贫相关政策的出台是从1984年开始的"[②]。两种观点具体如下。

一是将新中国成立作为中国教育扶贫政策历史分期的开端。王文静等（2016）将中国教育扶贫的历史发展过程分为六个时期，分别为普及工农教育的尝试与努力（1949—1978年）、普及初等教育与重点发展职业教育（1979—1985年）、普及初等教育及开展农村实用技术培训与扫盲（1986—1993年）、普及九年义务教育与扫除青壮年文盲（1994—2000年）、加强基础教育与普遍提高贫困人口受教育程度（2001—2010年）、基本普及学前教育和高中教育与精准教育扶贫（2010—2020年）。[③] 曾天山（2018）认为教育扶贫对贫困的关注重点从"普遍性贫困"到"落后群体"，再到专门领域，并据此划分了重点普及农村教育（1949—1978年）、教育向贫困地区和少数民族群体倾斜（1979—2010年）、实施教育专项扶贫（2011年至今）三个阶段。[④] 刘航和柳海民（2018）以新中国成立、改革开放、十八大作为历史节点论述教育精准扶贫的"话语流变"和"实践举措"。[⑤] 魏有兴（2019）认为中国教育扶贫70年先后经历了新中国扶贫教育阶段（1949—1978年）、新时期教育扶贫阶段（1979—2012年）和新时代教育精准扶贫阶段（2012年至今）三个阶段。[⑥] 姚松和曹远航（2019）基于历史制度主义视角，将

[①] 李兴洲：《新中国70年教育扶贫的实践逻辑嬗变研究》，《教育与经济》2019年第5期。

[②] 袁利平、师嘉欣：《教育扶贫政策的理念蕴含、机制解构与未来接续》，《西南民族大学学报》（人文社科版）2019年第11期。

[③] 王文静等：《中国教育扶贫发展与挑战》，司树杰等，《中国教育扶贫报告（2016）》，社会科学文献出版社2016年版，第13—29页。

[④] 曾天山：《教育扶贫的力量》，教育科学出版社2018年版，第25—31页。

[⑤] 刘航、柳海民：《教育精准扶贫：时代循迹、对象确认与主要对策》，《中国教育学刊》2018年第4期。

[⑥] 魏有兴：《中国教育扶贫70年：历程、经验和走向》，《深圳大学学报》（人文社会科学版）2019年第5期。

新中国 70 年教育扶贫政策的历史划分为四个阶段，分别为制度变迁的酝酿阶段（1949—1977 年）、启动阶段（1978—2000 年）、渐进性制度变迁阶段（2001—2012 年）、断裂性制度变迁阶段（2013—2019 年）。[1] 史乐志（2019）将新中国成立以来我国教育脱贫划分为五个阶段，分别为改革开放前普及工农教育（1949—1977 年）、以制度性变革进行教育帮扶（1978—1993 年）、以开发式扶贫普及初等教育（1994—2000 年）、以区域协调发展实现义务教育（2001—2010 年）、以精准扶贫提高贫困人口受教育程度（2011 年至今）。[2]

二是大致以改革开放作为时间节点进行中国教育扶贫政策的历史分期。薛二勇和周秀平（2017）运用政策工具及其分类解释框架，以三个"扶贫开发纲要"为节点，将教育扶贫政策划分为初步构建（1985—2000 年）、基本形成（2001—2010 年）、逐步完善（2011 年至今）三个阶段。[3] 代蕊华和于璇（2017）将 1994 年《国家八七扶贫攻坚计划》（1994—2000 年）作为政策起点讨论教育扶贫政策的演进。[4] 袁利平和丁雅施（2019）基于历史制度主义视角，将改革开放以来我国教育扶贫政策划分为三个阶段："承认贫困，向普及要成效阶段"（1979—1995 年），"解决贫困，从质量探发展阶段"（1996—2010 年），"杜绝贫困，以精准建巩固阶段"（2011 年至今）。并认为在 2000 年和 2012 年出现了两次关键转折。[5]

通过对新中国成立以来的教育政策文本梳理，本研究认为，新中国成立后的较长一段时期内，中国处于一个"普遍贫困"的状态。其间所进行的普及教育、扫盲以及改革开放以来的"双基"属于国家教育

---

[1] 姚松、曹远航：《70 年来中国教育扶贫政策的历史变迁与未来展望——基于历史制度主义的分析视角》，《教育与经济》2019 年第 4 期。

[2] 史乐志：《走进贫困的教育：如何阻断贫困代际传递》，经济日报出版社 2019 年版，第 52—63 页。

[3] 薛二勇、周秀平：《中国教育脱贫的政策设计与制度创新》，《教育研究》2017 年第 12 期。

[4] 代蕊华、于璇：《教育精准扶贫：困境与治理路径》，《教育发展研究》2017 年第 7 期。

[5] 袁利平、丁雅施：《我国教育扶贫政策的演进逻辑及未来展望——基于历史制度主义的视角》，《湖南师范大学教育科学学报》2019 年第 4 期。

第一章　绪论

发展的范畴，所提出的"有计划有步骤地实行普及教育""扫盲是一项极为重大的政治任务""2000年全国要基本普及九年义务教育，基本扫除青壮年文盲"等政策目标反映了国家对改变教育贫穷落后状况、提高劳动者素质的教育发展诉求，面向的是全体国民。而针对贫困地区、贫困群体的教育帮扶、教育救助政策较为少见。

在改革开放之后，随着综合国力不断增强，国家级扶贫政策中对贫困地区教育相关帮扶措施的出台，才构成了教育扶贫逐渐上升为扶贫政策的环境。教育扶贫政策中的教育发展政策指向的是特定区域，目的在于提高贫困地区教育发展水平，缩小区域间教育发展的差距。因此，在对国家级扶贫文件分析的基础上，本研究认为应把"首次将消除贫困作为一项特殊政策提出"并"在我国政府文件中第一次明确提出实施教育扶贫行动"[①]的《中共中央　国务院关于帮助贫困地区尽快改变面貌的通知》作为研究中国教育扶贫政策历史变迁的起始节点，之后选取若干标志性政策的发布时间作为教育扶贫政策历史分析的时间节点，将我国教育扶贫政策分为1984—1993年、1994—2000年、2001—2010年、2011—2020年、2020年之后的五个时期。在本研究的第二章分三个时期重点论述1984—2010年间的教育扶贫政策的历史变迁；第三、四、五章着重讨论2011—2020年间的教育扶贫政策效果、中国特点与经验；第六章重点探讨2020年之后的教育政策战略升级。

（二）教育扶贫的内涵

教育扶贫是全面脱贫中最关键的前端问题[②]，具有"扶教育之贫"和"依靠教育扶贫"的双重内涵，兼有目标和手段双重属性[③]，重在通过"补教育短板"实现贫困群体的内在发展，以帮助其摆脱贫困。

[①] 曾天山：《教育扶贫的力量》，教育科学出版社2018年版，第237页。
[②] 吴霓：《教育扶贫是实现民族地区精准扶贫的根本措施》，《当代教育与文化》2017年第6期。
[③] 刘军豪、许锋华：《教育扶贫：从"扶教育之贫"到"依靠教育扶贫"》，《中国人民大学教育学刊》2016年第2期。

早在1987年即有文章提出"教育扶贫是扶贫工作的根本途径"[①]的论断。林乘东（1997）认为教育扶贫的实质是素质扶贫。[②] 谢君君（2012）提出教育扶贫是指针对贫困地区的贫困人口进行教育投入和教育资助服务[③]。钟秉林认为作为智力扶贫的一种，公共教育资源向贫困地区倾斜，是优化教育资源配置的重要方面。[④] 王嘉毅等（2016）认为教育扶贫的目的在于帮助贫困人口脱贫。[⑤] 吴霓和王学男（2017）认为，教育扶贫就是针对贫困人口进行教育资助，使其掌握脱贫致富的知识和技能。[⑥] 周禹彤（2017）认为教育扶贫是通过教育手段使贫困人口掌握谋生知识与技能，在提升收入的同时对其参与社会活动、运用社会资源、掌握知识技术等能力进行综合改善与提升。[⑦] 张澧生（2017）认为，教育扶贫是教育脱贫的一种方式，是基础手段也是脱贫的基本工具。[⑧] 单耀军（2018）认为教育扶贫的内涵主要包括：消除导致贫困的"文化因素""能力因素""教育保障因素"。[⑨] 向雪琪和林曾（2018）认为我国教育扶贫主要作用表现在提高脱贫致富的内生动力、发展能力、教育水平、促进教育公平、完善贫困治理体系等方面。[⑩] 曾天山（2018）认为教育扶贫的内容包括避免因学致贫、因贫辍学、实现脱贫致富三个方面。[⑪]

教育扶贫直接关系中国经济未来的增长潜力，是精准扶贫的核心所在，是精准扶贫的最优模式选择。[⑫] "精准扶贫"作为一种扶贫方式，

---

① 吴春选：《谈智力扶贫》，《群言》1987年第9期。
② 林乘东：《教育扶贫论》，《民族研究》1997年第3期。
③ 谢君君：《教育扶贫研究述评》，《复旦教育论坛》2012年第3期。
④ 钟慧笑：《教育扶贫是最有效最直接的精准扶贫》，《中国民族教育》2016年第5期。
⑤ 王嘉毅、封清云、张金：《教育与精准扶贫精准脱贫》，《教育研究》2016年第7期。
⑥ 吴霓、王学男：《教育扶贫政策体系的政策研究》，《清华大学教育研究》2017年第3期。
⑦ 周禹彤：《教育扶贫的价值贡献》，博士学位论文，对外经济贸易大学，2017年。
⑧ 张澧生：《社会资源禀赋视域下湘西教育精准扶贫路径研究》，北京理工大学出版社2017年版，第4页。
⑨ 单耀军：《教育精准扶贫的科学内涵及实践路径》，《经济研究参考》2018年第10期。
⑩ 向雪琪、林曾：《我国教育扶贫政策的特点及作用机理》，《云南民族大学学报》（哲学社会科学版）2018年第3期。
⑪ 曾天山：《教育扶贫的力量》，教育科学出版社2018年版，第6页。
⑫ 宋宸刚、丛雅静：《我国精准扶贫的最优模式与关键路径分析》，《调研世界》2018年第3期。

第一章 绪论

贯穿于教育扶贫的过程之中。具有代表性的观点包括，张翔（2016）认为教育精准扶贫是对扶贫对象实施精确识别、精确帮扶、精确管理的"滴灌式"教育治贫方式。① 代蕊华和于璇（2017）认为教育精准扶贫是针对不同地区不同对象的教育需求，实施有针对性地帮扶。② 任友群等（2017）认为教育精准扶贫是对整个扶贫环节的系列精细化操作。③ 段从宇和伊继东（2018）认为教育精准扶贫是教育在扶贫领域的延伸与拓展，是针对贫困人群的综合性的教育治贫活动。④ 就"精准扶贫"的内容而言，张家军和唐敏（2018）认为教育扶贫的帮扶应包括适龄贫困生、贫困青壮年以及农业生产者的教育帮扶。⑤ 王红和邬志辉（2018）认为新时代教育扶贫需要精准识别"质量贫困""机会贫困""情感贫困"以及"信息贫困"。⑥ 黄承伟（2018）认为教育精准扶贫是解决脱贫问题、实现脱贫目标的重要举措，能够有效提高整体脱贫效果和扶贫效率，是教育均等化的重要手段，为长远的脱贫奠定了基础。⑦

本研究所采用的教育扶贫概念，涵盖了教育发展、教育帮扶、教育救助，其在政策上的要点是实现"义务教育有保障"和"发展教育脱贫一批"。教育扶贫通过满足贫困群体基本教育需求，促进了人力资本增值与教育发展，对打赢脱贫攻坚战具有基础性意义。

（三）"教育扶贫"与"教育救助"的概念辨析

"教育扶贫"与"教育救助"概念之间存在一定的交集，通过辨析两者的概念，对厘清教育扶贫的内涵具有重要意义。本研究认为，"教育救助"概念指向较为单一、目的明确，两者不能混为一谈。对特定

---

① 张翔：《集中连片特困地区教育精准扶贫机制探究》，《教育导刊》2016 年第 6 期。
② 代蕊华、于璇：《教育精准扶贫：困境与治理路径》，《教育发展研究》2017 年第 7 期。
③ 任友群、冯仰存、徐峰：《我国教育信息化推进精准扶贫的行动方向与逻辑》，《现代远程教育研究》2017 年第 4 期。
④ 段从宇、伊继东：《教育精准扶贫的内涵、要素及实现路径》，《教育与经济》2018 年第 5 期。
⑤ 张家军、唐敏：《教育精准扶贫运行机制的构建》，《教育理论与实践》2018 年第 25 期。
⑥ 王红、邬志辉：《新时代乡村教育扶贫的价值定位与分类治理》，《教育与经济》2018 年第 6 期。
⑦ 黄承伟：《关于教育精准扶贫的若干思考》，《民主与科学》2018 年第 2 期。

群体的"物质援助"方面,"教育扶贫"的概念内涵基本等同"教育救助";在脱贫攻坚的语境下,教育扶贫是教育救助的上位概念,即教育扶贫政策中包含教育救助的相关措施。学界对这两个概念关系的讨论主要集中在以下三个方面。

第一,"教育扶贫"与"教育救助"相近论。从概念上分析,两者内涵相近,都注重物质对贫困地区和贫困人口的作用、注重国家和社会的投入。具有代表性的观点包括,杨昌江(2008)认为教育救助是对教育投资不足的一种补充,是实现公民受教育权利的重要保障。[①] 胡芳肖(2015)认为教育救助属于社会救助项目,可以分为三个层次,一是针对贫困家庭子女;二是针对贫困地区;三是针对贫困落后国家。具有反贫困、促进教育公平和社会公平、国民经济发展的功能。[②] 赵映诚等(2015)通过对社会福利和社会救助的分析,进一步区别了教育福利和教育社会救助。认为教育福利是以免费或低费方式向国民提供教育机会和教育条件的社会福利事业,最基本的表现是义务教育,特殊形式的教育福利包括,助学金、贷学金、奖学金、特殊教育制度等;教育社会救助是指为贫困地区和贫困学生从物质和资金上提供无偿援助的一种社会救助。[③]

第二,"广义教育救助"论。该观点认为"教育救助"包含广义和狭义两个维度,即"教育扶贫"属于广义教育救助范畴,狭义教育救助仅指"个体教育资助的行为",非个体的教育救助则主要指"教育扶贫"。乔东平和邹文开(2011)认为广义教育救助,既包括对各学历阶段贫困家庭子女受教育费用实施的扶助,也包括对贫困地区、贫困学校给予的资金或实物资助。前者是狭义的"教育救助",后者又可以称之为"教育扶贫"。狭义的教育救助,是指政府与社会依法对贫困家庭子女受教育费用通过资助、减免、奖励、助学贷款、提供勤工助学机会等

[①] 杨昌江:《贫困生与教育救助研究》,湖南教育出版社2008年版,第14—17页。
[②] 胡芳肖:《社会救助理论与实务》,西安交通大学出版社2015年版,第225页。
[③] 赵映诚、王春霞、杨平:《社会福利与社会救助》,东北财经大学出版社2015年版,第131页。

第一章 绪论

形式实施的扶助。[①]

第三,"狭义教育救助"论。该观点认为,教育救助对象较为明确,具有明显的针对性,但对"教育扶贫"与"教育救助"的概念定位不一。乐章(2008)认为两者同属"社会救助范畴",但在实际运用中却经常被混为一谈。[②] 吴鹏森和戴卫东(2015)将"教育救助"与"教育扶贫""教育资助""学生资助"相并列。教育救助是指国家和社会为了保障适龄人口平等接受教育的机会,对贫困学生从物质上和资金上提供无偿援助的一种社会救助项目。与教育扶贫相比较,教育救助侧重于以学生群体为支持对象;与教育资助、学生资助相比较,教育救助倾向于选择性的福利提供,重点关注贫困学生。[③] 左停等(2017)认为,两者具有一致性,教育扶贫的范围更广,教育救助更有针对性。相较于教育扶贫措施,教育救助专注于低保家庭与低保边缘家庭,其形式表现为学杂费减免和发放补助等具体方面,具有目标明确、资金充足等优点。[④]

从上述分析可以发现,"教育扶贫"与"教育救助"的概念边界较为模糊,概念定位也存在争议。基于"物质"资助视角下的"教育扶贫"与"教育救助"存在一定的交集,然而广义的教育救助对教育扶贫"目的"和"手段"的双重属性并不能完全涵盖,因此采用"狭义"教育救助概念更能说明教育救助的针对性。在其概念定位上,作为"社会救助"下位概念的"教育救助"对非物质帮扶、区域间帮扶等概念的解释明显乏力。鉴于教育扶贫政策实质上已包含"教育资助""学生资助"等内容,"对于低保人群及低保边缘人群的救助"的概念解释较为符合当前实际,也与 2014 年 5 月 1 日施行的《社会救助暂行办法》"教育救助"面向从义务教育到高等教育的"最低生活保障家庭成员"

[①] 乔东平、邹文开:《社会救助理论与实务》,天津大学出版社 2011 年版,第 85 页。
[②] 乐章:《社会救助学》,北京大学出版社 2008 年版,第 138—139 页。
[③] 吴鹏森、戴卫东:《社会救助新编》,复旦大学出版社 2015 年版,第 242—243 页。
[④] 左停、贺莉、赵梦媛:《脱贫攻坚战略中低保兜底保障问题研究》,《南京农业大学学报》(社会科学版)2017 年第 4 期。

"特困供养人员"的救助对象相一致。

第三节 研究方法

一 研究的主要内容

在全面建成小康社会的历史背景下,本研究以中国教育扶贫政策变迁的历史和 2011 年以来的教育扶贫政策为基础,对中国教育扶贫政策实施效果进行研究。重点探讨自我国大规模有针对性的扶贫政策实施以来,教育扶贫政策的重点、效果、特征以及中国经验。并针对已脱贫县教育发展不平衡不充分的现状,结合英美日等国减缓相对贫困的"教育扶贫"政策与实践,探讨我国 2020 年以后教育政策的战略升级,主要内容包括以下六个方面。

第一,科学界定教育扶贫政策的基本概念和内涵。什么是教育扶贫政策?教育扶贫政策究竟包括哪些内容?这是教育扶贫政策实施效果研究的关键,也是研究教育扶贫政策不可或缺的理论前提。本研究将教育与减贫作为研究的基本范畴,通过对教育扶贫政策环境研究的分析,尝试科学界定教育扶贫政策的理论内涵,明确教育在扶贫中发挥的作用,从而形成比较系统和完整的教育扶贫政策研究理论。

第二,描述我国教育扶贫的发展阶段和特点。对中国教育扶贫政策的发展进行历史分析。试图科学、准确地把握教育扶贫发展历史脉络和状况,在对中国教育扶贫的发展阶段、政策措施进行分析的同时,对中国教育扶贫发展的历史脉络形成一个符合客观实际的比较科学、完整和准确的认识。为描绘教育扶贫政策的主体、对象以及有效实施的政策环境提供基础。

第三,分析教育扶贫政策评价理论以及实施效果。通过对我国教育扶贫政策评价理论及方法进行研究,构建"教育扶贫政策实施效果"测量框架。进一步探索教育扶贫政策的维度及其结构,明晰教育扶贫政策的理论内涵以及政策执行情况,形成对教育扶贫政策实施效果的基本判断,并对政策实施的优势与薄弱环节进行分析。在微观层面则聚焦县级教育扶贫,将其作为一个整体系统反映政策效果。

第一章 绪论

第四，分析教育扶贫政策的中国特点与经验。通过"保障义务教育"和"教育发展"两个维度，分析教育扶贫的中国特点。在此基础上，进一步提炼、总结具有中国特色的教育扶贫经验。

第五，结合已脱贫县教育发展实际，深入分析和认识发达国家"教育扶贫"政策与实践。对其值得我国学习与借鉴的经验和做法进行梳理，明确其教育扶贫政策发展的历史过程、基本特点和采取的主要措施，从而为科学学习和借鉴他国经验奠定基础。

第六，探讨教育扶贫政策的战略升级。2020年小康社会的全面建成，标志着我国从摆脱绝对贫困进入到了减缓相对贫困新阶段，根据我国基本国情，结合国际比较，形成对中国教育扶贫政策升级的战略构想。

本研究拟解决的关键问题包括，一是纵观我国的扶贫历史，在教育方面采取了哪些政策措施；二是2011年以来中国教育扶贫政策实施的效果如何，哪些政策实施的情况较好，又存在哪些有待改进的薄弱政策；三是教育扶贫的特点与中国经验具体表现在哪些方面；四是已脱贫地区教育发展面临的问题体现在哪些方面；五是英美日等发达国家有哪些"教育扶贫"经验值得我们借鉴；六是随着小康社会的全面建成，2020年之后教育扶贫政策应如何实现战略升级；七是应当采用什么样的政策设计能够实现欠发达地区的教育发展新跨越，有效实现"智志双扶"。

二 研究方法与思路

本研究采用定性与定量研究相结合的方法，从教育扶贫政策实施的实际情况出发，从而形成对教育扶贫政策的认识框架，通过发放调查问卷并收集整理有关统计数据，分析教育扶贫效果，并对教育扶贫政策战略升级提出构想，研究的方法及思路如图1-3所示。

第一部分为教育扶贫政策的基本概念和内涵研究。使用文献法查阅相关资料，主要包括党和国家的有关扶贫、教育扶贫的重要文件、法律、法规、统计年鉴以及其他相关文字材料。同时，还大量查阅近年来教育扶贫研究领域所形成的相关学术成果，积累研究资料。

第二部分为1984—2010年教育扶贫政策的发展历程研究。通过报告、文件、统计年鉴、报刊、网络以及其他文献获得所需的文本资源，

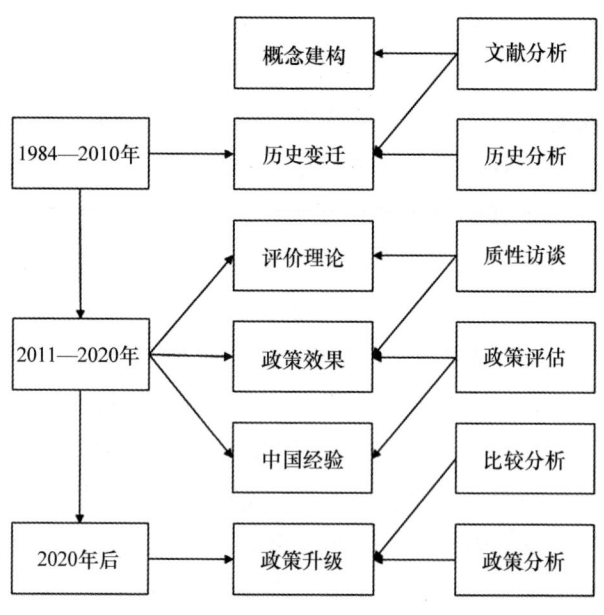

图 1-3 研究方案及基本路径

运用历史分析的方法从宏观角度对教育扶贫政策发展历程进行梳理,形成对我国教育扶贫政策历史基本特征的判断。

第三部分为2011年以来的教育扶贫政策效果研究。一是教育扶贫政策效果评价的理论研究。通过对已有教育扶贫评价的文献分析,明确教育政策执行评价模式。对相关评价方法进行研究,探讨"重要性—表现"分析法对教育扶贫政策效果研究的适用性。在此基础上展开评价设计。自主设计调查问卷,并邀请专家对调查工具的科学性提出修改意见,通过一系列科学性评价程序后,进行问卷调查,并使用相应的统计软件进行数据处理。二是对教育扶贫政策实施效果研究。主要利用问卷调查、深度访谈等方法,进行政策评估。调研的内容主要包括教育扶贫存在的困难、问题与挑战以及解决的途径、方法、效果、资源保障、政策支持等方面。在分析已收集数据资料和前人有关研究的基础上,有针对性地分别邀请相关群体围绕本研究涉及的问题进行深入访谈。三是教育扶贫政策实施的特点及中国经验研究。结合政策效果评价以及国家、地方教育事业统计数据对教育扶贫的特点进行分析,并进一步通过

第一章 绪论

相关教育事业发展数据反映教育扶贫政策的中国经验。

第四部分为2020年全面建成小康社会后的教育扶贫政策升级研究。一是揭示在贫困县"摘帽"之后,教育发展依然面临不充分、不均衡的问题。二是通过对英美日等发达国家"教育扶贫"政策及实践进行比较分析,提炼出值得借鉴的做法与经验,作为研究中国问题的背景参考。三是对中国2020年以后的教育扶贫战略升级进行研究,重点分析教育扶贫政策的战略走向。

第四节 理论基础

一 基本需求理论

基本需求(basic needs)理论定义了人在消费品方面所必需的最低限度资源,是衡量发展中国家绝对贫困的关键方法之一。[1] 国际劳工组织将教育视为基本需求,认为"在农村地区获得教育服务的机会均等,是基本需求战略的重要组成部分"[2],基本需求理论侧重于教育的工具性作用,同时认识到教育本身属于人类的基本需求之一。尽管基本需求理论并不重视教育的增收作用,但它不仅将教育本身视为目的,还将其视为满足其他基本需求的一种手段。

在教育与其他基本需求之间的关系上,该理论认为满足任何一项基本需求(营养、安全饮用水、健康、住房和教育)都可以有利于彼此满足,反之亦然。教育在几个基本需求中优先级较高,是基本需求框架中至关重要的因素,是满足所有基本需求的基础。教育有助于满足其他基本需求,并改善生活质量[3],具体包括以下方面[4]。

---

[1] International Labour Office, *Employment, Growth and Basic Needs: A One-world Problem*, International Labour Office, 1976.

[2] International Labour Organisation, *Meeting Basic Needs: Strategies for Eradicating Mass Poverty and Unemployment*, ILO Publications, 1977.

[3] Paul Streeten, "The Distinctive Features of a Basic-needs Approach to Development", in Paul Streeten, eds., *Development Perspectives*, London: Palgrave Macmillan, 1981, pp. 334 – 365.

[4] Abdun Noor, *Education and Basic Human Needs*, World Bank Staff Working Paper No. 450, 1981.

第一,为人们提供基本的知识、技能、价值观,并增强了人的主观能动性。教育在人类生活中的地位愈发重要,能够帮助人们紧跟世界发展的步伐,不断满足其经济需求。麦克库洛赫和卡兰迪诺(2003)基于1991—1995年四川农村地区的面板数据,研究发现教育是暂时性贫困的重要决定因素之一,但不是长期贫困的重要因素。[①] 另有研究基于2000—2004年中国农村地区家庭调查数据,实证结果表明,教育是中国农村脆弱性贫困的重要决定因素。[②]

第二,教育对人的发展起到关键作用。教育通过使人融入文化环境并促使其在社会中发挥主观能动性。能够提升人们的环境保护、能源使用意识,提升人的现代性程度,以及学习非认知性因素的影响、对新思想的接受程度等。鲁子箫(2017)认为,教育收益减低、"离农"的价值取向是导致个体和社会"因教致贫"的主要原因,并认为观念滞后是其根源。[③] 张永丽和耿小娟(2018)根据对1749个贫困家庭的实证调查,研究发现"教育致贫"在长期并不成立,其原因主要有农户的低收入水平、教育支出的增加、教育资源城乡配置不均、就业困难、社会教育观念、贫困的多维性和标准的单一性等,这些是形成短期"致贫"的主要原因。[④]

第三,教育提供了必要的知识,可以改变贫困群体当前的实践和技能,被视为满足其他"核心"基本需求的手段(图1-4)。教育的提升直接导致生产力的提升和人类寿命的延长,引发了人们对更好的住房、更多的食物、更清洁的水以及更高教育和健康水平的需求;同时也使整个社会能够更好地满足这些需求。教育可以极大地提高贫困群体的学习能力,从而使其在教育中受益,并最终提高生产力和收入。有研究

[①] Neil McCulloch, Michele Calandrino, "Vulnerability and Chronic Poverty in Rural Sichuan", *World Development*, 2003, 31 (3), pp. 611 – 628.

[②] Yuan Zhang, Guanghua Wan, "An Empirical Analysis of Household Vulnerability in Rural China", *Journal of the Asia Pacific Economy*, 2006, 11 (2), pp. 196 – 212.

[③] 鲁子箫:《农村教育扶贫的"因教致贫"困境及观念转向》,《教育理论与实践》2017年第2期。

[④] 张永丽、耿小娟:《西北地区反贫困战略与政策研究》,人民出版社2018年版,第212—229页。

第一章 绪论

显示,农村贫困家庭教育贫困程度最深,随着贫困维度的升高,健康逐渐替代教育,成为农村家庭陷入深度贫困的主要原因。①

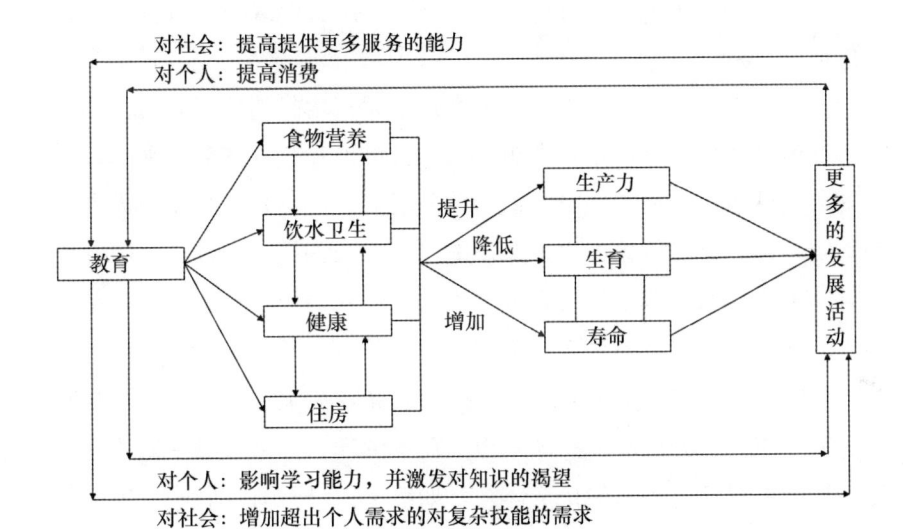

图 1-4 教育与其他基本需求的关系

二 教育投资理论

早在 18 世纪,亚当·斯密(Adam Smith)在《国富论》中就探讨了通过培训和教育来改善人力资本可以带来更有利可图的事业,从而增加社会的集体财富。②斯密定义了四种固定资本,分别为机器、建筑物、土地和所有居民或社会成员的能力。认为教育花费是固定资本,是个人和社会财富的一部分,可以用利润来偿还该费用。

1960 年,舒尔茨(Theodore Schultz)强调了人力资本的重要性,将获取技能和知识视为人力资本投资而不是消费。认为人力资本就像任何其他形式的资本一样,可以提高生产质量和水平。人力资本是体现劳动能力、创造经济价值的习惯、知识、社会和人格属性的集合。③舒尔茨

---

① 周常春、翟羽佳、车震宇:《多维贫困视角下农村精准扶贫与施策》,《统计与决策》2018 年第 9 期。
② [英]亚当·斯密:《国富论》,译林出版社 2012 年版,第 7—78 页。
③ [美]西奥多·舒尔茨:《对人进行投资》,商务印书馆 2017 年版,第 42—43 页。

还认为，人力资本是农业经济增长的主要源泉，其投资的类别包括农闲期间的短期培训班、在职培训、学徒制、正式的学校、保健设施和服务以及对人迁移成本的投资等。① 在各种人力投资形式中，教育投资是最具价值的。②

人力资本区别于货币资本，具有长期累积增长的特征。由于商业周期的冲击，货币资本的增长会出现周期性的波动，在繁荣时期，以相对较高的速度增长，而在经济衰退和萧条时期，则出现减速。而人力资本的基础是由教育和健康的投入奠定的，其增长的波动性较小。随着代际积累，下一代人力资本形成率大于当前一代人力资本形成率。与前一代相比，后代具有更高质量人力资本累积增长。③

政府在教育扶贫政策的制定与推进方面发挥了重要作用，在制定法律、资金预算与分配等方面都承担了重要责任，逐渐形成了以政府为主导，社会力量广泛参与的扶贫体制。如图 1-5 所示，曲线 h_1 表示某人在未接受教育的情况下收入随时间而变化的情况。投资于人力资本的人

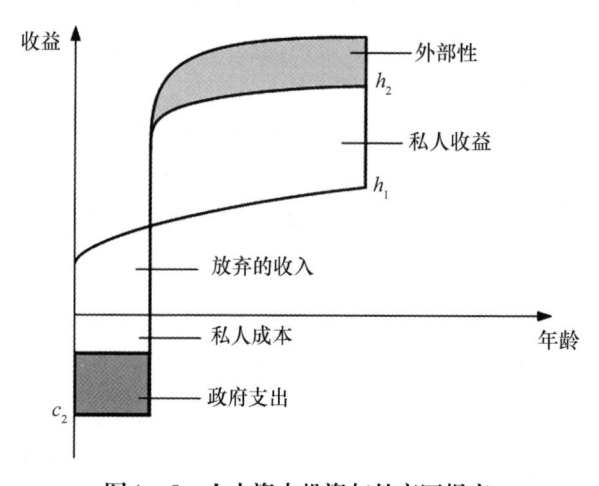

图 1-5 人力资本投资与教育回报率

---

① ［美］西奥多·舒尔茨：《改造传统农业》，商务印书馆 2017 年版，第 167—173 页。
② 袁振国：《当代教育学》，教育科学出版社 2010 年版，第 265—267 页。
③ Gary S. Becker, *Human Capital: A Theoretical and Empirical Analysis, with Special Reference to Education*, Chicago: University of Chicago Press, 2009.

第一章 绪论

具有收益曲线 h_2 减去教育成本 c_2。由于外部性的存在（h_2 以上的阴影区域），教育回报高于私人回报，表明教育成本中的政府资助部分（与 c_2 相邻的灰色区域）是合理的。[①]

对于贫困家庭而言，普遍出现的状况就是个人教育投资不足，无法支付学费、生活费、书本费等教育费用。然而，由于教育具有较强的正外部性。当贫困群体作出是否投资于教育选择时，仅考虑了其私人收益和私人成本，并没有考虑对外界的外部性的影响，因此从政府的角度来看，贫困群体的教育投资就会出现不足现象；由于教育可以促进贫困地区经济发展、摆脱贫困，对政府而言，加上外部性，预期收益就会大于成本。因此政府通过补贴发展教育的动力得以形成。

教育对经济发展存在积极影响，小学教育收益高于中学或高等教育收益，在有促进增长政策和对受过教育的人力资源存在有效需求的地方，教育会产生较高的收益。[②] 休姆等（2011）认为，在影响贫困代际传递的主要因素中，与教育相关的内容主要包括，监护人的教育和技能水平、儿童受教育程度与心理素质、教育体制、贫困的文化、进入劳动力市场的机会、缺乏技能等方面。[③] 陈纯槿（2017）基于实证研究认为教育扶贫能够有效阻断代际传递；城乡居民在代际流动机会上存在显著差异，其流动性经历了先上升后下降，再上升的动态演化过程，家庭背景特征对其产生显著影响。[④] 范小梅和吴晓蓉（2018）对"农村贫困出身的70后"受教育情况与职业发展的关系进行研究发现，教育对贫困者的职业收入有显著促进作用，对其职业层次有积极影响，但对"职业感受"和"职业稳定性"的影响不显著。[⑤] 史志乐（2019）通过"家庭代际交叠理论模型"解释了"教育投入与家庭陷贫和脱贫之间的关系"，发现贫困家庭子女的受教育年限需要最少达到初中水平才能走

[①] ［比］热若尔·罗兰：《发展经济学》，中国人民大学出版社2016年版，第392页。
[②] John Roberts, *Poverty Reduction Outcomes in Education and Health, Public Expenditure and Aid*, Centre for Aid and Public Expenditure Working Paper 210 Overseas Development Institute, 2003.
[③] David Hulme, Karen Moore, Andrew Shepherd, *Chronic Poverty: Meanings and Analytical Frameworks*, Chronic Poverty Research Centre Working Paper 2, 2001.
[④] 陈纯槿：《教育精准扶贫与代际流动》，华东师范大学出版社2017年版，第227—233页。
[⑤] 范小梅、吴晓蓉：《教育如何促进贫困者的职业发展？》，《教育与经济》2018年第1期。

出"贫困陷阱"。①

三 教育发展与减贫理论

经济增长理论认为人力资本水平在经济增长中发挥了重要作用。由于人力资本难以衡量，往往使用与教育相关的指标作为代理变量，如识字率、平均受教育年限以及对教育的投资等。新古典经济增长理论通过考察资本积累、劳动力增长以及生产率的提高来解释长期经济增长，认为只要贫困地区拥有相似的投资和储蓄率并获得相同的技术，实际收入的差异可能会缩小，其经济增长应该更快，并最终赶上富裕地区，资本收益率应更高。② 内生增长理论认为，增加以人力资本等内在要素的投资是经济能够持续性增长的主要原因。该理论还着重探讨了促进经济发展的知识型经济的正外部性和溢出效应。③

发展的实质是与教育相关的人力资本的积累，长期贫困必须通过教育和发展加以解决。④ 人力资本的概念在劳动力过剩国家中具有相对重要的地位。剩余劳动力是比有形资本资源更为丰富的人力资源。人力资源可以通过有效的教育投入而转化为人力资本。将原始人力资源转化为高生产率的人力资源是人力资本形成的过程，教育投资能够加快人力资本形成的速度，从而解决劳动力过剩国家中有形资本的匮乏问题。人力资本发展能够促进人类发展，且不受有形资本经济周期影响，能够进一步提升国家经济发展质量。⑤ 有研究对世界银行234个国家和地区的面板数据检验后发现，教育对贫困存在显著的抑制作用，验证了"教育

---

① 史志乐:《走进教育的贫困：如何阻断贫困代际传递》，经济日报出版社2019年版，第71—128页。

② Robert M. Solow, "A Contribution to the Theory of Economic Growth", *The Quarterly Journal of Economics*, 1956, 70 (1), pp. 65 – 94.

③ Paul M. Romer, "The Origins of Endogenous Growth", *Journal of Economic Perspectives*, 1994, 8 (1), pp. 3 – 22.

④ 刘民权:《发展与反贫：国家、市场与教育》，《南京大学学报》（哲学·人文科学·社会科学版）2014年第1期。

⑤ Mahbub Ul Haq, *Reflections on Human Development*, Oxford: Oxford University Press, 1995, pp. 13 – 94.

第一章 绪论

水平""公共教育投入""女童初等教育水平"与"贫困指标"存在显著的负相关关系。[1]

中国经济增长的源泉主要是政府对人力资本的重视,教育是中国经济增长的重要因素[2],在农村表现为提高基础教育入学率和教育质量。[3] 顾建军(1999)认为教育的经济功能和人的培养功能,是教育的反贫困功能产生的内在依据;教育反贫困功能机制的形成是教育功能系统动态调节的结果。其结果表现为贫困者个人生产率的提高、贫困地区经济结构的和谐和经济增长以及人口素质的提高。[4] 另有研究,基于1970—1997年的省级面板数据,比较了农村公共投资对促进增长、减少贫困和不平等的影响。发现教育、涉农研发和农村基础设施的政府支出对降低贫困发生率和经济增长产生了较大影响。[5] 李锐和赵茂林(2006)认为我国西部农村贫困与教育落后存在负相关的关系,其实质是劳动力的知识欠缺和技能贫困;教育滞后还形成了文化和精神贫乏的积累效应。[6] 小冢等(2010)利用亚洲和非洲有关国家的面板数据,考察了劳动力市场在亚洲减贫长期过程中的作用,发现其劳动力市场明显按照教育水平进行了细分。在这些市场中,年龄较小、受过良好教育的群体在从事利润丰厚的非农业劳动力就业,以获取该部门的高学历回报。[7] 朱亚和卡迈勒(2011)研究发现,收入增长在减轻贫困方面发挥了一定的积极作用。但总体上,收入分配在减轻贫困方面没有起到关键作用;

---

[1] 周禹彤:《教育扶贫的价值贡献》,博士学位论文,对外经济贸易大学,2017年。
[2] 梁军:《教育发展对中国经济增长影响的实证分析——基于1980—2006年的时间序列数据》,《教育学报》2009年第2期。
[3] Hongbin Li, et al., "Human Capital and China's Future Growth", *Journal of Economic Perspectives*, 2017, 31 (1), pp. 25-48.
[4] 顾建军:《教育与反贫困》,博士学位论文,南京师范大学,1999年。
[5] Shenggen Fan, Linxiu Zhang, Xiaobo Zhang, *Growth, Inequality, and Poverty in Rural China: the Role of Public Investments*, International Food Policy Research Institute (IFPRI), 2002.
[6] 李锐、赵茂林:《中国西部农村"教育反贫困"战略报告》,中国社会科学出版社2006年版,第26—30页。
[7] Keijiro Otsuka, Jonna P. Estudillo, Takashi Yamano, "The Role of Labor Markets and Human Capital in Poverty Reduction: Evidence from Asia and Africa", *Asian Journal of Agriculture and Development*, 2010, 7 (1), pp. 23-40.

教育是减轻贫困的最重要因素。① 李晓嘉（2015）实证研究发现，农户中劳动力的受教育程度的增加能够有效降低贫困发生率。② 高艳云和王曦璟（2016）研究表明地区经济发展水平对发挥教育改善收入贫困效应有重要影响，对于多维贫困的改善效应不明显。③

四 教育政策评价理论

政策效果是公共政策评价的核心，公共政策评价就是对公共政策实施效果所进行的研究。④ 一般认为，政策评价就是了解公共政策所产生的效果的过程，就是判断这些效果与政策的成本是否符合的过程。⑤ 从阶段上分，公共政策评价主要分为预评价、过程评价和结果评价。预评价是在政策执行前即政策方案处在规划阶段时所进行的一种带有预测性质的评估；过程评价是对政策运行过程所进行的评估；结果评估是政策执行后对政策所取得的结果的评估。⑥

教育研究对政策过程的影响越来越大⑦，教育政策评价可以检验教育政策实施的效果⑧，教育政策的执行评价是指政策执行过程中的评价，旨在检视执行过程是否按原定政策方案进行；后果评价是指政策执行后的产出和影响的评价。⑨

（一）教育扶贫政策的执行评价

现阶段与教育扶贫相关的国家专项评价多数属于执行评价，主要涉及"全面改薄""义务教育均衡""营养餐计划"等方面。在《全面改

---

① Pervez Janjua, Usman Ahmad Kamal, "The Role of Education and Income in Poverty Alleviation: A Cross-Country Analysis", *Lahore Journal of Economics*, 2011, 16 (1), pp. 143 – 172.
② 李晓嘉：《教育能促进脱贫吗——基于 CFPS 农户数据的实证研究》，《北京大学教育评论》2015 年第 4 期。
③ 高艳云、王曦璟：《教育改善贫困效应的地区异质性研究》，《统计研究》2016 年第 9 期。
④ 陈庆云：《公共政策分析》（第二版），北京大学出版社 2011 年版，第 199—207 页。
⑤ ［美］托马斯·R. 戴伊：《自上而下的政策制定》，中国人民大学出版社 2002 年版，第 203 页。
⑥ 宁骚：《公共政策学》（第二版），高等教育出版社 2011 年版，第 380—381 页。
⑦ 黄忠敬等：《教育政策研究的多维视角》，教育科学出版社 2016 年版，第 132 页。
⑧ 吴遵民：《教育政策学入门》，上海教育出版社 2010 年版，第 38 页。
⑨ 袁振国：《教育政策学》，江苏教育出版社 2001 年版，第 349—353 页。

第一章 绪论

善贫困地区义务教育薄弱学校基本办学条件工作专项督导办法》的指标体系中,其一级指标"进展成效"包括校园校舍建设和设施设备购置进度等七个二级指标;"质量管理"包括校园校舍建设质量合格等两个二级指标;"保障体系"包括加强组织领导、健全工作制度等三个二级指标;"公开公示"包括主动公开公示、广泛接受社会监督等两个二级指标。①《国务院教育督导委员会办公室关于开展农村义务教育学生营养改善计划专项督导的通知》的评价指标体系包括"试点工作开展情况""供餐管理情况""食堂建设情况""资金使用管理情况""信息公开公示情况""宣传教育情况""全覆盖工作进展情况"共计24项评价指标。②

学界对教育扶贫政策的执行评价具有代表性的研究主要有以下成果。曾天山(2016)以教育部滇西扶贫实践为例,归纳了影响教育扶贫成效的因素主要有贫困人口"文化素质和能力低下"的教育因素、"增收能力低"的职业教育因素、"基本公共教育服务非均等化"及贫困地区"升学教育"的短板,并提出了提升教育扶贫成效的五大机制。③张琦和史志乐(2017)认为教育扶贫的主要效果包括,贫困地区"教育经费投入增多""资助规模和受益人数扩大""教育水平提升""对收入水平提升作用开始显现"。④任友群和吴旻瑜(2018)提出应通过信息技术提升教育扶贫效能。⑤曾天山等(2018)针对滇西边境山区的56个集中连片特困县进行分析,通过比较与全国、云南省的经济和教育发展差异,提出针对办学条件改善、师资培训、信息化建设、教育决策与科研水平、课程短板、职业教育、普通高中招生、合作办学、第

---

① 国务院教育督导委员会办公室:《全面改善贫困地区义务教育薄弱学校基本办学条件工作专项督导办法》,2015年12月7日。
② 国务院教育督导委员会办公室:《关于开展农村义务教育学生营养改善计划专项督导的通知》,2017年5月23日。
③ 曾天山:《以新理念新机制精准提升教育扶贫成效——以教育部滇西扶贫实践为例》,《教育研究》2016年第12期。
④ 张琦、史志乐:《我国教育扶贫政策创新及实践研究》,《贵州社会科学》2017年第4期。
⑤ 任友群、吴旻瑜:《走向"生活世界知识"的教育——再论"教育扶贫"》,《中国教育学刊》2018年第7期。

三方教育评估、教育质量提升的十大政策建议。[①] 付卫东和曾新（2019）在调研的基础上认为，党的十八大以来我国教育扶贫已经取得了初步成效。认为存在的问题包括，忽视了教育扶贫的长期性和艰巨性、精准识别机制相对滞后、学校软件建设相对不足、对贫困生全面发展和内生激励重视不够、对贫困生群体的帮扶措施单一化和平均化等方面。[②] 邢敏慧和张航（2019）使用华中师范大学中国农村研究院"百村观察"项目组 2018 年数据中的 472 份"教育扶贫政策"有效样本，运用最优尺度回归模型分析贫困人口对教育扶贫政策满意度，结果表明，贫困人口对教育扶贫政策满意度处于中等水平；家庭资本、政治信任对教育扶贫满意度具有重要预测作用，以政治信任的作用尤为显著。[③]

（二）教育扶贫政策的后果评价

教育在精准扶贫工作中具有既"功在当下"又"利于长远"的双重效应[④]，其独特性在于注重开发性扶贫、造血式扶贫、长远性扶贫以及教育扶贫的相对独立性。[⑤] 已有对中国教育扶贫政策的后果评价，主要集中在教育扶贫对改善贫困的效果研究，对特定项目、特定地区的教育扶贫效果评价，对当前教育扶贫政策实施效果的评价，具体如下。

一是教育扶贫对改善贫困的效果研究。世界银行东亚及太平洋地区扶贫与经济管理局（2009）对中国贫困和不平等问题进行评估，结果表明，中国减少绝对贫困的成就极为显著，目前，中国的贫穷和不平等在很大程度上可以追溯到教育程度的不均等。[⑥] 吴睿和王德祥

[①] 曾天山、吴景松、崔吉芳：《滇西智力扶贫开发精准有效策略研究》，《西北师大学报》（社会科学版）2018 年第 3 期。
[②] 付卫东、曾新：《十八大以来我国教育扶贫实施的成效、问题及展望——基于中西部 6 省 18 个扶贫开发重点县（区）的调查》，《华中师范大学学报》（人文社会科学版）2019 年第 5 期。
[③] 邢敏慧、张航：《家庭资本、政治信任与教育扶贫政策满意度——基于全国 31 个省 240 个村庄的实证分析》，《四川师范大学学报》（社会科学版）2019 年第 4 期。
[④] 金久仁：《精准扶贫视域下推进城乡教育公平的行动逻辑与路径研究》，《教育与经济》2018 年第 4 期。
[⑤] 杜学元：《从教育属性看教育扶贫工作》，《教育发展研究》2017 年第 12 期。
[⑥] 世界银行东亚及太平洋地区扶贫与经济管理局：《从贫困地区到贫困人群：中国扶贫议程的演进》，2009 年。

第一章 绪论

（2010）研究发现，初中及其以上文化水平的农村劳动力可促进农村扶贫效率的提高，且中专文化水平的农村劳动力实际贡献值最大，高中文化次之。① 单德朋（2012）使用 2000—2010 年西部 12 个省份面板数据，将"收入贫困"作为被解释变量，"人均教育经费支出""平均受教育年限""教育质量""教育结构"作为解释变量，对教育效能和结构对西部地区贫困减缓的影响进行研究，发现"教育支出的减贫效果不显著"，"平均受教育年限对西部农村贫困减缓具有'门槛'效应，且现阶段教育效能对农村减贫的整体作用为负"，"中等教育对西部城乡减贫的意义更为显著"。② 彭妮娅（2019）使用 2002—2016 年省级统计数据，基于柯布—道格拉斯生产函数模型，以农村人均纯收入为因变量，将"五个一批"脱贫措施列为自变量进行研究。结果表明，教育投入对农民收入具有稳定的正向影响，对贫困地区的增加收入作用高于其他地区，其脱贫作用高于其他因素，扶贫成效是多方合力的结果。③

二是对特定项目、特定地区的教育扶贫效果评价。陈平路等（2016）使用 2010—2014 年"全国扶贫开发建档立卡面板数据信息"与 4 个省份的 8 个试点县和非试点县的抽样调查信息，通过"政策目标对象受益程度指标"（补助对象瞄准率、补助对象覆盖率）和"政策影响效果分析指标"（试点县应届初中毕业生中职就读率、试点县中职毕业生就业率、试点县雨露计划学员工资收入水平）对职业教育专项扶贫机制的政策效果进行评估。发现雨露计划显著改善了中职就读情况，试点县的实施效果优于非试点县。④ 张国建等（2019）基于 2002—2016 年辽宁改革试验区的试点数据，以中等学校在校生数与总人口的比值说明教育扶贫减贫的绩效，研究认为，扶贫改革试验区的设立并没有促进

---

① 吴睿、王德祥：《教育与农村扶贫效率关系的实证研究》，《中国人力资源开发》2010 年第 4 期。
② 单德朋：《教育效能和结构对西部地区贫困减缓的影响研究》，《中国人口科学》2012 年第 5 期。
③ 彭妮娅：《教育扶贫成效如何？——基于全国省级面板数据的实证研究》，《清华大学教育研究》2019 年第 4 期。
④ 陈平路、毛家兵、李蒙：《职业教育专项扶贫机制的政策效果评估——基于四省雨露计划的调查》，《教育与经济》2016 年第 4 期。

当地人力资本水平的显著增加,贫困与受教育不足两个因素相互影响。①

"十年树木,百年树人",教育扶贫的成效受制于教育规律,而教育规律受制于人的发展规律。② 教育反贫困既依附于常规教育发展,又有异于常规教育发展的特殊性③,其扶贫效果具有滞后性④、效果迟显以及周期长、见效慢的特点⑤,教育扶贫的价值潜隐性⑥特征,对其效果评价只能适用间接但是可观测的指标,这些指标对于教育扶贫本身所应当体现的效果来说是滞后和不足的。⑦ 教育扶贫效果评价面临着评价时间、指标选取、责任主体确定的难处。⑧ 本研究认为,在现阶段,应当采用执行评价模式研究教育扶贫政策实施效果。教育政策执行评价的作用在于预防违反政策活动的发生,及时发现和纠正政策执行中的偏差并及时补救,为解释说明政策效果或影响提供依据。⑨ 能够有效区分贫困地区教育"自身发展"与"帮扶发展",规避教育扶贫政策的"长期性""滞后性"特征,及时发现政策过程的薄弱环节,以提升政策效果。

---

① 张国建、佟孟华、李慧、陈飞:《扶贫改革试验区的经济增长效应及政策有效性评估》,《中国工业经济》2019年第8期。
② 汤颖、邬志辉:《贫困地区早期教育扶贫:地位、挑战与对策》,《中国教育学刊》2019年第1期。
③ 吴晓蓉、范小梅:《教育回报的反贫困作用模型及其实现机制》,《教育研究》2018年第9期。
④ 俞萍:《重庆市贫困人口受教育状况与教育公平》,中国社会出版社2007年版,第86页。
⑤ 张琦:《用教育精准扶贫"拔穷根"》,《人民论坛》2018年第22期。
⑥ 彭波、邹蓉、贺晓珍:《论教育精准扶贫的现实隐忧及其消解之径》,《当代教育论坛》2018年第6期。
⑦ 檀学文:《中国教育扶贫:进展、经验与政策再建构》,《社会发展研究》2018年第3期。
⑧ 刘晓红:《教育扶贫的产出效应研究》,《西南民族大学学报》(人文社科版)2019年第7期。
⑨ 袁振国:《教育政策学》,江苏教育出版社2001年版,第351—352页。

第二章 教育扶贫政策的历史变迁

"我们坚持普惠政策和特惠政策相结合,先后实施《国家八七扶贫攻坚计划(1994—2000年)》《中国农村扶贫开发纲要(2001—2010年)》《中国农村扶贫开发纲要(2011—2020年)》,在加大对农村、农业、农民普惠政策支持的基础上,对贫困人口实施特惠政策,做到应扶尽扶、应保尽保。"[①] 本章在结合教育扶贫政策历史分期研究的基础上,主要论述1984—2010年间教育扶贫政策的历史变迁。

第一节 再苦不能苦孩子,再穷不能穷教育(1984—1993年)

在国家有计划、有组织、大规模的扶贫进程中,教育在其起步阶段即作为改善贫困地区落后面貌的重要手段。1984年9月,《中共中央国务院关于帮助贫困地区尽快改变面貌的通知》作为首个针对贫困问题的国家专项政策,主要目标是为了解决贫困人口的温饱问题,其实施区域主要包括国家级贫困县、革命老区、少数民族地区。"智力投资"的明确提出,标志着教育在扶贫中的地位由"消费"转向"投资"。在这一文件中还将农业职业教育作为贫困地区教育发展的重要方向,并提出了"适应山区开发的各种人才"的培养标准。

---

① 习近平:《携手消除贫困促进共同发展——在2015减贫与发展高层论坛的主旨演讲》(http://www.xinhuanet.com/politics/2015-10/16/c_1116851045.htm)。

一　要重视贫困地区的教育，增加智力投资

随着改革开放的不断深入，贫困地区的教育发展问题逐渐提上政策层面。1985年5月，《中共中央关于教育体制改革的决定》提出对经济落后地区教育发展"国家尽力给予支援"，"国家还要帮助少数民族地区加速发展教育事业"。1986年4月，《国民经济和社会发展第七个五年计划》提出"对经济困难省、区普及小学教育的基建投资继续进行补助"的帮扶政策。

国务院贫困地区经济开发领导小组在第一次会议中即提出"加强智力开发，提高贫困地区劳动者的素质"的要求，认为贫困地区开发的核心是智力开发，农民的成人教育应放在贫困地区教育改革的首位。1987年10月，《国务院关于加强贫困地区经济开发工作的通知》提出了智力开发的两条途径，认为发展基础教育具有长久意义，发挥人才对脱贫致富的引领作用对解决当下贫困具有直接意义。倡导开展农民技术培训，认为发展农村人才优势是提高劳动力素质的主要办法。

在少数民族支援方面，自1980—1987年内地高校除计划内招生之外，还通过民族班、委托培养等方式招收边远地区少数民族学生，70多所高等院校同9个边远省区的高校建立对口支援协作关系。派出3100多名教师讲学、授课，接收边远民族地区高等院校进修教师5300多人，支援教学仪器、图书设备以及开展科学研究、科技咨询等。[①]

二　把扫盲教育同学习实用技术、帮助农民脱贫致富密切结合起来

这一时期"教育扶贫"开始作为政策概念正式出现在政策文本之中。在1992年10月《国家教委办公厅关于对全国143个少数民族贫困县实施教育扶贫的意见》中，明确了教育扶贫在推动教育发展、转变群众观念，探索经济和社会发展道路中的地位，并提出教育扶贫的主要任务包括"建立对口协作关系""招收少数民族贫困县学生""开展农

---

① 国家教委、国家民委：《关于内地与边远民族地区高等院校支援协作会议纪要》，1987年11月3日。

第二章 教育扶贫政策的历史变迁

村教育综合改革"等。

随着时代发展，教育扶贫的政策内涵不断丰富。1993年2月，《中国教育改革和发展纲要》制定了我国20世纪90年代教育发展的目标、战略和指导方针，在提出发展贫困地区教育的目标之外，还提出了实施"民族地区教育对口支援"的政策措施。之后印发的《国务院关于〈中国教育改革和发展纲要〉的实施意见》对特别贫困地区提出到2000年"普及三至四年小学教育"的发展目标。为普及初中教育，提出了贫困地区"正规教育和非正规教育相结合"的多样化办学模式。并提倡设立贫困地区专项补助资金，对边远、贫困地区实施义务教育专项经费以及实行必要的人才保护政策，发展成人教育等政策。国家教委等三部门印发的《国家教委关于大力改革与发展贫困地区教育，促进经济开发，加快脱贫致富步伐的意见》提出了贫困地区教育发展的目标和任务是"在二十世纪末基本扫除青壮年文盲"，其基本指导思想是"把教育摆在优先发展的战略地位，走依靠科技进步和提高劳动者素质实现脱贫致富之路"；其改革的核心是"为当地经济和社会发展服务"，具体措施包括将教育重心向中等及以下教育转移、三教统筹、农科教结合、多渠道筹措教育经费、定向招生、教育对口帮扶等方面。该文件将教育发展程度不高、教育观念陈旧、劳动者文化技术素质较低作为导致贫困地区困难的重要原因之一，进一步明确了教育在中国扶贫政策中的重要地位。这一时期，在实践上开始逐步探索把贫困地区的经济开发，转移到依靠科技进步、提高农民素质的轨道上，主要包括以下改革。

第一，建立农村教育改革实验区。1987年2月，国家教委与河北省人民政府共同在阳原、完县、青龙三县建立"河北省农村教育改革实验区"，成为了农村教育综合改革实验的开端。实验区的工作目标是通过十年左右时间，在经济上摆脱贫困，在教育结构、规模和质量上能够基本适应本地区经济、社会发展的需要，教育质量达到中等水平。作为一项促进农村发展的社会工程，该实验将教育与普及科学知识、农村先进技术推广结合，尝试通过教育提升农村劳动者的素质、培养适合农村实际需要的科技人才，以适应经济建设、社会发展和改善生活的要求。

第二，实施燎原计划。1988年5月，国家教委提出在全国农村组织实施"燎原计划"，与国家科委的"星火计划"、农业部的"丰收计划"共同构成了农村综合改革的重要措施，形成了"科技—教育—生产"的综合改革体系。该计划尝试通过建立一批真正依靠教育、科技，促进农业发展、使农民致富的乡，并对示范乡在教育、经济上提出了具体要求。

第三，实施希望工程。1989年10月，中国青少年发展基金会建立了我国第一个救助贫困地区失学少年儿童专项基金，这项助学扶贫事业被命名为"希望工程"，资助贫困地区失学少年基金的具体资助方式包括：设立助学金，新盖、修缮小学校舍，购置教具、文具和书籍等。截止到2019年，累计接受捐款152.29亿元，资助家庭困难学生599.42万名，援建希望小学20195所。[①] 希望工程在助力脱贫攻坚、促进教育发展、服务青少年成长、引领社会风尚等方面发挥了重要作用。[②]

第二节　实施三教统筹与农科教结合（1994—2000年）

针对贫困人口大幅度减少，农村绝对贫困人口占较大比重、贫困区域集中分布在自然条件恶劣地区的状况，1994年4月，《国家八七扶贫攻坚计划（1994—2000年）》设定了"从1994年到2000年，集中人力、物力、财力，动员社会各界力量，力争用7年左右的时间，基本解决目前全国农村8000万贫困人口的温饱问题"的目标。该计划在继续坚持开发式扶贫的基础上，将"改变教育文化卫生的落后状况"作为奋斗目标之一，将继续实施"燎原计划"、普及初等教育、扫除青壮年文盲，开展成人教育和职业技术教育等作为政策重点。

---

① 中国青少年发展基金会：《托起明天的太阳：希望工程成立三十周年》（https：//www.cydf.org.cn/Project_Hope）。

② 《习近平总书记寄语希望工程》（http：//www.gov.cn/xinwen/2019-11/20/content_5453928.htm）。

第二章 教育扶贫政策的历史变迁

一 认真实施教育扶贫工程,大力提高中华民族素质

在 20 世纪 90 年代,区域位置与入学率和毕业率高度相关,农村贫困地区特别处于劣势。父母的受教育情况、兄弟姐妹以及县级财政拨款等会对入学率及毕业率产生持续影响[1],学生因缺乏有质量的教育而辍学[2],"一刀切"的资源分配政策、县域内不同地区拨款水平差异导致转移支付资金不能全部落实。[3] "国家贫困地区义务教育工程"的实施有效促进了贫困地区教育发展,上述问题得到了较大程度的改善。

1995 年 3 月,国家教委、财政部决定联合组织实施"国家贫困地区义务教育工程"。该工程的实施范围包括全国"八七"扶贫攻坚计划中的大部分贫困县,重点改善了这类地区小学、初中的办学条件,推动了普及义务教育的进程,改变了贫困地区教育的落后面貌。1997 年 10 月,国家教委、财政部决定设立"国家贫困地区义务教育助学金",用于资助纳入"国家贫困地区义务教育工程"的部分国家级贫困县义务教育阶段农村贫困学生。1998 年 10 月,《中共中央关于农业和农村工作若干重大问题的决定》针对贫困地区义务教育明确提出要"切实解决适龄儿童尤其是女童的辍学问题"。1999 年 1 月,国务院批转《教育部〈面向 21 世纪教育振兴行动计划〉的通知》,进一步明确了义务教育普及的重点、难点,提出要继续实施"国家贫困地区义务教育工程"。

"国家贫困地区义务教育工程(1995—2000 年)"在加快中西部地区"两基"进程、改善贫困地区办学条件、提高教师教学水平、推动中小学布局调整方面发挥了重要作用。为实施这一工程,中央和地方累

---

[1] Rachel Connelly, Zhenzhen Zheng, "Determinants of School Enrollment and Completion of 10 to 18 Year Olds in China", *Economics of Education Review*, 2003, 22 (4), pp. 379 – 388.

[2] Carol Chung, Mark Mason, "Why Do Primary School Students Drop out in Poor, Rural China? A Portrait Sketched in a Remote Mountain Village", *International Journal of Educational Development*, 2012, 32 (4), pp. 537 – 545.

[3] 蒋鸣和、徐坚成、王红:《中国贫困县教育财政与初等教育成本——491 个国家级贫困县的分析》,《教育与经济》1997 年第 4 期。

计投入126亿元,一期实施范围集中在852个贫困县,其中"八七"扶贫攻坚计划确定的国家级贫困县有568个。[①] 到2010年底,国家扶贫开发工作重点县7—15岁学龄儿童入学率达到97.7%,接近全国平均水平;青壮年文盲率为7%,相较于2002年下降5.4%,青壮年劳动力平均受教育年限达到8年。[②]

二 培养更多的能脱贫致富的知识型劳动者

职业教育在农民脱贫致富中的作用开始受到重视。1996年3月,《中华人民共和国国民经济和社会发展"九五"计划和2010年远景目标纲要》提出"重点加强农村特别是贫困地区的义务教育",主要措施包括经费、师资和教学手段上的支持。该文件认为农村义务教育要"适时注入社会需要的职业教育内容"。同年10月,《中共中央 国务院关于尽快解决农村贫困人口温饱问题的决定》提出了贫困地区教育改革的目标"为当地农民解决温饱、脱贫致富服务",并认为改革重点应是普及初等教育、扫除文盲和对农民进行实用技术培训。1999年6月,《中共中央 国务院关于深化教育改革全面推进素质教育的决定》明确提出要"切实解决农村初中辍学率偏高的问题";在课程改革方面,提出要增强"与当地经济社会发展的适应性";在促进教育与经济结合方面,提出教育和扫盲要与"实用生产技术培训结合"、与"农民脱贫致富结合"。

教育对口支援制度开始形成。1996年10月,《中共中央 国务院关于尽快解决农村贫困人口温饱问题的决定》提出了组织沿海发达地区对口帮扶西部贫困地区的政策措施,并明确提出了促进"优势互补""缩小差距""共同富裕"的帮扶目标。2000年4月,《中共中央办公厅 国务院办公厅关于推动东西部地区学校对口支援工作的通知》明确将教育作为重要对象纳入对口支援的范畴,东西部学校、省内学校对

---

① 教育部:《什么是"国家贫困地区义务教育工程"》(http://www.moe.gov.cn/jyb_xwfb/s271/201010/t20101013_109047.html)。

② 中华人民共和国国务院新闻办公室:《中国农村扶贫开发的新进展》(http://www.china.com.cn/ch-book/node_7142324.htm)。

口支援的"两个工程"。同年10月,《国务院关于实施西部大开发若干政策措施的通知》明确提出要增加西部地区教育投入,在义务教育领域提出要继续实施贫困地区义务教育工程;在高等教育领域提出加强对西部地区高校建设支持力度、扩大招生规模,还包括强化对口支援力度以及对农村基层的教育培训等内容。

第三节　不让一个学生因家庭经济困难而失学(2001—2010年)

在温饱问题基本解决、"八七"扶贫纲要目标基本实现的情况下,为突出解决和巩固温饱问题,为建设农村小康社会创造条件,2001年6月,《中国农村扶贫开发纲要(2001—2010年)》将教育同科技、卫生、文化事业并列,提出"确保2010年前在贫困地区实现九年义务教育,进一步提高适龄儿童入学率",并将农民科技文化素质培训作为增加收入、脱贫致富的重要方式。

一　专项政策促进贫困地区义务教育发展

贫困地区义务教育办学条件得到重点改善。2001年3月,《中华人民共和国国民经济和社会发展第十个五年计划纲要》将义务教育发展的重点放在西部地区和少数民族地区,并决定实施"贫困地区义务教育二期工程"。2003年1月,《中共中央　国务院关于做好农业和农村工作的意见》提出了继续实施"三大工程"改善农村义务教育办学条件[1],主要措施包括农村寄宿制学校建设、现代远程教育工程建设等,并不断增加财政投入,优质教育资源覆盖面进一步扩大。一是农村中小学危房改造工程。2001年2月,《国务院办公厅转发教育部等部门关于实施中小学危房改造工程意见的通知》提出从2001年开始"力争用两年左右的时间基本消除现存的中小学危房"。该工程充分体现了国家对

---

[1] 教育部:《国家西部地区"两基"攻坚知识问答》(http://www.moe.gov.cn/jyb_xwfb/s271/201010/t20101013_109047.html)。

中西部贫困地区基础教育的关心和支持，中央和地方累计投入 112 亿元，用于农村中小学危房改造，基本消灭了 D 级危房校舍；二是贫困地区义务教育工程。中央和地方累计投入 73.6 亿元，西部地区的投资总额占中央专款比例超过 90%，主要用于新建、改扩建中小学，配备仪器设备、课桌凳、图书资料、教育信息化设备以及培训中小学校长和教师，并为义务教育阶段学生免费提供教科书等项目；三是中西部农村中小学远程教育工程。从 2003 年开始，中央累计投入 13.44 亿元用于农村中小学建设教学光盘播放系统、卫星教学收视点、计算机教室等项目，提升了贫困地区的教育信息化水平。这一时期，在困难群体教育保障、农村教育经费保障、贫困儿童失学率等方面政策效果显著，具体表现如下。

第一，困难群体教育得到了有效保障。2006 年 3 月，《中华人民共和国国民经济和社会发展第十一个五年规划纲要》对农村义务教育提出"普及"和"巩固"的方针，并出台了农村义务教育阶段学生免收学杂费政策，对贫困家庭学生实现了"两免一补"，并实施农村教师培训以及对贫困家庭子女帮扶等措施。明确提出了"努力降低义务教育阶段农村学生特别是女性学生、少数民族学生和贫困家庭学生的辍学率，全国初中三年保留率达到 95%"的政策目标。同年 10 月，《中共中央关于构建社会主义和谐社会若干重大问题的决定》提出公共教育资源向贫困地区倾斜的改革方向，并明确了"逐步缩小城乡、区域教育发展差距，推动公共教育协调发展"的教育发展目标。在义务教育阶段重点实施"农村义务教育经费保障机制""两免一补"和"保障农民工子女接受义务教育"等措施。并决定实施"加快发展城乡职业教育和培训网络"与"完善高等教育和高中阶段国家奖学金、助学金制度"等政策。

第二，农村教育经费持续增加。中央财政和国债资金自 2004 年起持续加大对农村义务教育公用经费的支持力度，将农村义务教育全面纳入国家财政保障范围。对中央和地方经费分担机制，有研究指出专项转移支付和农村义务教育补助能明显缩小地方义务教育投入差异[1]，地方

---

[1] 崔盛：《转移支付和地方政府义务教育投入差异研究——基于县级面板数据的分析》，《中国人民大学教育学刊》2014 年第 3 期。

第二章 教育扶贫政策的历史变迁

政府更希望将转移支付用于教育支出和行政管理支出。[①]《中国农村贫困监测报告 2011》数据显示，2002—2010 年与教育有关的扶贫重点县扶贫资金不断增加。[②] 2002 年到 2010 年，学校及设备经费从 6.3 亿元增长到 12.1 亿元；技术培训和推广经费从 2 亿元增长到 5.6 亿元；资助儿童入学和扫盲经费从 1.8 亿元增长到 10 亿元。相较于 2002 年，2010 年扶贫重点县教育扶贫资金增长了 174%（图 2-1）。

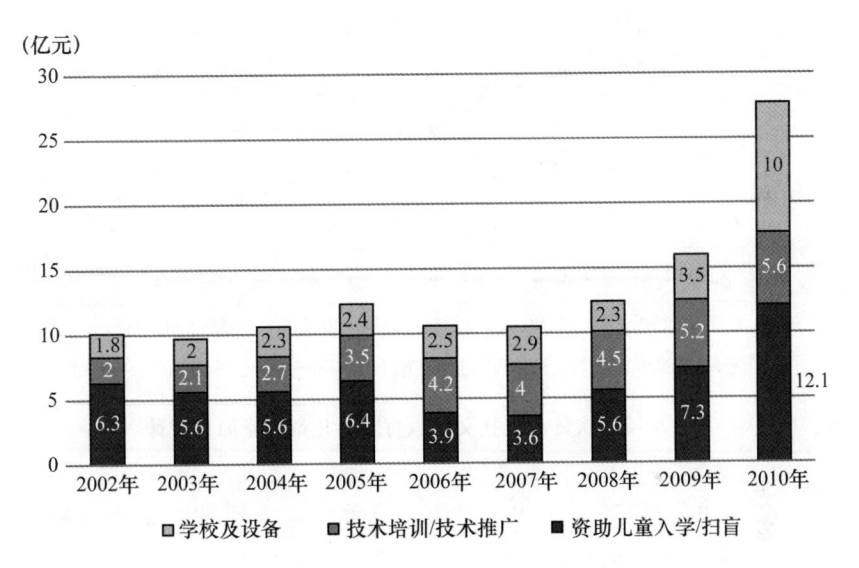

图 2-1 2002—2010 年扶贫重点县教育扶贫资金使用情况统计

第三，贫困儿童失学率持续下降。这一时期的儿童失学问题有了新的阶段特征。对于儿童失学的原因，1994—1995 年，国家教育发展研究中心开展了对全国 12 个省份 179 个县义务教育专项调查，对"辍学问题"的调研结果显示，52% 的校长、44% 的初中生、47% 的小学生、49% 的家长认为是由于家庭经济困难。到 2002 年"家庭经济困难"依旧是儿童失学的主要原因，占比为 48.6%，之后持续下降，2010 年占

---

① 李丹、刘小川：《政府间财政转移支付对民族扶贫县财政支出行为影响的实证研究——基于 241 个民族扶贫县的考察》，《财经研究》2014 年第 1 期。

② 国家统计局住户调查办公室：《中国农村贫困监测报告 2011》，中国统计出版社 2012 年版，第 133—134 页。

比为15.6%，已经不是构成失学的主要原因。"自己不愿上学"的儿童比例有不断上升的趋势，从2002年的26.1%达到2010年的34.7%。同时可以发现，儿童失学的原因更加复杂，"其他"逐渐上升为儿童失学的主要原因（图2-2）①。

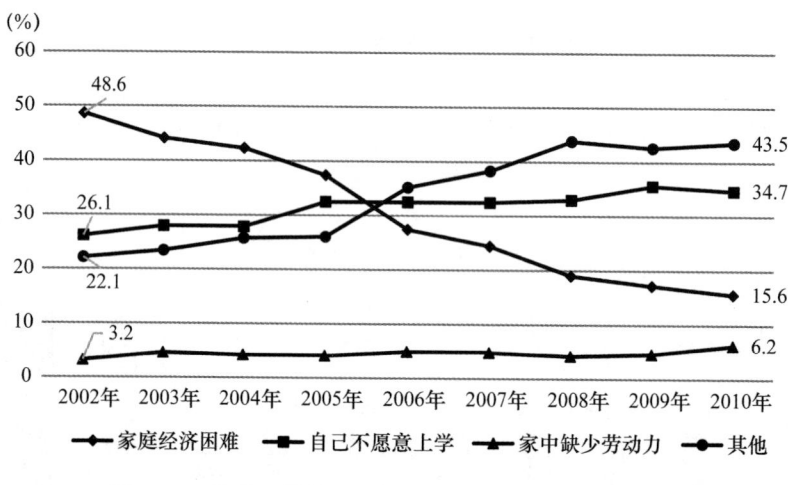

图2-2 扶贫重点县义务教育阶段儿童失学原因统计

2006年的一项基于四川、甘肃、湖北、河南四省102所农村义务教育阶段学校的调查表明，儿童辍学的首要因素是家庭经济情况（占比46%）、其次为学习困难（占比28%）、第三位的原因是儿童需要承担更多的家庭劳动责任。②《中国农村贫困监测报告2011》数据显示③，2002年到2010年扶贫重点县义务教育阶段儿童失学率逐年持续降低，7—12岁和13—15岁年龄组差距不断缩小。7—12岁组从2002年的5.1%降低到2010年的1.8%；13—15岁组从2002年的14.6%，降低到3.2%。有研究在2009—2010年之间，随机选择了位于华北、西北

---

① 国家统计局住户调查办公室：《中国农村贫困监测报告2011》，中国统计出版社2012年版，第158页。
② 金东海等：《义务教育阶段贫困生就学资助制度研究》，人民教育出版社2011年版，第113—129页。
③ 国家统计局住户调查办公室：《中国农村贫困监测报告2011》，中国统计出版社2012年版，第157页。

第二章 教育扶贫政策的历史变迁

两省四县 46 个学校的 7800 多名初中学生进行了辍学率调查，结果表明，7 年级至 8 年级的辍学率达到 5.7%，8 年级至 9 年级的辍学率达到 9.0%；基于 7 年级入学学生总数计算，到 9 年级开学，有 14.2% 的学生辍学，其中贫困家庭以及父母出现健康问题的学生在学业上表现较不理想，认为尽管政府有减免初中生学杂费的政策但是还不足以解决辍学问题。[1] 有学者的研究结果与官方公布的数据存在较大出入，针对该问题教育部专题进行了说明。[2]

第四，贫困地区优先的免费义务教育政策受益面逐步扩大。一是向贫困家庭免费提供教科书。2004 年 2 月，财政部、教育部《对农村义务教育阶段家庭经济困难学生免费提供教科书工作暂行管理办法》中对免费提供教科书的对象进行了规定，"贫困程度"作为资助标准，将孤儿、绝对贫困和低收入家庭子女等作为优先资助对象，并明确指出该专项资金的使用重点为中西部地区贫困县；二是贫困县优先免除。2005 年开始在国家级贫困县实行"两免一补"政策，到 2007 年在全国农村普遍推广；三是西部贫困地区优先免除。2006 年起，在西部地区免除农村义务教育阶段学生学杂费，2007 年开始扩大到中东部地区，到 2009 年全面实行城乡免费义务教育，对所有农村义务教育阶段学生免费提供教科书。

二 西部"两基"如期完成

杜绝新生文盲、扫除现有文盲，使脱盲人员接受继续教育。2001 年 5 月，《国务院关于基础教育改革与发展的决定》进一步明确了未实现"两基"贫困地区教育事业发展的基本任务。7 月，《全国教育事业第十个五年计划》中提出"进一步加强流动人口子女与残疾儿童少年的义务教育"，并提出以转移支付的方式，加大对贫困地区和少数民族地区义务教育扶持力度。2003 年《政府工作报告》数据显示，2002 年

---

[1] Hongmei Yi, et al., "Dropping out: Why are Students Leaving Junior High in China's Poor Rural Areas?", *International Journal of Educational Development*, 2012, 32 (4), pp. 555–563.

[2] 教育部：《有关负责人就义务教育相关问题答记者问》（http://www.moe.gov.cn/jyb_xwfb/s271/201211/t20121123_ 144810.html）。

全国"两基"覆盖率达到91%，较1997年提高了26%。到2011年，中国所有县级行政单位全部实现"基本普及九年义务教育、基本扫除青壮年文盲"的目标，人口覆盖率达到100%。[①]

2002年7月，中共中央办公厅、国务院办公厅转发《教育部等十二部门关于"十五"期间扫除文盲工作的意见》，将贫困地区、少数民族和妇女作为扫盲教育的重点对象。提出把普及九年义务教育和扫除青壮年文盲作为教育工作的"重中之重"。同月，国务院《关于深化改革加快发展民族教育的决定》提出了民族自治地方"十五"期间民族教育发展的目标任务，要求"两基"县覆盖率达到70%，小学教育普及要覆盖95%的地区。

西部"两基"计划的正式出台。在全国基本实现"两基"之后，西部地区到2002年仍有410个县级行政单位没有实现"两基"，其人均受教育年限比全国平均水平低1.3年，"两基"人口覆盖率比全国平均水平低14%，15岁以上文盲、半文盲人口数高于全国平均水平2.3%。[②] 为进一步缩小东西部差距，2003年9月，《国务院关于进一步加强农村教育工作的决定》提出"到2007年，西部地区普及九年义务教育人口覆盖率要达到85%以上，青壮年文盲率降到5%以下"的目标，明确了农村教育在全面建设小康社会中的重要地位，把农村教育作为教育工作的重中之重。为贯彻实施该文件，2004年2月，国务院批转了《教育部〈2003—2007年教育振兴行动计划〉》，明确了农村教育改革的地位，提出"坚持把农村教育摆在重中之重的地位"。

实施西部地区"两基"攻坚计划。2004年2月，《国务院办公厅关于转发教育部等部门〈国家西部地区"两基"攻坚计划（2004—2007年）〉的通知》进一步明确了西部地区"两基"攻坚目标，提出"到2007年，西部地区整体上实现'两基'目标，'两基'人口覆盖率达

[①] 中华人民共和国外交部、联合国驻华系统：《中国实施千年发展目标报告（2000—2015年）》（https：//www.cn.undp.org/content/dam/china/docs/Publications/UNDP-CH-SSC-MDG2015_Chinese.pdf）。

[②] 教育部：《为什么要实施西部地区"两基"攻坚计划》（http：//www.moe.gov.cn/jyb_xwfb/s271/201010/t20101013_109047.html）。

第二章　教育扶贫政策的历史变迁

到85%以上，初中毛入学率达到90%以上，扫除600万文盲，青壮年文盲率下降到5%以下"。2007年《政府工作报告》数据显示，77.3%的"两基"攻坚县已实现目标，西部地区"两基"人口覆盖率提高到了96%。西部地区基本普及九年义务教育、基本扫除青壮年文盲攻坚计划如期完成。

2007年5月，国务院印发《国家教育事业发展"十一五"规划纲要》提出全国"青壮年文盲率降到2%左右"，"欠发达地区与全国教育平均水平的差距逐步缩小。完成'两基'攻坚任务，初中毛入学率达到95%以上，青壮年文盲率降到4%以下"的发展目标。同年12月，教育部等12个部门《关于进一步加强扫盲工作的指导意见》为实现这一目标提出"到2010年，成人文盲率下降到8%以下，其中成人妇女文盲率下降到12%以下；15—50周岁青壮年文盲率降到2%左右，其中青壮年妇女文盲率下降到3%左右。到2015年，成人文盲率降低到6%以下，青壮年文盲率控制在1%左右"的具体目标。2008年10月，《中共中央关于推进农村改革发展若干重大问题的决定》中提出"发展农村教育，促进教育公平，提高农民科学文化素质，培育有文化、懂技术、会经营的新型农民"并针对农村义务教育、高中教育、职业教育等方面提出了具体措施。2010年7月，《国家中长期教育改革和发展规划纲要（2010—2020年）》把促进公平作为国家基本教育政策，提出了"合理配置教育资源，向农村地区、边远贫困地区和民族地区倾斜，加快缩小教育差距"的相关政策措施。

三　完善国家资助贫困学生政策和对口支援制度

贫困学生资助政策不断趋于完善。党的十六大报告中明确提出"完善国家资助贫困学生的政策和制度"。2003年《政府工作报告》提出了建立以"奖、贷、助、补、减、免"为主要内容的助学政策体系目标。2004年9月，《国务院办公厅关于切实解决高校贫困家庭学生困难问题的通知》将建立"国家助学贷款新机制"、加强"国家对品学兼优的贫困家庭学生的助学奖励力度"，将"高等学校收入的一定比例足额用于资助贫困家庭学生"、建立"规范的高等学校勤工助学制度"，开展

"生源地助学贷款业务"等作为解决高校贫困家庭学生困难问题的重要途径。2005年12月,《国务院关于深化农村义务教育经费保障机制改革的通知》将"两免一补"政策作为深化农村义务教育经费保障机制改革的主要内容之一。同月,《中共中央 国务院关于推进社会主义新农村建设的若干意见》提出"着力普及和巩固农村九年制义务教育"政策,并就农村义务教育阶段学生减免政策、义务教育经费保障机制、教师队伍等提出具体政策措施。

2007年5月,《国务院关于建立健全普通本科高校高等职业学校和中等职业学校家庭经济困难学生资助政策体系的意见》提出了"完善国家奖学金制度""完善和落实国家助学贷款政策""从2007年起,对教育部直属师范大学新招收的师范生,实行免费教育""要进一步落实、完善鼓励捐资助学的相关优惠政策措施""积极引导和鼓励地方政府、企业和社会团体等面向各级各类学校设立奖学金、助学金"。2011年7月,《中国妇女发展纲要(2011—2020年)》和《中国儿童发展纲要(2011—2020年)》中分别强调了女童资助政策、农村义务教育寄宿制学校家庭经济困难学生生活补助政策。2012年《政府工作报告》提出了"逐步将中等职业教育免学费政策覆盖到所有农村学生"以及"扩大普通高中家庭经济困难学生资助范围",中等职业教育免学费政策实现了全覆盖。并在2016年出台了对中等职业教育、普通高中贫困家庭学生的相关资助政策。2011年《政府工作报告》数据显示,2010年财政投入与2006年相比,增加了288亿元,年均增长57.6亿元。随着国家投入的不断加大,资助政策覆盖面不断扩展,从高等教育扩大到高中阶段。

与此同时,教育对口支援制度逐渐完善并发展。2002年7月,《国务院关于深化改革加快发展民族教育的决定》将"坚持以地方自力更生为主,国家大力扶持,发达地区和有关高等学校大力支援相结合"作为民族教育工作的指导思想之一。随着农村教育在全面建设小康社会中的作用凸显,2003年9月,《国务院关于进一步加强农村教育工作的决定》提出"建立和完善教育对口支援制度",并明确继续实施对口支援的"两大工程",建立东西部地区、大中城市对口支援制度。2004年

第二章 教育扶贫政策的历史变迁

2月,《国家西部地区"两基"攻坚计划(2004—2007年)》提出继续实施学校对口支援制度,并进一步完善"中央国家机关和省级党政机关与西部贫困地区的对口帮扶制度",对口支援"两基"攻坚。2005年10月,《国务院关于大力发展职业教育的决定》明确提出"把职业教育对口支援工作与农村劳动力转移、教育扶贫、促进就业紧密结合起来"。12月,《中共中央 国务院关于推进社会主义新农村建设的若干意见》进一步强化了"城镇教师支援农村教育的力度"。2006年3月,在国家"十一五"规划中,明确将"支援"作为发展农村教育的政策之一。

第三章 教育扶贫政策实施效果评价的理论研究

第一节 基于服务理论的政策执行评价

一 教育扶贫的公共服务性

教育扶贫具有公共服务的性质。《国家基本公共服务体系"十二五"规划》初步构建起了覆盖全民的国家基本公共服务制度体系，该规划将教育纳入保障基本民生需求的公共服务范围，提出了"建立健全基本公共教育服务体系"的重点任务，并确立了七项"十二五"时期基本公共教育服务的国家标准，规划实施的"五项工程"，分别为"义务教育学校标准化建设工程""义务教育教师队伍建设工程""中等职业教育基础能力建设工程""民族教育发展工程""农村学前教育推进工程"。为落实党的十八大提出的"到2020年基本公共服务均等化总体实现"的目标，2017年1月，国务院出台了《"十三五"推进基本公共服务均等化规划》，该规划将"九年义务教育巩固率""义务教育基本均衡县（市、区）的比例"作为"十三五"时期基本公共服务领域主要发展指标之一。并出台"基本公共教育公共服务清单"，推动实施"义务教育学校标准化建设""高中阶段教育设施建设""学前教育行动计划""教师队伍建设""教育信息化建设"等系列保障措施。

教育作为一种服务观念越来越为人们所接受[1]，公共服务的理念是

---

[1] 中国教育科学研究院：《办好人民满意的教育——全国教育满意度调查报告》，教育科学出版社2019年版，第41页。

第三章 教育扶贫政策实施效果评价的理论研究

从为顾客服务的思想上发展而来的。服务是一种无形的活动，这一活动的过程是顾客、雇员以及有形的资源之间的互动，用来满足顾客最终的需求。[1] 韦德（Evert Vedung）根据组织者的不同将评估模式分为效果模式、经济模式和职业化模式三大模式，在效果模式中又包括目标达成模式、附带效果模式、无目标评估模式、综合评估模式、顾客导向评估模式、利益相关者模式等，认为顾客导向模式主要应用在公共物品和公共服务的提供领域。[2]

顾客导向评估模式主要是建立在顾客参与服务生产与传递理论基础上的。自20世纪80年代以来，服务评价逐渐得到了理论界的关注。[3] 服务具有无形性（intangibility）、差异性（heterogeneity）、不可分性（inseparability）、不可存储性（perishability）[4] 的特点，作为一种感知，顾客是服务的最终评价者，通过对服务期望和实际感知两者的对比，即感知与预期之差进行评价（图3-1）。[5] 对服务的评价取决于顾客对服务的主观感知，建立在顾客的感知和期望的基础上。服务效果与顾客感知同预期的比较存在密切联系。如果顾客对服务感知水平远大于或等于预期，则服务效果较佳；如果小于预期，则顾客对服务评价较低。[6]

在格罗鲁斯顾客感知服务评价模型的基础上，帕拉苏拉曼等提出了差距分析模型，认为对服务的评价是由顾客对服务预期和感知之间的差距决定的。[7] 并提出了服务质量评价（SERVQUAL）模型，通过问卷对

---

[1] Christian Gronroos, "Relationship Approach to Marketing in Service Contexts: The Marketing and Organizational Behavior Interface", *Journal of Business Research*, 1990, 20 (1), pp. 3-11.

[2] Evert Vedung, *Public Policy and Program Evaluation*, New York: Routledge, 1997, pp. 35-92.

[3] Kenneth L. Bernhardt, G. Lynn Shostack, *Comments on Christian Grönroos' Strategic Management and Marketing in the Service Sector*, Marketing Science Institute, 1983.

[4] Valarie A. Zeithaml, Mary Jo Bitner, Dwayne D. Gremler, eds., *Services Marketing: Integrating Customer Focus across the Firm*, New York: McGraw-Hill Education, 2018, pp. 19-21.

[5] Christian Gronroos, "A Service Quality Model and its Marketing Implications", *European Journal of Marketing*, 1984, 18 (4), pp. 36-44.

[6] 章海荣：《服务营销管理》，清华大学出版社、北京交通大学出版社2009年版，第126—127页。

[7] Ananthanarayanan Parasuraman, Valarie A. Zeithaml, Leonard L. Berry, "A Conceptual Model of Service Quality and Its Implications for Future Research", *Journal of Marketing*, 1985, 49 (4), pp. 41-50.

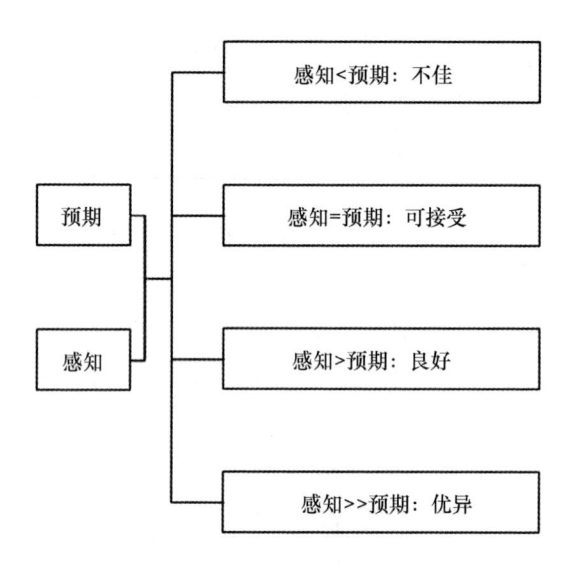

```
                    ┌──── 感知<预期：不佳
                    │
        预期 ───────┼──── 感知=预期：可接受
                    │
                    ├──── 感知>预期：良好
        感知 ───────┤
                    └──── 感知>>预期：优异
```

图 3-1　服务评价模型

被调查者的两次测量，分别获得自身期望和实际感知的服务水平，两者之差即是服务的水平。[1] 无论是"特定交易观点"[2] 和"累积性观点"[3]，两类观点都认为预期和实际感知之间的差异会导致满意或不满意。[4] 当感知水平高于预期，那么顾客就会高度满意，直至产生忠诚；当感知水平和预期相一致，那么顾客预期得到满足就会产生满意；当感知水平低于预期时，顾客预期得不到满足，就会产生不满意，甚至抱怨。[5]

---

[1] Ananthanarayanan Parasuraman, Valarie A. Zeithaml, Leonard L. Berry, "Servqual: A Multiple-item Scale for Measuring Consumer Perc", *Journal of Retailing*, 1988, 64 (1), p. 12.

[2] Robert B. Woodruff, Ernest R. Cadotte, Roger L. Jenkins, "ModelingConsumer Satisfaction Processes Using Experience-based Norms", *Journal of Marketing Research*, 1983, 20 (3), pp. 296 - 304.

[3] Michael D. Johnson, Claes Fornell, "A Framework for Comparing Customer Satisfaction Across Individuals and Product categories", *Journal of Economic Psychology*, 1991, 12 (2), pp. 267 - 286.

[4] Eugene W. Anderson, Claes Fornell, "Foundations of the American Customer Satisfaction Index", *Total Quality Management*, 2000, 11 (7), pp. 869 - 882.

[5] 顾平：《现代质量管理学》，科学出版社 2004 年版，第 129 页。

第三章 教育扶贫政策实施效果评价的理论研究

二 基于"重要性—表现"分析的改进策略

1977年,玛蒂拉(Martilla)和詹姆斯(James)基于多变量选择模型的概念基础[1]将四分图应用于"重要性—表现"分析(Importance-Performance Analysis Model,IPA)[2],并引入到服务研究中,旨在优化管理策略以提高客户满意度。[3] 通过对所测量指标设定两个属性,并将其分配在四个象限内,可以对四类不同结果采取不同的处理策略。该方法在教育[4]、人力资源管理[5]、消费者满意度[6]、公共管理[7]等多个领域均有广泛应用,作为一种简单而有效的工具,认为所有评价项目都具有"重要性"和"表现"两个维度,通过受访者对其进行评价,将这两个维度整合到一个矩阵中,该矩阵可以确定最合适的战略选择。[8]

四个象限的二维网格,以一个轴为重要性,以另一个轴为表现(图3-2)。第一象限为高重要性和高表现,其战略选择要点是"保持良好的工作"(keep up the good work);第二象限为低重要性但高表现,其

---

[1] William L. Wilkie, Edgar A. Pessemier, "Issues in Marketing's Use of Multi-attribute Attitude Models", *Journal of Marketing Research*, 1973, 10 (4), pp. 428–441.

[2] John A. Martilla, John C. James, "Importance-performance Analysis", *Journal of Marketing*, 1977, 41 (1), pp. 77–79.

[3] Frank Guadagnolo, "The Importance-performance Analysis: An Evaluation and Marketing tool", *Journal of Park and Recreation Administration*, 1985, 3 (2), pp. 13–22.

[4] Susan Alberty, Brian J. Mihalik, "The Use of Importance-performance Analysis as an Evaluative Technique in Adult Education", *Evaluation Review*, 1989, 13 (1), pp. 33–44; Martin A. O'Neill, Adrian Palmer, "Importance-Performance Analysis: a Useful Tool for Directing Continuous Quality Improvement in Higher Education", *Quality Assurance in Education*, 2004, 12 (1), pp. 39–52; 袁振国:《论中国教育政策的转变》,广东教育出版社1999年版,第78—89页。

[5] Giovani J. C. da Silveira, Brent Snider, Jaydeep Balakrishnan, "Compensation-Based Incentives, ERP and Delivery Performance: Analysis from Production and Improvement Perspectives", *International Journal of Operations & Production Management*, 2013, 33 (4), pp. 415–441.

[6] Ross H. Taplin, "The Value of Self-stated Attribute Importance to Overall Satisfaction", *Tourism Management*, 2012, 33 (2), pp. 295–304.

[7] Gregg G. Van Ryzin, Stephen Immerwahr, "Importance-performance Analysis of Citizen Satisfaction Surveys", *Public Administration*, 2007, 85 (1), pp. 215–226.

[8] Javier Abalo, Jesús Varela, Vicente Manzano, "Importance Values for Importance-performance Analysis: A Formula for Spreading out Values Derived from Preference Rankings", *Journal of Business Research*, 2007, 60 (2), pp. 115–121.

战略选择要点是"供给过度"(possible overkill);第三象限为低重要性和低表现,其战略选择要点是"低优先级"(low priority);第四象限为高重要性和低表现,其战略选择要点是"加强重点改善"(concentrate here)。基于此分析,确定特定的改进机会。一般建议第四象限的主要弱点应被列为重中之重,并应立即进行改善。相反,第一象限中主要优势的属性应保持和大力推广。[1] 该方法被广泛接受的主要原因包括其易于应用,以及能够将战略性建议与数据一起呈现的能力。可以明确管理目标,并得出资源配置优先级别的政策建议[2],具体策略如下。[3]

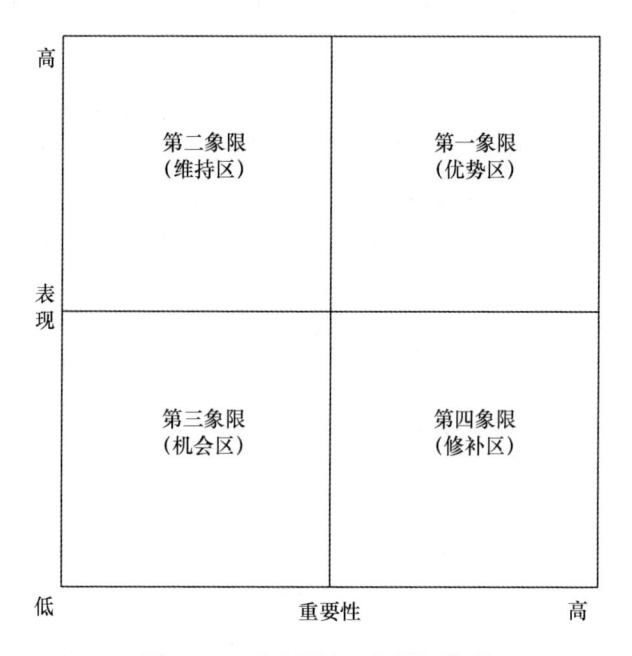

图 3-2 "重要性—表现"模型

---

[1] Douglas M. Lambert, Arun Sharma, "A Customer-based Competitive Analysis for Logistics Decisions", *International Journal of Physical Distribution & Logistics Management*, 1990, 20 (1), pp. 17 – 24.

[2] Seyhmus Baloglu, Curtis Love, "Association Meeting Planners' PerceivedPerformance of Las Vegas: an Importance-performance Analysis", *Journal of Convention & Exhibition Management*, 2003, 5 (1), pp. 13 – 27.

[3] Jacob K. Eskildsen, Kai Kristensen, "Enhancing Importance-performance Analysis", *International Journal of Productivity and Performance Management*, 2006, 55 (1), pp. 40 – 60.

第三章 教育扶贫政策实施效果评价的理论研究

第一象限为优势区，该象限中的变量被认为表现良好，代表了应保持或利用的主要优势和潜在竞争优势。受访者认为其达到了标准，并假定将稀缺资源有效地分配到最需要的地方，并应保持或加强当前行动策略。

第二象限为维持区，包含重要性不高的变量，这些属性表现出色。表示资源使用效率低下，可能存在浪费有限资源，或者资源并没有得到有效利用。应采取降低优先级或在需要的地方进行重新部署策略。

第三象限为机会区，表现不佳但相对而言并不重要。属于此类别的变量并不构成直接竞争威胁，而被视为次要弱点。在分配稀缺资源时，并不会进行优先考虑。如果无法从改进的表现中获得收益，则无须在此方面付出额外的努力。因此，代表次要弱点，不应给予过分关注，表现情况不佳并不是主要问题。从改进战略的角度分析，尽管这些问题的优先级并不是较高，但当外部条件发生改变时，相应改进策略如果能够及时提出，将会创造新的发展空间。

第四象限为修补区，该象限中的变量被认为表现不佳，代表了主要弱点和对其竞争威胁。作为提供要素关键分类的象限，变量无法满足受访者在其认为的重要领域中的感知水平。就政策改善而言，需要立即予以关注，并且在资源配置方面应具有最高优先级。在此象限中确定的变量代表了主要弱点和对竞争的威胁，政策变化和策略应集中引导边际资源进行额外强化，要对其进行及时修补和改进。

将变量分布图划分为四个象限的阈值定位是"重要性—表现"分析法应用中的核心问题。[1] 阈值的选择几乎是一个判断问题，[2] 其主观位置导致了现有分析法研究结果的不一致。将轴放置在四象限网格中的决定是"一个判断问题"，因为判断是相对而非绝对地衡量变量的重要性和表现水平。[3] 关于分界点位置的替代建议，以"数据为中心"和

---

[1] Donald R. Bacon, "A Comparison of Approaches to Importance-performance Analysis", *International Journal of Market Research*, 2003, 45 (1), pp. 1–15.

[2] Ernest Azzopardi, Robert Nash, "A Critical Evaluation of Importance-performance Analysis", *Tourism Management*, 2013, 35, pp. 222–233.

[3] Kurt Matzler, Elmar Sauerwein, Kenneth Heischmidt, "Importance-performance Analysis Revisited: The Role of the Factor Structure of Customer Satisfaction", *The Service Industries Journal*, 2003, 23 (2), pp. 112–129.

以"量表为中心"的方法会显著影响变量的分类。以"数据为中心"的方法使用观察到的重要性和表现等级实际数据的平均值作为临界点,其中观察到的重要性和表现等级的平均值决定了"重要性—表现"矩阵的十字准线。另外,以"量表为中心"方法中的分界点位于已建立标度的中心。不同区分阈值可能会产生误导性和相矛盾的政策建议。①

有学者认为,以"量表为中心"的方法在解释研究成果时更加透明,并且与使用实际数据方法相比,通常提供了更简单的描述。但是,使用量表方法具有一定的不足,不仅忽视了实际数据所表达的含义,还倾向于将所有变量判定为较高的重要性等级。这就意味着,无论受访者的特征是什么,每项调查都将具有相同的区分阈值。由于内部尺度的解释不同,其测量结果可能会出现偏差,降低了区分度,无法体现"重要性—表现"分析的目的。②还有学者认为,以"数据为中心"的区分阈值是独立估计的,这与"重要性—表现"的概念本质相矛盾。将表现良好的变量与表现较差的变量区分开的线仅取决于表现评分,而忽略了表现与重要性之间的实际差异。区分重要性的阈值也是如此。有学者建议,重要性和表现在大多数情况下可能会有所不同,因此,需要根据研究的情况对量表进行针对性的调整,以解释重要性和表现等级,建立变量的相对解释。③

有研究者使用"对角线"(等值线)的方法,将整个象限划分为两个单独区域。在横轴为重要性,纵轴为表现的四分图中,用向上倾斜的45°对角线,分隔不同优先级的区域。将这条线定义为等优先级对角线,线上的点表示具有相同重要性和表现等级的变量,所有点的优先级均相等(重要性=表现);线上方的区域包含表现比重要性较高的变量,表

---

① Alexandra Coghlan, "Facilitating Reef Tourism Management through an Innovative Importance-performance Analysis Method", *Tourism Management*, 2012, 33 (4), pp. 767–775.

② Larry Dwyer, et al., "Fashioning a Destination Tourism Future: The Case of Slovenia", *Tourism Management*, 2012, 33 (2), pp. 305–316.

③ Haemoon Oh, "Revisiting Importance-performance Analysis", *Tourism Management*, 2001, 22 (6), pp. 617–627.

示优先级较低的区域（重要性＜表现）；线下方的变量则需要改进，因为其表现水平低于重要性水平，表示改进和机会优先级高的区域（重要性＞表现）。[1]

以"量表为中心"的方法，因为受访者倾向于表现出较高的"表现"和"重要性"，往往导致大多数变量位于"保持良好工作"的象限中。以"数据为中心"方法的优点是变量之间可以相互比较。"对角线"法与上述两种主观阈值选择的方法相比，是一种更合适的用于确定关注区域的方法，因为其直接关注"表现"和"重要性"在等级上的差异。然而，与四象限的标准图相比，它产生的信息较少，并且提供的判别能力有限，故解释力有限。[2]

鉴于上述分析，本研究采用以"数据为中心"结合"对角线"法进行综合判断的"重要性—表现"分析方法。首先，将评价内容形成量化的观测指标；其次，对观测指标的两个维度均值进行估算，并求出量表中重要性和表现的等值线；再次，确定两个维度的交点，并以此为参照作出评价指标的"四分图"；最后，对观测指标在各个象限中的位置进行判定，分析其政策改进方向。

第二节　教育扶贫政策实施效果评价工具开发

一　已有教育扶贫政策的评价体系

现阶段教育扶贫政策评价体系的设计，在评价指标的选取上，主要是各级各类相关"教育发展类指标"，如"义务教育巩固率"作为核心指标出现在评价体系中，另有部分评价体系涉及教育扶贫的人力、物力、财力的投入、对教育发展以及教育扶贫满意度的评价等方面。

向延平和陈友莲（2016）将一级指标设定为"教育精准扶贫绩

---

[1] Donald R. Bacon, "A Comparison of Approaches to Importance-performance Analysis", *International Journal of Market Research*, 2003, 45 (1), pp. 1–15.

[2] Jackie Ziegler, Philip Dearden, Rick Rollins, "But are tourists satisfied? Importance-performance Analysis of the Whale Shark Tourism Industry on Isla Holbox, Mexico", *Tourism Management*, 2012, 33 (3), pp. 692–701.

效",基于"学生教育""师资教育""继续教育""教育条件""个人能力""社会能力"六个维度提出"教育精准扶贫绩效评价指标体系"。其中,"学生教育"包括入学率、教育层次、教育时间、教育经费四个三级指标;"师资教育"和"继续教育"均包括教育人数、经费、次数、时间四个三级指标;"教育条件"包括教学设施、师资力量、图书资料三个三级指标;"个人能力"包括思想观念、就业能力、创收能力、生活能力四个三级指标;"社会能力"包括社会发展、社会安定两个三级指标。①

张琦和史志乐(2018)综合国内外教育发展指标体系,借鉴多维贫困思路,构建了包括扶贫基础与能力、脱贫通道与空间、政府与社会支持等方面的绩效评价体系。其中"脱贫根基保障度"包含学前教育、义务教育、教师队伍三个二级指标;"脱贫能力提升度"包含中职教育、职业培训两个二级指标;"脱贫通道流动度"包含高中教育、高校招生、贫困生就业三个二级指标;"脱贫空间协作度"包含定点扶贫、对口支援两个二级指标;"政府与社会的支持度"包含教育财政、社会参与两个二级指标。②

阿海曲洛(2018)基于从"投入""产出"和"满意度"设置相关指标,根据层次分析法确定权重,并在凉山州美姑县进行了测评。其目标层为"凉山州教育扶贫政策绩效";准则层包括"教育经费""教育质量""教师质量""扶贫效益""满意度"五个指标;其要素层主要包括政府教育投入、办学条件投入、学校办学条件、各级教育完成情况、地方教育改善情况、教师要求、教师待遇、教师管理、经济发展、贫困改善、教育满意度、政策满意度等十二个指标。③

王林雪和殷雪(2019)基于"扶贫对象识别""资源投入""教

---

① 向延平、陈友莲:《教育精准扶贫绩效评价研究:以湖南省为例》,《中州大学学报》2016年第5期。

② 张琦、史志乐:《我国教育脱贫工作绩效评价指标体系构建》,《教育与经济》2018年第2期。

③ 阿海曲洛:《西部少数民族地区教育扶贫政策绩效评估指标体系构建研究——以凉山彝族自治州美姑县为例》,《四川师范大学学报》(社会科学版)2018年第4期。

第三章 教育扶贫政策实施效果评价的理论研究

育扶贫产出""扶贫成效"四个维度,构建了基于灰色关联度分析法的评价模型。其中一级指标"扶贫对象识别"包含对象选择、诉求识别、退出机制三个二级指标;"资源投入"包含资金投入时效、资金投放精准度两个二级指标;"教育扶贫产出"包含产出规模、产出质量两个二级指标;"扶贫成效"包含经济成效、社会成效两个二级指标。[1]

袁利平和丁雅施(2019)使用层次分析法测算权重,构建了"教育投入""过程保障""教育产出"和"教育脱贫"四个维度的教育扶贫政策实施效果评估指标体系。其中"教育投入"包括优质师资、硬件设施、资金投入要素;"过程保障"包括资助体系、特殊群体关注要素;"教育产出"包括教育体系健全、教育质量提升要素;"教育脱贫"包括脱贫能力获得、脱贫实现程度、脱贫满意度要素。[2]

邢慧斌和刘冉冉(2019)以燕山—太行山区 8 个连片特困县为例对集中连片特困区教育精准扶贫绩效的空间差异进行研究,发现不同特困县之间存在综合绩效和均衡绩效差异,且在精准识别、精准帮扶、环境支持等指标之间存在均衡绩效的差别。一级指标"贫困精准识别"包括贫困人口情况、脱贫情况两个二级指标;"教育精准帮扶"包括内生动力和外源动力两个二级指标;"扶贫环境支持"包括经济环境、社会条件两个二级指标。[3]

通过对教育扶贫政策评价体系的分析表明,已有研究较为丰富,其评价指标主要集中于教育扶贫政策投入—产出、贫困地区儿童发展、贫困地区教育发展等方面,相关研究成果值得借鉴,为"教育扶贫政策实施效果调查问卷"的编制提供了有益参考。

---

[1] 王林雪、殷雪:《精准扶贫视角下教育扶贫绩效评价体系构建》,《统计与决策》2019年第3期。

[2] 袁利平、丁雅施:《教育扶贫政策实施效果评估指标体系构建》,《教育研究》2019年第8期。

[3] 邢慧斌、刘冉冉:《集中连片特困区教育精准扶贫绩效的空间差异研究——以燕山—太行山区 8 个连片特困县为例》,《教育与经济》2019年第1期。

二 问卷设计

本研究结合我国教育扶贫政策实施的实际,以教育部 2015 年发布的"20 项教育扶贫政策对贫困地区全覆盖"[①] 为参照(表 3-1),并结合省级教育扶贫实施方案,从而确定问卷所应包含的维度与结构,即从贫困地区教育发展、教育帮扶、教育救助等不同维度,设计问卷。

结合政策文本和已有研究,通过对关键政策进行整理、合并,形成教育扶贫政策的 44 项具体表述。并将数据格式化,建立教育扶贫政策频数量表,按照二分变量录入,即具有该项政策时计为"1",没有该项政策时计为"0"。

表 3-1　教育部"20 项教育扶贫政策对贫困地区全覆盖"

序号	政策	面向对象及实施范围
1	学前教育三年行动计划	全国学前教育,向贫困地区倾斜
2	全面改善贫困地区义务教育薄弱学校基本办学条件	贫困地区义务教育学校
3	农村义务教育阶段学生营养改善计划	国家扶贫开发重点县义务教育学生
4	学前教育资助政策	普惠性幼儿园在园家庭经济困难儿童、孤儿和残疾儿童
5	义务教育"两免一补"	全国城乡
6	普通高中学生资助政策	全国家庭经济困难学生
7	中等职业教育免学费、补助生活费政策	
8	高等教育学生资助政策	
9	西藏 15 年免费教育和新疆南疆四地州 14 年免费教育	西藏、新疆学前到高中阶段学生
10	教育援藏、援疆政策	西藏、新疆学生、教师、学校
11	新疆与内地省市中小学"千校手拉手"活动	新疆和援疆省市中小学
12	四川藏区"9+3"免费教育计划	四川藏区初中毕业生和未升学的高中生
13	内地民族班政策	少数民族地区初中、高中、职业教育、高等教育学生

---

① 《20 项教育扶贫政策对贫困地区全覆盖》(http://www.moe.gov.cn/jyb_xwfb/s5147/201510/t20151016_213597.html)。

第三章 教育扶贫政策实施效果评价的理论研究

续表

序号	政策	面向对象及实施范围
14	少数民族预科班和少数民族高层次骨干人才培养计划	少数民族高等教育学生
15	职业教育团队式对口支援	职业教育学校
16	面向贫困地区定向招生专项计划	贫困地区高等教育家庭经济困难学生
17	对新疆、西藏高校开展团队式对口支援	新疆、西藏高等教育
18	直属高校定点扶贫	定点扶贫县
19	《国家贫困地区儿童发展规划（2014—2020年）》	680个连片特困县出生到义务教育结束农村儿童
20	《乡村教师支持计划（2015—2020年）》	全国农村教师

为明晰教育扶贫政策的内涵，本研究首先在对部级教育扶贫政策进行研究的基础上，通过对其进行分析，大致确定教育扶贫政策的内容、范围、对象等要素。并尝试应用数据挖掘技术中的关联规则，挖掘政策之间潜在的关联关系，确定教育扶贫政策具体实施过程中的政策集合。

为进一步验证教育扶贫政策集，本研究应用 IBM SPSS Modeler 18.0 数据挖掘系统的关联规则（Apriori 算法），计算政策间的相互关联。通过使用支持度和置信度作为评价关联规则的基础性指标，并结合低于支持度阈值（10%）、置信度阈值（80%）的有效关联标准对相关教育扶贫政策进行调整。支持度主要反映的是规则的普遍程度；置信度通常反映规则的可靠性。如政策措施 A 是关联规则的前项，B 是关联规则的后项，其中支持度为同时包含 A 和 B 的政策措施占总政策措施数的最小百分比，或是 A、B 两项同时出现在总政策中的比例。置信度为包含政策措施 A 和 B 的政策占只包含政策措施 A 的政策的百分比，或是 A、B 两项政策措施同时出现的频数占 A 出现的总频数的比例，政策频数越高，则支持度越高。

一个合适的关联规则应该同时有较高的支持度和置信度。如果某关联规则有较高的支持度而置信度比较低，则说明规则关联性较弱。如果某关联规则具有较高的置信度而支持度比较低，则说明该规则普遍性较低，可能只是偶尔事件，不具备应用推广意义。支持度与置信度的公式如下。[①]

对于关联规则 $X \rightarrow Y$，定义其规则支持度为：

$$S_{X \rightarrow Y} = \frac{N(X \cap Y)}{N}$$

其中，$N(X \cap Y)$ 表示同时包含了前项 X 和后项 Y 的事务数量，N 表示数据集中事务的总数量。

对于关联规则 $X \rightarrow Y$，定义规则的置信度为：

$$C_{X \rightarrow Y} = \frac{N(X \cap Y)}{N(X)} = \frac{S_{X \rightarrow Y}}{S_X}$$

其中，$N(X \cap Y)$ 表示同时包含了前项 X 和后项 Y 的事务数量，$N(X)$ 表示包含了前项 X 的事务数量。

"全面改薄"作为典型的教育扶贫政策之一，本研究通过探究该政策与其他教育扶贫政策之间的配对规律，进一步明晰评价内容，支持度和置信度值结果如表 3-2 所示。

表 3-2　　　　后项为"全面改薄"的政策对组合

序号	前项	支持度（%）	置信度（%）
1	义务教育质量提升	23.81	100.00
2	普通高中招生倾斜	28.57	83.33
3	少数民族教育帮扶	28.57	100.00
4	贫困地区进城务工人员随迁子女帮扶	28.57	100.00
5	高中经费倾斜	33.33	100.00
6	乡镇中心幼儿园建设	38.10	100.00
7	学前教育经费倾斜	38.10	100.00
8	县域义务教育均衡发展	38.10	100.00
9	信息化技术应用提升	38.10	100.00
10	高中办学质量	42.86	88.89
11	控辍保学	42.86	100.00
12	普惠性民办幼儿园发展	47.62	100.00
13	学前教育三年行动计划倾斜贫困地区	47.62	90.00

[①] 张浩彬、周伟珠：《IBM SPSS Modeler 18.0 数据挖掘权威指南》，人民邮电出版社 2019 年版，第 358 页。

第三章 教育扶贫政策实施效果评价的理论研究

续表

序号	前项	支持度（%）	置信度（%）
14	利用富余、闲置（中小学）资源建设幼儿园	47.62	100.00
15	教育救助	52.38	100.00
16	信息化数字教育资源	52.38	100.00
17	中等职业教育招生倾斜	57.14	100.00
18	留守儿童帮扶	61.91	100.00
19	创业帮扶	66.67	85.71
20	残疾儿童帮扶	61.91	92.31
21	教育信息化建设	61.91	100.00
22	教育对口帮扶	71.43	86.67
23	就业帮扶	71.43	86.67
24	贫困村幼儿园建设	66.67	100.00
25	职业教育经费倾斜	66.67	92.86
26	职业教育专业调整	71.43	93.33
27	高校智力帮扶	71.43	93.33
28	义务教育经费倾斜	71.43	100.00
29	中小学布局调整	71.43	93.33
30	职业教育布局调整	71.43	93.33
31	高中办学条件	71.43	93.33
32	营养改善	71.43	93.33
33	公办幼儿园改扩建	76.19	93.75
34	职业教育质量提升	80.95	94.12
35	教师工资福利待遇	80.95	94.12
36	教师培养补充	85.71	94.44
37	标准化和寄宿制学校建设	85.71	94.44
38	中等职业技术教育发展	95.24	90.00
39	教师交流培训	95.24	95.00
40	职业教育办学能力提升	95.24	95.00
41	学生资助	100.00	90.48
42	职业技能培训	100.00	90.48
43	高等教育招生倾斜	100.00	90.48

根据已形成的对教育扶贫政策内涵的认识，结合省级教育扶贫政策实施方案，围绕确定的有关维度，编写具体项目，最终形成"教育扶贫政策实施效果调查问卷"，尝试对政策实施效果进行量化。问卷共包

括 105 道题目，分为四个部分：第一部分为基本情况，包括性别、年龄、月均收入、文化程度、所在工作单位类型、从事扶贫工作的时间以及帮扶地所在省份等内容。第二部分为"教育扶贫政策实施情况"（表现）量表。第三部分为"教育扶贫政策实施的政策预期"（重要性）量表，共设计了 44 道有关教育扶贫政策实施情况的题项。第四部分为"脱贫之后需要强化的教育扶贫政策"多项选择。调查在贫困县脱贫"摘帽"之后，需要进一步加强的教育扶贫政策。

在第二部分中，每个题目均是对教育扶贫政策实施情况正向表达的判断句，以对相关政策实施描述的同意程度作答进行得分；第三部分需要调查对象在不考虑实际政策实施情况的状态下，对该项政策的预期目标进行判断，以重要程度进行评价。量表采用李克特（Liket）式量表进行编制。将对教育扶贫政策实施情况的表述按照"非常不同意"到"非常同意"分为五个等级，并从 1 到 5 依次赋值；将重要性程度按照"非常不重要"到"非常重要"划分为五个等级，并从 1 到 5 依次赋值。

问卷的修改主要通过小样本问卷试测和深度访谈两种方式进行。问卷初稿完成后，自 2019 年 5 月 1 日至 6 月 12 日，进行了问卷试测，回收有效问卷 79 份。在被调查者完成问卷之后，又进一步征求试测对象、教育行政管理人员以及相关学者的意见，通过结构式与半结构式访谈，对相关题项进行修改，调整了版面、删除了内容相近的题目、增添了符合教育扶贫政策执行实际情况的相关表述，并调整了相关问项的出现顺序等内容。

三 问卷的效度、信度分析

为检验研究效度，本研究应用探索性因素分析法对"教育扶贫政策实施实际情况"量表进行结构效度分析。检验结果表明，KMO = 0.957 > 0.7，满足因子分析的前提要求。数据通过巴特利特球形度检验（Bartlett'stest of sphericity）显著性水平为 0.0 < 0.001，相关系数矩阵与单位矩阵具有显著性差异，适用于因素分析法。表 3 – 3 列出了主成分因素分析并进行方差最大旋转的结果、各因素的特征值、能够解释的方差。

第三章 教育扶贫政策实施效果评价的理论研究

表3-3 "教育扶贫政策实施实际情况"量表的因素分析结果

因素	题号	内容	负荷
1	10—33	就业帮扶政策有效促进了困难群众脱贫	0.474
	10—34	创业帮扶政策有效促进了困难群众脱贫	0.515
	10—35	教育对口帮扶政策有效促进了困难群众脱贫	0.476
	10—36	职业技能培训促进了困难群众脱贫	0.513
	10—37	高校智力帮扶政策有效促进了困难群众脱贫	0.508
	10—38	学生资助政策有效支持了教育脱贫	0.516
	10—39	农村义务教育学生营养改善计划有效支持了教育脱贫	0.524
	10—40	对贫困家庭子女的教育救助有效支持了教育脱贫	0.535
	10—41	留守儿童帮扶有效支持了教育脱贫	0.657
	10—42	残疾儿童帮扶有效支持了教育脱贫	0.625
	10—43	贫困地区进城务工人员随迁子女帮扶政策有效支持了教育脱贫	0.628
	10—44	少数民族教育帮扶有效支持了教育脱贫	0.572
2	10—13	中等职业技术教育发展有效支持了教育脱贫	0.69
	10—14	职业教育办学能力提升有效支持了教育脱贫	0.719
	10—15	职业教育专业调整有效支持了教育脱贫	0.668
	10—16	职业教育布局调整有效支持了教育脱贫	0.621
	10—17	职业教育质量提升有效支持了教育脱贫	0.616
3	10—1	公办幼儿园改扩建有效支持了教育脱贫	0.718
	10—2	利用闲置（中小学资源）建设幼儿园有效支持了教育脱贫	0.687
	10—3	贫困村幼儿园建设有效支持了教育脱贫	0.662
	10—4	乡镇中心幼儿园建设有效支持了教育脱贫	0.64
	10—5	普惠性民办幼儿园发展有效支持了教育脱贫	0.582
	10—6	"学前教育三年行动计划"有效支持了教育脱贫	0.442
4	10—7	"薄弱学校基本办学条件改善"有效支持了教育脱贫	0.486
	10—8	控辍保学政策有效支持了教育脱贫	0.644
	10—9	义务教育质量提升有效支持了教育脱贫	0.401
	10—22	中小学布局调整有效支持了教育脱贫	0.497
	10—23	标准化和寄宿制学校建设有效支持了教育脱贫	0.515
	10—24	教育信息化建设有效支持了教育脱贫	0.534
	10—25	信息化数字教育资源的丰富有效支持了教育脱贫	0.443

续表

因素	题号	内容	负荷
5	10—27	教师工资福利待遇提升有效支持了教育脱贫	0.725
	10—28	教师培养补充机制完善有效支持了教育脱贫	0.73
	10—29	教师交流培训机制完善有效支持了教育脱贫	0.682
6	10—18	学前教育经费增长有效支持了教育脱贫	0.691
	10—19	义务教育经费增长有效支持了教育脱贫	0.696
	10—20	高中经费增长有效支持了教育脱贫	0.67
	10—21	职业教育经费增长有效支持了教育脱贫	0.657
7	10—30	普通高中招生向贫困考生倾斜有效支持了教育脱贫	0.706
	10—31	中等职业教育招生向贫困考生倾斜有效支持了教育脱贫	0.584
	10—32	高等教育招生向贫困考生倾斜有效支持了教育脱贫	0.689
8	10—11	普通高中办学条件改善有效支持了教育脱贫	0.459
	10—12	高中办学质量提升有效支持了教育脱贫	0.529
	10—26	教育信息化技术应用水平提升有效支持了教育脱贫	0.444

项目	因素							
	1	2	3	4	5	6	7	8
特征值	13.034	1.919	1.765	1.557	1.41	1.286	1.101	1.011
解释的方差（%）	29.623	4.361	4.012	3.539	3.204	2.922	2.503	2.298
累计解释的方差（%）	29.623	33.984	37.996	41.535	44.739	47.661	50.164	52.463

注：(1) 因素负荷小于0.400的省略；(2) 题号指问卷中的问题号。

采用主成分分析法抽取因素，进行最大正交旋转，并对题目进行筛选。删除负荷小于0.4或两个及以上负荷相近的题项以及同一个因素下题目小于等于2道的题项。根据上述标准，共删除1道题目。该量表可以划分为八个因素，因素1包含的题目主要涉及教育扶贫中的具体帮扶政策，命名为"教育帮扶"；因素2包含的题目主要涉及教育扶贫政策支持贫困地区职业教育发展的内容，命名为"职业教育"；因素3包含的题目主要涉及教育扶贫政策支持贫困地区学前教育发展的内容，命名

第三章 教育扶贫政策实施效果评价的理论研究

为"学前教育";因素 4 包含的题目主要涉及教育扶贫政策支持贫困地区教育短板补齐方面,命名为"短板补齐";因素 5 包含的题目主要涉及教育扶贫政策支持贫困地区教师职业发展等方面,命名为"教师发展";因素 6 包含的题目主要涉及贫困地区教育经费倾斜与支持方面,命名为"经费倾斜";因素 7 包含的题目主要涉及贫困地区人才选拔的政策倾斜,命名为"人才选拔";因素 8 包含的题目主要涉及贫困地区基础教育改善方面,命名为"教育提升"。

在探索性因素分析的基础上,为进一步检验量表的结构效度,本研究应用 AMOS 24.0 对数据进行验证性因素分析($n=1116$)。拟合优度指数(GFI)≥ 0.90;RMSEA <0.08;非范拟合指数(NNFI)、CFI 接近于 1。该模型的拟合优度指数为 $\chi^2 = 2189.991$(df = 832,p = 0.000 < 0.001),GFI = 0.912,RMSEA = 0.038,NNFI = 0.911,CFI = 0.918。从这些拟合优度的数值可以看出,该模型的拟合度是较高的。为进一步检验上述因素分析确定的量表各因子中测量项目的内部一致性,本研究进行了信度分析。如表 3-4 所示,结果表明量表中 8 个维度的信度系数介于 0.65—0.87 之间,表明该问卷的内部一致性可以接受。

表 3-4 "教育扶贫政策实施实际情况"量表的信度及相关系数

构成维度	项目数	α系数	教育帮扶	职业教育	学前教育	短板补齐	教师发展	经费倾斜	人才选拔	教育提升
教育帮扶	12	0.87	1							
职业教育	5	0.82	0.58**	1						
学前教育	6	0.78	0.51**	0.46**	1					
短板补齐	7	0.78	0.66**	0.55**	0.53**	1				
教师发展	3	0.75	0.48**	0.44**	0.40**	0.49**	1			
经费倾斜	4	0.77	0.49**	0.43**	0.41**	0.49**	0.39**	1		
人才选拔	3	0.73	0.58**	0.50**	0.36**	0.51**	0.41**	0.44**	1	
教育提升	3	0.65	0.55**	0.55**	0.45**	0.60**	0.50**	0.46**	0.47**	1

注:**表示 $p<0.01$。

第三节 调查对象的样本特征

一 调查对象的选取

本研究调查对象的选取与教育扶贫对象多元及瞄准方式有关。在教育扶贫政策具体实施过程中，四川万源某基层扶贫干部的说法具有较强的代表性："家里有什么阶段的学生，就有针对性地给群众讲相关的政策，其他无关学段的政策基本就不宣传，太多的话，群众也记不住，帮扶也没有效果。"因此，出于研究周期、能力、成本等因素的综合考量，本研究选取了教育扶贫政策的一线执行者作为调查对象，主体为基层扶贫干部，主要包括第一书记、驻村工作队队员及结对帮扶干部等。

本研究选取该群体作为调查对象主要基于两方面的考量。一方面，基层扶贫干部经过系统培训，能够全局性地明晰教育扶贫政策目标。经过培训后的基层扶贫干部能够全面、系统地了解教育扶贫政策设计初衷，能够清楚了解各项教育扶贫政策实施的重要性程度，能够明确判断教育扶贫政策实施情况。另一方面，基层扶贫干部的组成具有广泛代表性，能够反映基层群众的声音。基层扶贫干部奋战在扶贫工作一线，帮扶到村到户到人，了解贫困群众的真实需求，对各项教育扶贫政策在县域内实施情况有着较为准确的实际感受。

问卷于2019年10月15日正式发放，截止到12月10日结束。问卷发放的范围涉及中西部地区的176个地级市的基层扶贫干部。问卷的发放主要包括三个渠道：一是委托前期调研地的基层扶贫干部直接进行发放；二是通过基层扶贫干部介绍进入当地发放；三是通过网络向基层扶贫干部直接发放。在问卷填写时，明确告知被调查者，所评价的对象为其帮扶地所在县的教育扶贫政策实施情况，为消除被调查者的疑虑，获得有效信息，仅要求填写帮扶地所在省份。并向参与调查的基层扶贫干部承诺，问卷结果仅用于学术研究，发现政策实施过程的薄弱环节，不作为当地教育扶贫效果评价的依据。

在问卷回收过程中，本研究对网络问卷和纸质问卷分别进行初步筛选。网络问卷的筛查方式为核对其提交答卷时间、答卷所用时间、问卷

第三章 教育扶贫政策实施效果评价的理论研究

来源以及 IP 地址与所填写的帮扶所在省份是否合理;纸质问卷主要筛查基本信息无法辨识、缺失的问卷,并剔除空白问卷等。二次筛查的主要内容是无效答卷剔除。无效答卷的形式包括,大面积出现同一个选项、有规律的选项以及其他无效情况。

二 样本特征

本研究以基层扶贫干部为问卷发放对象,按等比例分层随机抽样法进行抽样,以中西部地区作为分层指标。① 采用网络问卷和纸质问卷相结合的方式,共计回收有效问卷 1116 份,调查对象的具体情况,如表3-5 所示。

表3-5　　　　　　　　调查对象的基本情况

类别	选项	频数	百分比(%)②
性别	男	567	50.81
	女	549	49.19
年龄	25 岁及以下	168	15.05
	26—35 岁	536	48.03
	36—45 岁	282	25.27
	46—55 岁	112	10.04
	56 岁及以上	18	1.61
月均收入(元)	2000 元以下	49	4.39
	2001—4000	274	24.55
	4001—6000	400	35.84
	6001—8000	216	19.35
	8001—10000	109	9.77
	10001 元以上	68	6.09

---

① 调查对象所涵盖的中部地区包括山西、吉林、黑龙江、安徽、江西、河南、湖北、湖南等省份;西部地区包括内蒙古、广西、重庆、四川、贵州、云南、陕西、甘肃、青海、宁夏等省(区、市)。
② 部分变量由于四舍五入造成比例之和超过100%,或低于100%,后文不再说明。

续表

类别	选项	频数	百分比（%）
文化程度	高中及以下	73	6.54
	专科	158	14.16
	本科	756	67.74
	硕士研究生及以上	129	11.56
工作单位类型	党政机关	827	74.10
	事业单位	230	20.61
	其他	59	5.30
从事扶贫工作时间	1年	305	27.33
	2年	342	30.65
	3年	269	24.10
	4年及以上	200	17.92
帮扶地所在区域	西部	704	63.08
	中部	412	36.92

参与本次调查的基层扶贫干部男性占比50.81%，女性占比49.19%；在年龄上，主要集中在26—35岁之间，占比48.03%，其次为36—45岁，占比25.27%；月收入在4001—6000元的占比35.84%，2001—4000元的占比24.55%，6001—8000元的占比19.35%；在文化程度上，接受过专科及以上教育的基层扶贫干部合计为93.46%，其中文化程度为本科学历的占比67.74%；在工作单位类型上，来自党政机关的占比74.10%，来自事业单位的占比20.61%，来自国企等其他部门的占比5.30%；在从事扶贫工作时间上，有57.98%的基层扶贫干部从事扶贫工作在1—2年之间，从事扶贫工作4年及以上的占比17.92%；调查涉及的基层扶贫干部帮扶区域在西部地区的占比63.08%，在中部地区的占比36.92%。

第四章 教育扶贫政策实施效果评价的实证研究

本研究试图通过建立教育扶贫政策实施效果评价体系，量化分析教育扶贫政策实施效果。在此基础上，对影响教育扶贫政策实施效果的相关指标进行研究，并明晰教育扶贫政策实施的重心及薄弱环节，为探索教育扶贫的特点与中国经验提供数据支撑。

第一节 教育扶贫政策实施情况的模糊综合评价

本研究使用模糊综合评价法对教育扶贫政策实施情况进行研究。统计综合评价是指对多个指标、多个被评价对象同时进行评价的方法。[1]在政策效果评价中，解决因指标的模糊性而引起评价困难的常用方法是模糊综合评价分析。[2]该方法主要借助模糊数学概念，应用模糊关系合成的原理，将一些边界不清、不易定量的因素定量化，从多个因素对被评价事务隶属等级状况进行综合性评价。主要分为两步：一是先按每个因素单独评判；二是对所有因素综合评判。[3]

一 模糊综合评价

一是根据问卷统计结果建立因素集及设置权重。因素集一般包含两

---

[1] 白先春：《统计综合评价方法与应用》，中国统计出版社2013年版，第3页。
[2] 陈庆云：《公共政策分析》（第二版），北京大学出版社2011年版，第306页。
[3] 杜栋、庞庆华：《现代综合评价方法与案例精选》，清华大学出版社2005年版，第35页。

级：一级指标集和二级指标集。在本研究中，一级指标集为 $U\{U_1, U_2, U_3, U_4, U_5, U_6, U_7, U_8\}$，其中，$U$ 表示教育扶贫实施情况因素集合；U_1 表示教育帮扶；U_2 表示职业教育；U_3 表示学前教育；U_4 表示短板补齐；U_5 表示教师发展；U_6 表示经费倾斜；U_7 表示人才选拔；U_8 表示教育提升（表4-1）。一级指标集中共有8个指标需要评价。一级指标对应的权重集为 $W\{W_1, W_2, W_3, W_4, W_5, W_6, W_7, W_8\}$；二级指标集 $U_i\{x_1, x_2, x_3, x_4, x_5, x_6, x_7, \cdots, x_k\}$，其中 $i=1, 2, 3, 4, \cdots, n$，表明每个一级指标中包含 k 个二级指标，对应的权重集为 $W_i\{w_1, w_2, w_3, \cdots, w_k\}$，本研究使用重要性量表中的重要性评分作为权重设置依据。

表4-1　　"教育扶贫政策实施实际情况"统计结果

一级指标	编号	二级指标	非常不同意→非常同意（%）				
教育帮扶	10—33	就业帮扶	1.34	6.54	23.84	42.47	25.81
	10—34	创业帮扶	2.69	7.53	27.24	39.34	23.21
	10—35	教育对口帮扶	1.97	6.99	28.41	39.43	23.21
	10—36	职业技能培训	2.69	9.41	25.99	38.80	23.12
	10—37	高校智力帮扶	2.60	11.47	30.38	35.22	20.34
	10—38	学生资助政策	1.70	6.36	22.76	40.86	28.32
	10—39	农村义务教育学生营养改善计划	2.33	6.09	24.19	38.80	28.58
	10—40	贫困家庭子女教育救助	1.43	6.27	22.40	42.38	27.51
	10—41	留守儿童帮扶	2.60	8.96	24.64	43.28	20.52
	10—42	残疾儿童帮扶	2.96	11.56	29.48	34.14	21.86
	10—43	贫困地区进城务工人员随迁子女帮扶	1.97	8.24	27.78	39.96	22.04
	10—44	少数民族教育帮扶	3.05	9.32	26.79	38.44	22.40
职业教育	10—13	中等职业技术教育发展	4.12	11.56	28.23	36.11	19.98
	10—14	职业教育办学能力提升	3.67	11.29	29.30	36.38	19.35
	10—15	职业教育专业调整	3.85	12.99	31.45	34.14	17.56
	10—16	职业教育布局调整	2.51	11.20	31.81	35.84	18.64
	10—17	职业教育质量提升	3.32	10.93	30.20	35.66	19.89

第四章　教育扶贫政策实施效果评价的实证研究

续表

一级指标	编号	二级指标	非常不同意→非常同意（%）				
学前教育	10—1	公办幼儿园改扩建	3.23	7.17	21.24	42.65	25.72
	10—2	利用闲置资源建设幼儿园	2.87	8.42	27.78	37.19	23.75
	10—3	贫困村幼儿园建设	3.14	9.14	24.01	36.20	27.51
	10—4	乡镇中心幼儿园建设	2.24	6.45	25.27	37.28	28.76
	10—5	普惠性民办幼儿园发展	4.21	10.75	26.43	34.59	24.01
	10—6	"学前教育三年行动计划"倾斜	3.67	13.26	28.05	34.14	20.88
短板补齐	10—7	薄弱学校基本办学条件改善	2.78	7.97	23.21	35.84	30.20
	10—8	控辍保学政策	1.79	5.29	18.55	33.24	41.13
	10—9	义务教育质量提升	2.69	8.06	22.13	37.72	29.39
	10—22	中小学布局调整	2.33	8.60	26.16	39.07	23.84
	10—23	标准化和寄宿制学校建设	2.87	7.17	25.54	35.57	28.85
	10—24	教育信息化建设	1.79	8.33	25.54	37.37	26.97
	10—25	信息化数字教育资源丰富	1.61	8.51	25.00	38.71	26.16
教师发展	10—27	教师工资福利待遇提升	5.56	13.62	29.93	30.82	20.07
	10—28	教师培养补充机制完善	4.03	11.11	30.29	37.37	17.20
	10—29	教师交流培训机制完善	3.67	10.93	28.05	38.71	18.64
经费倾斜	10—18	学前教育经费	4.93	10.93	30.82	34.95	18.37
	10—19	义务教育经费	4.03	7.62	24.46	35.84	28.05
	10—20	普通高中经费	3.94	12.54	31.36	33.24	18.91
	10—21	职业教育经费	4.03	12.19	30.38	34.23	19.18
人才选拔	10—30	高中招生向贫困考生倾斜	3.23	10.48	26.25	35.93	24.10
	10—31	中等职业教育招生向贫困考生倾斜	2.42	8.42	30.11	38.35	20.70
	10—32	高等教育招生向贫困考生倾斜	2.51	9.68	26.52	37.54	23.75
教育提升	10—11	普通高中办学条件改善	3.05	10.39	28.58	34.68	23.30
	10—12	普通高中办学质量提升	4.30	11.56	31.27	31.81	21.06
	10—26	教育信息化技术应用水平提升	2.33	8.42	25.90	37.46	25.90

一级指标权重

$$W_i = \frac{M_i}{\sum_{i=1}^{8} M_i}$$

其中，M_i 表示各一级指标获得的总得分。由此可得一级指标的权重为：W = （0.28，0.11，0.14，0.17，0.07，0.09，0.07，0.07）。

二级指标权重

$$w_k = \frac{m_k}{\sum_{k=1}^{k} m_k}$$

其中，m_k 表示各二级指标获得的总得分。

由此计算得到二级指标的权重分别为：W_1 = （0.08，0.08，0.08，0.08，0.08，0.08，0.08，0.09，0.09，0.09，0.08，0.08）；W_2 = （0.20，0.20，0.19，0.19，0.21）；W_3 = （0.17，0.17，0.17，0.17，0.16，0.17）；W_4 = （0.14，0.14，0.15，0.14，0.14，0.14，0.14）；W_5 = （0.33，0.33，0.33）；W_6 = （0.25，0.26，0.25，0.24）；W_7 = （0.33，0.33，0.33）；W_8 = （0.33，0.34，0.33）。

二是确定评价矩阵。

$$R_i = \begin{bmatrix} r_{11} & r_{12} & r_{13} & r_{14} & r_{15} \\ \cdots & \cdots & \cdots & \cdots & \cdots \\ \cdots & \cdots & \cdots & \cdots & \cdots \\ r_{k1} & r_{k2} & r_{k3} & r_{k4} & r_{k5} \end{bmatrix}$$

且

$$r_{kj} = \frac{w_{kj}}{\sum_{j=1}^{5} w_{kj}} (j = 1,2,3,4,5)$$

其中，w_{kj} 表示二级指标所含指标得到的"非常不同意""不同意""一般""同意""非常同意"的评价数。

对二级指标的综合评价，评价模型如下：

$$B_i = W_i R_i$$

其中，R_i 代表每个二级指标的 R 矩阵，W_i 为每个相对应的权重，

第四章 教育扶贫政策实施效果评价的实证研究

当 $\sum_{i=1}^{n} B_i \neq 1$ ，进行归一化处理，令

$$B_i = \frac{B_i}{\sum_{i=1}^{n} B_i}$$

对一级指标进行综合评价，评价模型如下：

$$B = WB_i = W \begin{bmatrix} B_1 \\ B_2 \\ \vdots \\ B_i \end{bmatrix} = W \begin{bmatrix} W_1 \circ R_1 \\ W_2 \circ R_2 \\ \vdots \\ W_i \circ R_i \end{bmatrix}$$

一级模糊综合评价。评价体系按照教育帮扶、职业教育、学前教育、短板补齐、教师发展、经费倾斜、人才选拔、教育提升分为八个子系统，结果如下：

"教育帮扶" B_1 的评价向量：$B_1 = W_1 \circ R_1 =$ (0.02, 0.08, 0.26, 0.39, 0.24)；"职业教育" B_2 的评价向量：$B_2 = W_2 \circ R_2 =$ (0.03, 0.12, 0.30, 0.36, 0.19)；"学前教育" B_3 的评价向量：$B_3 = W_3 \circ R_3 =$ (0.03, 0.09, 0.25, 0.37, 0.25)；"短板补齐" B_4 的评价向量：$B_4 = W_4 \circ R_4 =$ (0.02, 0.08, 0.24, 0.37, 0.30)；"教师发展" B_5 的评价向量：$B_5 = W_5 \circ R_5 =$ (0.04, 0.12, 0.29, 0.36, 0.19)；"经费倾斜" B_6 的评价向量：$B_6 = W_6 \circ R_6 =$ (0.04, 0.11, 0.29, 0.35, 0.21)；"人才选拔" B_7 的评价向量：$B_7 = W_7 \circ R_7 =$ (0.03, 0.10, 0.28, 0.37, 0.23)；"教育提升" B_8 的评价向量：$B_8 = W_8 \circ R_8 =$ (0.03, 0.10, 0.29, 0.35, 0.23)。

二级模糊综合评价。根据综合评价体系的八个一级模糊综合评价结果，可以构成模糊关系矩阵 R，提取权重向量，

W = (0.28, 0.11, 0.14, 0.17, 0.07, 0.09, 0.07, 0.07)，

整体评价向量，

$B = W \circ R =$ (0.03, 0.09, 0.27, 0.37, 0.24)。

在本研究的综合评价中，对于每一个指标设定五个级别评语，即 $V\{V_1, V_2, V_3, V_4, V_5\}$ = {非常不同意，不同意，一般，同意，非常

同意",结合研究方案设计,调查题项均为政策实施情况的正向表述,因此将"非常同意"的分数设定为 100 分、"同意"设定为 90 分、"一般"设定为 80 分、"不同意"设定为 70 分、"非常不同意"设定为 60 分,并赋值为 $V = \{60, 70, 80, 90, 100\}$。

$V = 60 \times 0.03 + 70 \times 0.09 + 80 \times 0.27 + 90 \times 0.37 + 100 \times 0.24 = 86.93$

该结果表明,教育扶贫政策总体实施情况较好,但仍存在提升空间。教育扶贫政策实施情况整体评分值为 86.93 分,介于"一般"与"同意"之间。对教育扶贫政策的实施情况的描述属于"非常不同意、不同意、一般、同意、非常同意"的隶属度为"86.93",隶属于"一般"。此隶属度处于评价等级"一般"分值段的高端,接近同意分值段。

二 评价结果

教育扶贫政策实施情况评价总体得分为 86.93 分,在"短板补齐""教育帮扶""学前教育"方面高于总体分值,说明能够直接助力于脱贫攻坚的政策实施情况较好;在"人才选拔""教育提升""经费倾斜""职业教育""教师发展"方面低于总体分值,说明促进贫困地区教育发展相关政策的实施尚存在改进空间,具体如表 4-2 所示。

表 4-2　　　　　教育扶贫政策实施情况评价结果

评价内容	权重	非常不同意	不同意	一般	同意	非常同意	得分
教育帮扶	0.28	0.02	0.08	0.26	0.39	0.24	87.45
职业教育	0.11	0.03	0.12	0.30	0.36	0.19	85.53
学前教育	0.14	0.03	0.09	0.25	0.37	0.25	87.16
短板补齐	0.17	0.02	0.08	0.24	0.37	0.30	88.37
教师发展	0.07	0.04	0.12	0.29	0.36	0.19	85.22
经费倾斜	0.09	0.04	0.11	0.29	0.35	0.21	85.79
人才选拔	0.07	0.02	0.10	0.28	0.37	0.23	86.80
教育提升	0.07	0.03	0.10	0.29	0.35	0.23	86.48
总体	1	0.03	0.09	0.27	0.37	0.24	86.93

第四章 教育扶贫政策实施效果评价的实证研究

一是"短板补齐""教育帮扶""学前教育"政策得到了较好实施。"短板补齐"（88.37分）的评价得分最高。67%的基层扶贫干部对该政策持正向态度，持负向态度的仅为10%；评价得分第二的政策为"教育帮扶"（87.45分）。持正向态度的基层扶贫干部达到了63%，持负向态度的仅为10%；"学前教育"（87.16分）的评价得分高于总体分值。持正向态度的基层扶贫干部达到了62%，持负向态度的为12%。

二是"教育提升""人才选拔""职业教育"政策获得了半数以上基层扶贫干部的肯定。对"教育提升"（86.48分）政策实施情况，有58%的基层扶贫干部持正向态度，持负向态度的为13%；对"人才选拔"（86.8分）政策实施情况，有60%的基层扶贫干部持正向态度，持负向态度的为13%；对"职业教育"（85.53分）政策实施情况，持正向态度的基层扶贫干部为55%，持负向态度的为15%。

三是相较于其他政策，"教师发展"与"经费倾斜"政策的实施情况较为不理想，有4%的基层扶贫干部对实施情况评价"非常不同意"。在"教师发展"（85.22分）方面得分最低，持正向态度的基层扶贫干部为55%，持负向态度的为16%；在"经费倾斜"（85.79分）方面，持正向态度的基层扶贫干部为56%，持负向态度的为15%。

为进一步探索中西部地区教育扶贫政策实施情况，本研究将调查所涉及省份按照中西部地区进行分类，并进行了模糊综合评价，评价结果如表4-3所示。中西部地区教育扶贫政策实施情况的模糊综合评价结果表明，西部地区（86.64分）总体上高于中部地区（86.11分），但差异不大。存在差距的维度主要有教师发展（0.94分）、教育提升（0.89分）、职业教育（0.8分）、学前教育（0.72分）；差距较小的维度主要有教育帮扶（0.28分）、人才选拔（0.27分）。

表4-3　　　中西部地区教育扶贫政策实施情况评价结果

评价内容	中部地区得分	西部地区得分
教育帮扶	86.39	86.67
职业教育	84.17	84.97

续表

评价内容	中部地区得分	西部地区得分
学前教育	87.58	88.30
短板补齐	87.22	87.62
教师发展	83.77	84.71
经费倾斜	85.44	85.97
人才选拔	85.76	86.03
教育提升	85.92	86.81
总体	86.11	86.64

基于 2018 年教育事业发展的相关省份统计分析结果表明①，在高中、小学、初中，西部地区教育事业发展在本科毕业专任教师占比、生均校舍建筑面积、生均图书、每百名学生拥有教学用计算机、生均教学仪器设备资产值等指标上均优于中部地区。中部地区优于西部地区的指标有普通高中生均危房面积、初中生师比、初中生均危房面积、小学生师比、小学生均危房面积。说明教育扶贫政策对促进西部地区教育发展的效果显著，在一定程度上存在教育扶贫区域间的不平衡不充分情况（表 4 – 4）。

表 4 – 4　　2018 年中西部地区相关省份教育发展指标统计结果

	中部地区	西部地区
普通高中生师比	14.89	14.21
普通高中本科毕业专任教师占比（%）	89.00	89.70
普通高中生均校舍建筑面积（平方米）	29.99	43.06
普通高中生均危房面积（平方米）	0.03	0.38
普通高中生均图书（册）	31.36	47.19
普通高中每百名学生拥有教学用计算机（台）	14.15	25.35

---

① 教育部发展规划司：《中国教育统计年鉴（2018）》，中国统计出版社 2019 年版。

第四章 教育扶贫政策实施效果评价的实证研究

续表

	中部地区	西部地区
普通高中生均教学仪器设备资产值（元）	3274.58	5680.31
初中生师比	10.72	11.55
初中本科毕业专任教师占比（%）	76.26	82.12
初中生均校舍建筑面积（平方米）	19.68	20.53
初中生均危房面积（平方米）	0.05	0.17
初中生均图书（册）	41.87	47.27
初中每百名学生拥有教学用计算机（台）	17.18	19.89
初中生均教学仪器设备资产值（元）	2597.60	3522.96
小学生师比	12.17	13.11
小学本科毕业专任教师占比（%）	44.53	47.77
小学生均校舍建筑面积（平方米）	12.36	12.61
小学生均危房面积（平方米）	0.04	0.12
小学生均图书（册）	24.20	25.52
小学每百名学生拥有教学用计算机（台）	11.99	14.03
生均小学教学仪器设备资产值（元）	1542.02	2051.70

第二节 教育扶贫政策实施效果的"重要性—表现"分析

一 "重要性—表现"定位分析结果

本研究采用"重要性—表现"分析法对各项教育扶贫政策进行分析。将教育扶贫政策的实施"表现"和政策"重要性"求出均值后，在散点图中进行描述，并根据理论模型，对各项政策进行定位（图4-1）。

不同组别的比较分析表明，中部地区和西部地区的教育扶贫政策在重要性（$t = -0.243$，$p = 0.809 > 0.05$）和实施情况（$t = -0.252$，$p = 0.802 > 0.05$）评价方面不存在显著差异。研究使用配对样本t检验，分析教育扶贫政策重要性和表现指标的均值是否具有显著性差异，结果显示除"控辍保学政策"（$p > 0.05$），其余观测变量均存在显著性差异（$p < 0.001$）。等值线分析表明，所有政策的政策重要性均大于表现，说明教育扶贫政策的实施情况距离政策预期尚存在一定的距离。

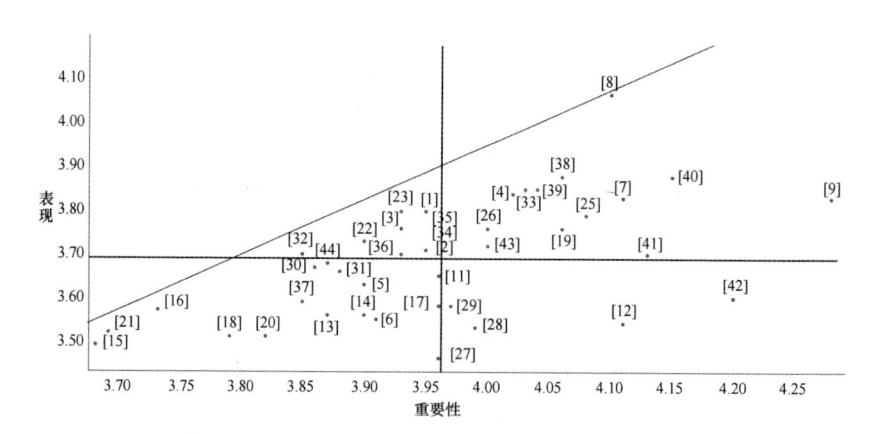

图 4-1　教育扶贫政策的"重要性—表现"定位

（一）位于"优势区"的教育扶贫政策

根据"重要性—表现"理论模型，第一象限为优势区，解释为：该象限内的政策重要且实施较好。配对样本 t 检验分析表明，在第一象限中，除了"控辍保学政策"之外，全部观测变量均有显著性差异，说明"控辍保学政策"的实施已基本满足了政策的重要性预期，重要性与预期的差值仅为 0.03，其模糊综合评价得分为 90.66 分，为所有二级指标的最高分，说明了"控辍保学政策"实施较为理想（表 4-5）。

表 4-5　定位在"优势区"的教育扶贫政策

编号	题项	F	I	P	I-P	t
4	乡镇中心幼儿园建设	88.39	4.02	3.84	0.18	4.995**
7	薄弱学校基本办学条件改善	88.27	4.11	3.83	0.28	8.117**
8	控辍保学政策	90.66	4.1	4.07	0.03	0.99
9	义务教育质量提升	88.31	4.28	3.83	0.45	12.869**
19	义务教育经费增长	87.63	4.06	3.76	0.3	8.217**
24	教育信息化建设	87.94	4.08	3.79	0.29	8.445**
25	信息化数字教育资源的丰富	87.93	4.08	3.79	0.29	8.056**
26	教育信息化技术应用水平提升	87.62	4	3.76	0.24	6.553**

第四章　教育扶贫政策实施效果评价的实证研究

续表

编号	题项	F	I	P	I-P	t
33	就业帮扶政策	88.49	4.03	3.85	0.18	5.602**
38	学生资助政策	88.77	4.06	3.88	0.19	5.755**
39	农村义务教育学生营养改善	88.52	4.04	3.85	0.19	5.486**
40	贫困家庭子女的教育救助	88.83	4.15	3.88	0.27	7.96**
41	留守儿童帮扶	87.02	4.13	3.7	0.43	12.541**
43	贫困地区进城务工人员随迁子女帮扶	87.19	4	3.72	0.28	8.055**

注：F：模糊综合评价得分；I：重要性均值；P：表现均值；I-P：重要性和表现均值的差值；t：配对 t 检验的值；**：$p<0.01$。

分析结果表明，有14个变量被定位在第一象限。包括"乡镇中心幼儿园建设""薄弱学校基本办学条件改善""控辍保学政策""义务教育质量提升""义务教育经费增长""教育信息化建设""信息化数字教育资源的丰富""教育信息化技术应用水平提升""就业帮扶政策""学生资助政策""农村义务教育学生营养改善""贫困家庭子女的教育救助""留守儿童帮扶""贫困地区进城务工人员随迁子女帮扶"等，具体分析如下。

一是在降低辍学率及改善薄弱学校办学条件方面。长期以来，在边远地区、农村和少数民族地区，"不利的社会文化环境"和"教育资源不足"是导致儿童辍学率较高的主要原因。[1] 具体有国家教育经费投入不足、贫困家庭教育费用过重、不均衡的劳动力市场、收入水平较低、家庭结构不合理、文化程度偏低[2]以及户籍制度的限制[3]等方面。为解决这一问题，义务教育"薄弱学校基本办学条件改善""提升办学质量"等政策并行推进，教育经费不断倾斜，仅2014年贫困地区扶贫资

---

[1] Huhua Cao, "Spatial Inequality in Children's Schooling in Gansu, Western China: Reality and Challenges", *The Canadian Geographer/Le Géographe canadien*, 2008, 52 (3), pp. 331–350.

[2] 张琦、史志乐：《我国贫困家庭的教育脱贫问题研究》，《甘肃社会科学》2017年第3期。

[3] Huafeng Zhang, "Opportunity or New Poverty Trap: Rural-urban Education Disparity and Internal Migration in China", *China Economic Review*, 2017, 44, pp. 112–124.

金向农村中小学建设投入的额度为160.3亿元，到2016年增加到216.8亿元，年均增长28.25亿元。① 尽管该类指标的模糊综合评价得分处于较高水平，但因其政策期望较高，相关政策有待进一步推进。对于"薄弱学校基本办学条件改善"，有调查表明，在教育扶贫政策中有79.75%的校长和79.73%的教师认为"学校的薄弱环节得到了较大改善"。② 有研究基于2013年"中国家庭收入调查项目（CHIP）农村住户调查"数据，使用"截面数据双差法"，评估了1995—1997年二片地区"国家贫困地区义务教育工程"的政策效果。研究发现，通过新建或改扩建小学与初中校舍、购置教学设备等措施，该工程受益儿童成年后的受教育年限显著提高0.7年左右。③ 另有研究指出，初中的实验室建设对辍学现象有积极影响，平均每个实验室可以延长学生在校时间1.8年。④

二是在教育信息化硬件装备和软件资源配置方面。有研究将教育信息化视为教育扶贫的第四条道路。⑤ 对信息化政策在扶贫中的实施效果，本研究发现教育信息化应用水平提升政策有待进一步强化。相关对贫困地区教师帮扶效果的研究也印证了这一结论，认为在大数据精准帮扶贫困地区教师的实践中存在"教师压力较大""项目管理科学化与精细化不够""保障机制有待完善""大数据收集与挖掘不足"等问题。⑥

三是在义务教育质量与留守儿童政策方面。"义务教育质量提升"

---

① 国家统计局住户调查办公室：《中国农村贫困监测报告2015》，中国统计出版社2015年版，第133页；国家统计局住户调查办公室：《中国农村贫困监测报告2017》，中国统计出版社2017年版，第368页。

② 蔡其勇、毋锶锶：《义务教育精准扶贫成效显著——基于集中连片特困地区的调查》，《中国教育报》2019年5月2日第10版。

③ 汪德华、邹杰、毛中根：《"扶教育之贫"的增智和增收效应——对20世纪90年代"国家贫困地区义务教育工程"的评估》，《经济研究》2019年第9期。

④ Meng Zhao, Paul Glewwe, "What Determines Basic School Attainment in Developing Countries? Evidence from Rural China", *Economics of Education Review*, 2010, 29 (3), pp. 451–460.

⑤ 沈费伟：《教育信息化：实现农村教育精准扶贫的战略选择》，《中国电化教育》2018年第12期。

⑥ 谢治菊、夏雍：《大数据精准帮扶贫困地区教师的实践逻辑——基于Y市"大数据+教师专业发展支持系统"的分析》，《现代远程教育研究》2019年第5期。

第四章 教育扶贫政策实施效果评价的实证研究

"留守儿童帮扶"两个变量的模糊综合评价分别为 88.31 分、87.02 分，处于较高水平，但由于政策重要性预期相对较高，尤其是"义务教育质量提升"变量，其重要性水平均值达到了 4.28，是所有测量指标中最高的。其重要性和表现差值，分别为 0.45 和 0.43，说明其政策实施与重要性期望差距较大。教育扶贫的政策干预减少了贫困地区儿童辍学的可能性，对小学入学率有一定影响，但对学业成绩影响较低[1]，个别区域初中毕业生辍学、城乡教育差距扩大[2]、师资不足、大班额现象依然突出[3]；农村留守儿童的精准扶贫存在帮扶对象"模糊化"、措施"碎片化"以及考核机制缺失[4]等问题，说明这些优势政策仍需要不断强化并加以持续推进。

（二）位于"维持区"的教育扶贫政策

根据"重要性—表现"理论模型，第二象限为维持区，解释为：象限内的教育扶贫政策实施情况得分较高，而对其重要性预期相对较低。配对样本 t 检验结果显示，各变量均有显著性差异，且象限中的变量分布均集中在"等值线"以下，靠近交叉点位置，说明这一象限中变量的重要性水平尽管相对较低、其模糊综合评价得分相对较高，但依然存在一定的差距。进一步说明应当继续优化资源配置，更好地满足贫困地区教育发展以及教育脱贫的需要（表 4-6）。

表 4-6 定位在"维持区"的教育扶贫政策

编号	题项	F	I	P	I-P	t
1	公办幼儿园改扩建	88.05	3.95	3.8	0.14	4.223**
2	利用闲置资源建设幼儿园	87.05	3.95	3.71	0.25	6.989**
3	贫困村幼儿园建设	87.58	3.93	3.76	0.17	4.653**

---

[1] 肖菊、梁恒贵：《贵州易地扶贫搬迁安置点教育保障研究》，《贵州社会科学》2019 年第 7 期。

[2] 谢君君：《海南"教育+移民"扶贫的新模式》，《中南民族大学学报》（人文社会科学版）2019 年第 5 期。

[3] Philip H. Brown, Albert Park, "Education and Poverty in Rural China", *Economics of Education Review*, 2002, 21 (6), pp. 523-541.

[4] 孙雪连：《农村留守儿童的精准扶贫研究》，《中国教育学刊》2017 年第 6 期。

续表

编号	题项	F	I	P	I-P	t
22	中小学布局调整	87.35	3.9	3.73	0.17	4.545**
23	标准化和寄宿制学校建设	88.04	3.93	3.8	0.13	3.473**
32	高等教育招生倾斜	87.03	3.85	3.7	0.15	4.032**
34	创业帮扶	87.28	3.95	3.73	0.22	6.418**
35	教育对口帮扶	87.49	3.95	3.75	0.2	5.869**
36	职业技能培训	87.03	3.93	3.7	0.23	6.414**

注：F：模糊综合评价得分；I：重要性均值；P：表现均值；$I-P$：重要性和表现均值的差值；t：配对 t 检验的值；**：$p<0.01$。

分析结果表明，有9个变量被定位在第二象限。分别是"公办幼儿园改扩建""利用闲置资源建设幼儿园""贫困村幼儿园建设""中小学布局调整""标准化和寄宿制学校建设""高等教育招生倾斜""创业帮扶""教育对口帮扶""职业技能培训"。

第二象限中的政策多集中在基础教育硬件建设、教育帮扶方面，这些政策实施能够直接促进贫困地区教育脱贫或者通过"创业帮扶""职业技能培训"直接获得脱贫技能。在贫困地区，由于缺少民办幼儿园生存的市场环境，主要是家长倒逼政府提供学前教育机会，以政府提供普惠性服务为主。在基础设施建设上，2012—2018年间，学前教育专项资金累计投入1034亿元，重点支持中西部农村地区、贫困地区学前教育发展。[1] 在直接帮扶政策上，2014年劳动力职业技能培训扶贫资金投入为11.3亿元，到2016年增加到13.8亿元，年均增长1.25亿元。[2] 2014年开始，农业农村部、财政部启动实施"新型职业农民培育工程"。该工程的政策目标是"提高生产经营能力和专业技能"，主要措

---

[1] 国务院扶贫开发领导小组办公室：《对十三届全国人大二次会议第5481号建议的答复》（http://www.cpad.gov.cn/art/2019/12/17/art_2202_108527.html）。

[2] 国家统计局住户调查办公室：《中国农村贫困监测报告2015》，中国统计出版社2015年版，第133页；国家统计局住户调查办公室：《中国农村贫困监测报告2017》，中国统计出版社2017年版，第368页。

第四章 教育扶贫政策实施效果评价的实证研究

施包括开展农业全产业链培训,促进农民创业兴业。截至2018年,中央财政累计安排70.9亿元支持新型职业农民培育工作,新型职业农民总量突破1600万人。[①] 在教育对口帮扶政策上,以教育部定点扶贫为例,通过建立滇西应用技术大学,推动贫困地区教育与政府、产业、社会之间相互协调,形成了教育扶贫共同体。[②]

(三)位于"机会区"的教育扶贫政策

根据"重要性—表现"理论模型,第三象限为机会区,解释为,该象限内的教育扶贫政策的"重要性"及"表现"得分双低。说明与其他象限相比,该象限内的教育扶贫政策在当前环境下并不是最重要的,对于评价较低的政策也不是当下最急需解决的问题。该象限内的"重要性"与"表现"配对样本 t 检验全部观测变量均有显著性差异,说明政策表现尚未满足达到重要性预期(表4-7)。

表4-7　　定位在"机会区"的教育扶贫政策

编号	题项	F	I	P	I-P	t
5	普惠性民办幼儿园发展	86.34	3.90	3.63	0.26	6.816**
6	"学前教育三年行动计划"倾斜	85.53	3.91	3.55	0.35	9.081**
11	普通高中办学条件改善	86.48	3.96	3.65	0.31	8.448**
13	中等职业技术教育发展	85.63	3.87	3.56	0.31	8.752**
14	职业教育办学能力提升	85.65	3.90	3.56	0.34	9.128**
15	职业教育专业调整	84.86	3.68	3.49	0.19	5.252**
16	职业教育布局调整	85.69	3.73	3.57	0.16	4.566**
17	职业教育质量提升	85.79	3.96	3.58	0.38	10.194**
18	学前教育经费增长	85.09	3.79	3.51	0.29	7.446**
20	高中经费增长	85.06	3.82	3.51	0.31	8.436**

---

① 国务院扶贫开发领导小组办公室:《对十三届全国人大二次会议第4938号建议的答复》(http://www.cpad.gov.cn/art/2019/12/17/art_2202_108522.html)。

② 杨丽宏:《边疆民族地区实施高等教育精准扶贫的探索与研究》,《云南民族大学学报》(哲学社会科学版)2019年第4期。

续表

编号	题项	F	I	P	$I\text{-}P$	t
21	职业教育经费增长	85.23	3.69	3.52	0.17	4.587**
27	教师工资福利待遇增长	84.62	3.96	3.46	0.50	11.846**
30	普通高中招生倾斜	86.72	3.86	3.67	0.18	4.903**
31	中等职业教育招生倾斜	86.65	3.88	3.66	0.21	5.994**
37	高校智力帮扶	85.92	3.85	3.59	0.26	7.220**
44	少数民族教育帮扶	86.78	3.87	3.68	0.19	5.563**

注：F：模糊综合评价得分；I：重要性均值；P：表现均值；$I\text{-}P$：重要性和表现均值的差值；t：配对 t 检验的值；**：$p<0.01$。

分析结果表明，共有16个变量被定位在第三象限。分别是"普惠性民办幼儿园发展""'学前教育三年行动计划'倾斜""普通高中办学条件改善""中等职业技术教育发展""职业教育办学能力提升""职业教育专业调整""职业教育布局调整""职业教育质量提升""学前教育经费增长""高中经费增长""职业教育经费增长""教师工资福利待遇增长""普通高中招生倾斜""中等职业教育招生倾斜""高校智力帮扶""少数民族教育帮扶"。该象限内变量的重要性和表现的差值相对较低，说明这些政策实施能够基本满足预期。基于政策实施的不同组别比较可以发现，中部与西部地区教育扶贫政策在"普通高中办学条件改善"（$t=2.261$，$p=0.024<0.05$）、"中等职业技术教育发展"（$t=1.982$，$p=0.048<0.05$）、"少数民族教育帮扶"（$t=3.725$，$p=0.000<0.01$）方面，存在显著差异，西部地区教育扶贫政策表现得分高于中部地区；在其他指标上不存在显著差异。这是因为第三象限内的教育扶贫政策，主要针对的是贫困地区教育发展，目的在于缩小教育差距，促进教育发展水平提升，具体有以下方面。

第一，少数民族教育帮扶及高校扶贫。一是少数民族教育帮扶。对少数民族帮扶过程中的参与机制、资源配置及整合机制[①]、扶贫项目的

---

① 宋媛、张源洁、胡晶：《云南"直过民族"聚居区贫困人口能力提升机制研究》，《云南社会科学》2019年第4期。

第四章 教育扶贫政策实施效果评价的实证研究

可持续性①以及学校布局、教育质量②、对民族文化的重视程度③等方面存在的问题值得关注。二是高校扶贫。高等教育扶贫具有数量多、分布广、资源丰富等优势，主要包括教育扶贫、科技产业帮扶、人才支援、医疗支援等方面④，但存在扶贫目标不明确、方式粗放、考核机制不完善⑤以及科研优势转化不协调、与政府各部门不协调⑥等问题。其内在表现为动力不足、成本过高、效果不佳、范围有限⑦，"消费扶贫"和"非生产性扶贫"未能发挥教育在观念、知识、能力、素质方面发展人的功能⑧；外在表现为农村受高等教育人口偏低、人才供给不足、农林院校学生"离农"形势严峻。⑨

第二，招生倾斜扶贫。中央财政为中西部集中连片特困地区1860所学校先后投入200亿元，用于支持改善普通高中办学条件。⑩受该项政策支持，"普通高中办学条件改善"评价得分较高，但该象限内"普通高中招生倾斜""中等职业教育招生倾斜"的评价得分较低。有研究指出，中国高等学校农村贫困学生代表性不足的影响因素主要有：个人学术和社会准备、招生政策、社会经济背景⑪，以及义务教育入学机会

---

① 曹鑫莉、史大胜、胡月：《教育扶贫背景下民族贫困地区学前教育发展研究——以MJ县LB镇为例》，《民族教育研究》2018年第4期。
② 汪丽娟：《凉山地区教育获得差异与教育精准扶贫新思路：基于民、汉学生受教育年限的基尼系数分析（2000—2015）》，《民族教育研究》2019年第2期。
③ 胡牧君：《白裤瑶教育精准扶贫现状及对策探析》，《广西民族大学学报》（哲学社会科学版）2019年第5期。
④ 程华东、尹晓飞：《农业高校精准扶贫模式创新探究——基于四所农业高校的案例》，《华中农业大学学报》（社会科学版）2018年第2期。
⑤ 时昌桂：《教育扶贫视域下高校如何精准发力》，《人民论坛》2019年第26期。
⑥ 李俊杰、李晓鹏：《高校参与精准扶贫的理论与实践——基于中南民族大学在武陵山片区的扶贫案例》，《中南民族大学学报》（人文社会科学版）2018年第1期。
⑦ 陈大柔、谢艳：《高校教育扶贫的问题及对策》，《教育科学》2004年第3期。
⑧ 石玉昌：《"互联网+"教育转型促西南民族地区教育脱贫研究》，《中国电化教育》2018年第4期。
⑨ 闵琴琴：《农村高等教育扶贫：缘起、困境和突围》，《高等教育研究》2018年第5期。
⑩ 中华人民共和国国务院新闻办公室：《中国的减贫行动与人权进步》，人民出版社2016年版，第11页。
⑪ Xu Yang, "Access to Higher Education for Rural-poor Students in China", *Educational Research for Policy and Practice*, 2010, 9 (3), pp.193 - 209.

均等质量不高、异地中考政策门槛高、政策覆盖面小①等方面。为解决这一问题,自 2012 年国家开始实施面向农村贫困地区的"三大招生计划",分别为"农村贫困地区定向招生专项计划""农村学生单独招生""地方重点高校招收农村学生专项计划",共同构成了教育扶贫的高等教育招生倾斜政策,该政策分布在第二象限,模糊综合评价得分 87.03 分,处于较高水平。由于"招生倾斜政策"更强调高等教育方面,② 致使其他层次、类型的招生倾斜政策表现得分相对较低。

第三,职业教育扶贫。职业教育是促进社会稳定和经济可持续发展的重要方面,③ 量表中有关职业教育的指标全部分布于第三象限,说明职业教育对教育脱贫的支持力度较低,且没有受到应有重视。这与国家在加快发展现代职业教育进程中所面临的困难和问题有关。这些问题主要有,政府统筹力度不够、经费保障机制不健全、师资队伍建设成为制约提高质量的瓶颈;职业院校办学活力不足,服务能力不强。④ 职业教育发展普遍问题的存在导致在教育扶贫政策实施的过程中,其重要性被低估,模糊综合评价得分相对偏低。

职业教育是乡村振兴的逻辑生长点⑤,在精准扶贫方面具有缩小物质贫困、消解能力贫困以及消弭精神贫困的价值,⑥ 其重要性被低估的原因主要有以下表现:一是在外部环境方面,现阶段职业教育存在能力不足、制度性障碍、开放融通度不高等问题。⑦ 省、县职业教育发展两

---

① 卢伟、褚宏启:《教育扶贫视角下农民工随迁子女教育改革——如何实现入学机会均等与教育起点公平》,《中国教育学刊》2017 年第 7 期。

② 黄巨臣:《农村地区教育扶贫政策探究:创新、局限及对策——基于三大专项招生计划的分析》,《贵州社会科学》2017 年第 4 期。

③ Manfred Wallenborn, "The Impact of Vocational Education on Poverty Reduction, Quality Assurance and Mobility on Regional Labour Markets-Selected EU-Funded Schemes", *European Journal of Vocational Training*, 2009, 47 (2), pp. 151 – 179.

④ 《全国职业教育工作专项督导报告》(http://www.moe.gov.cn/jyb_xwfb/gzdt_gzdt/s5987/201509/t20150915_208334.html)。

⑤ 朱成晨、闫广芬、朱德全:《乡村建设与农村教育:职业教育精准扶贫融合模式与乡村振兴战略》,《华东师范大学学报》(教育科学版)2019 年第 2 期。

⑥ 朱德全、吴虑、朱成晨:《职业教育精准扶贫的逻辑框架——基于农民工城镇化的视角》,《西南大学学报》(社会科学版)2018 年第 1 期。

⑦ 杨小敏:《精准扶贫:职业教育改革新思考》,《教育研究》2019 年第 3 期。

第四章　教育扶贫政策实施效果评价的实证研究

极分化效应突出[1]，同时又面临着教育资源缺失的马太效应[2]。这些原因致使县级财政支持职业教育力度不足，提升县域内人力资本作用乏力，地方政府缺乏扶贫动力。[3] 二是在内部环境方面，职业教育在学校内部"招生""人才培养""教育教学管理"方面均存在不同程度的问题，其发展水平不能满足贫困地区精准扶贫的需要。[4] 三是在内外部交互的扶贫过程中，职业教育扶贫在与外部政策协同[5]、与当地产业链的融入[6]、服务地方经济[7]、个体瞄准、扶贫项目需求瞄准、经费投放与使用[8]以及脱贫认证等方面存在较为突出的问题。[9]

第四，教育扶贫经费增长。"教师工资福利待遇增长""高中经费增长""学前教育经费增长""职业教育经费增长"等五个综合模糊评价得分较低的变量均分布在该象限内。在经费上，这些问题主要集中在教育扶贫专项资金短缺、缺乏监督[10]、管理落后[11]等方面。值得注意的是"教师工资福利待遇增长"变量重要性与表现的差值较高（0.50），说明贫困地区教师工资福利待遇提升政策实施与其重要性相比尚存在一

---

[1] 查志远、檀学文：《教育扶贫的基层实践创新——海南省及琼中县教育精准扶贫调查》，《中国农业大学学报》（社会科学版）2018年第5期。

[2] 刘细发：《新时代教育扶贫的可行路径探析——基于我国中职教育扶贫视角》，《湖南社会科学》2019年第2期。

[3] 翁伟斌：《职业教育扶贫：政府履行发展职业教育职责的重要使命》，《教育理论与实践》2017年第15期。

[4] 李鹏、朱成晨、朱德全：《职业教育精准扶贫：作用机理与实践反思》，《教育与经济》2017年第6期。

[5] 王奕俊、吴林谦、杨悠然：《受教育者成本收益视角的东西部职业教育协作精准扶贫机制分析——以"滇西实施方案"为例》，《苏州大学学报》（教育科学版）2019年第1期。

[6] 唐智彬、刘青：《"精准扶贫"与发展定向农村职业教育——基于湖南武陵山片区的思考》，《教育发展研究》2016年第7期。

[7] 季飞、吴水叶：《大扶贫背景下西部地区职业教育发展的政策工具选择——基于贵州省21份文件的文本量化分析》，《贵州社会科学》2019年第1期。

[8] 张翔、刘晶晶：《教育扶贫瞄准偏差与治理路径探究——基于政府行为视角分析》，《现代教育管理》2019年第3期。

[9] 李中国、黎兴成：《职业教育扶贫机制优化研究》，《国家教育行政学院学报》2017年第12期。

[10] 张明杰、吴荣顺：《教育扶贫资金的运行与监管》，《人民论坛》2019年第24期。

[11] 张文杰、周静：《基于信号传递博弈的"雨露计划"扶贫补贴机制治理》，《软科学》2019年第2期。

定差距。尽管在 2017 年乡村教师生活补助政策首次实现了集中连片特困地区全覆盖，然而乡村教师生活补助依然存在"健全经费长效机制""提高补助额度""加强管理水平"等问题有待进一步解决。[①]

（四）位于"修补区"的教育扶贫政策

根据"重要性—表现"理论模型，第四象限为修补区，解释为：该象限内的变量在教育扶贫政策体系中处于重要性水平较高的位置，而政策表现得分偏低。对于这一象限内的教育扶贫政策要重点进行修补、改进，以推进教育扶贫政策实施。第四象限中的全部观测变量配对样本 t 检验均有显著性差异，说明象限内教育扶贫政策的"重要性"和"表现"得分之间存在显著差异（表 4 - 8）。

表 4 - 8　　　　　定位在"修补区"的教育扶贫政策

编号	题项	F	I	P	I-P	t
12	普通高中办学质量提升	85.38	4.11	3.54	0.57	14.954**
28	教师培养补充机制完善	85.26	3.99	3.53	0.46	12.201**
29	教师交流培训机制完善	85.77	3.97	3.58	0.39	10.401**
42	残疾儿童帮扶	86.04	4.2	3.6	0.59	16.372**

注：F：模糊综合评价得分；I：重要性均值；P：表现均值；I-P：重要性和表现均值的差值；t：配对 t 检验的值；**：$p<0.01$。

分析结果表明，有 4 个变量被定位在第四象限。分别是"普通高中办学质量提升""教师培养补充机制完善""教师交流培训机制完善""残疾儿童帮扶"。值得注意的是，前三个变量重要性与表现的差值较高，政策表现得分低于其重要性水平。

第四象限中的政策对象主要集中在普通高中、教师以及残疾儿童三个群体，不同组别的比较分析表明，中西部地区教育扶贫政策表现得分在以下指标均不存在显著差异，说明上述问题在中西部地区均普遍存在。

---

① 教育部办公厅：《关于 2017 年乡村教师生活补助实施情况的通报》（http：//www.moe.gov.cn/srcsite/A10/s7030/201803/t20180319_ 330488.html）；教育部办公厅：《关于 2018 年乡村教师生活补助实施情况的通报》（http：//www.moe.gov.cn/srcsite/A10/s7030/201904/t20190404_ 376664.html）。

第四章 教育扶贫政策实施效果评价的实证研究

具体指标包括,"普通高中办学质量提升"($t=1.297$,$p=0.195>0.05$)、"教师培养补充机制完善"($t=1.068$,$p=0.286>0.05$)、"教师交流培训机制完善"($t=1.857$,$p=0.064>0.05$)、"残疾儿童帮扶"($t=-0.844$,$p=0.399>0.05$)。

基于分析可以发现,当前教育扶贫亟须解决的问题主要包括以下方面。一是高中办学质量及教师的培养引进、培训交流等问题。有研究认为,"三区三州"高中教育存在明显短板且短期内难以实现跨越式发展,应通过易地教育扶贫的方式解决这一问题。[①] 改善贫困地区办学条件、引进教师、促进教师专业发展等提升软件建设,应成为教育精准扶贫的抓手[②]。二是残疾儿童帮扶问题。有研究指出我国贫困残疾人教育发展的问题主要表现在"义务教育基础薄弱""中等教育短缺""特殊教育机会缺失"等方面。[③] 教育扶贫政策在特殊教育领域供给、参与主体、系统化程度等方面也存在相应问题。[④]

二 贫困县脱贫之后需要强化的教育扶贫政策分析

为探索下阶段教育扶贫政策的战略升级方向,本研究设置了多选题"脱贫之后需要强化的教育扶贫政策",要求调查对象从9项政策中选出3项有利于解决脱贫"摘帽"之后贫困问题的政策。卡方拟合优度检验显著(chi = 247.919,$p=0.000<0.05$),说明各项选择比例具有明显差异性,能够使用响应率和普及率具体说明差异。"提升贫困地区基础教育发展水平"的响应率和普及率最高,也印证了"基础教育扶贫是最直接、最有效也是最根本的精准扶贫"的观点。[⑤] 响应率和普及

---

① 潘昆峰等:《易地教育扶贫——破解"三区三州"深度贫困的非常之策》,《中国人民大学教育学刊》第3期。
② 陈恩伦、郭璨:《以教师精准培训推动教育精准扶贫》,《中国教育学刊》2018年第4期。
③ 李耘、王绪金:《残疾人教育扶贫的机制与对策研究》,《北京联合大学学报》2019年第2期。
④ 姚松、曹远航:《新时期中央政府教育精准扶贫政策的逻辑特征及未来走向——基于政策工具的视角》,《湖南师范大学教育科学学报》2019年第4期。
⑤ 檀慧玲、李文燕、罗良:《关于利用质量监测促进基础教育精准扶贫的思考》,《教育研究》2018年第1期。

率位于第二、第三的两项政策分别为"加大贫困群众职业技能培训力度""加大特殊困难群体保障力度",进一步明确了2020年全面建成小康社会之后教育扶贫政策升级的重点,具体如表4-9所示。

表4-9　贫困县脱贫之后需要强化的教育扶贫政策统计

题项	响应 N	响应率（%）	普及率（N=1116）（%）
1 提升贫困地区基础教育发展水平	608	18.2	54.5
3 加大贫困群众职业技能培训力度	458	13.7	41.0
9 加大特殊困难群体保障力度	405	12.1	36.3
6 加大人才支援政策倾斜力度	385	11.5	34.5
8 加大软硬件设施补充力度	319	9.5	28.6
4 进一步优化学校布局	300	9.0	26.9
5 加大人才选拔政策的倾斜力度	301	9.0	27.0
7 加大学生资助政策倾斜力度	291	8.7	26.1
2 加大职业教育力度	281	8.4	25.2
合计	3348	100	300.0

注：拟合优度检验：$X^2=247.919$；$p=0.000$。

（一）"教师发展"政策对政策选择的影响

对"提升贫困地区基础教育发展水平"政策选择的影响。其标准化路径系数值为0.090,并且此路径呈现出0.01水平的显著性（$z=3.003$，$p=0.003<0.01$）,说明"教师发展"政策的实施对"提升贫困地区基础教育发展水平"政策选择产生显著的正向影响关系,即当"教师发展"政策表现水平越高时,越倾向于选择"基础教育发展"政策。

对"进一步优化学校布局"政策选择的影响。其标准化路径系数值为-0.075,并且此路径呈现出0.05水平的显著性（$z=-2.528$，$p=0.011<0.05$）,说明"教师发展"政策的实施对"进一步优化学校布局"产生显著的负向影响关系,即当"教师发展"政策表现水平越

第四章 教育扶贫政策实施效果评价的实证研究

低,越倾向于选择"进一步优化学校布局"政策。在一定程度上,优化学校布局政策能够改善"教师发展"政策表现不佳的情况。

对"加大人才选拔政策的倾斜力度"政策选择的影响。其标准化路径系数值为 -0.095,并且此路径呈现出 0.01 水平的显著性($z = -3.176$,$p = 0.001 < 0.01$),说明"教师发展"政策的实施对"加大人才选拔政策的倾斜力度"的政策选择产生显著的负向影响关系,即当"教师发展"政策表现水平越低时,越倾向于选择"加大人才选拔政策的倾斜力度"政策。在"教师发展"政策表现不佳时,贫困地区寄希望于"人才选拔"的政策倾斜以实现教育脱贫。

在"进一步优化学校布局"与"提升贫困地区基础教育发展水平"之间的协方差关系上,标准化路径系数值为 -0.138,并且此路径呈现出 0.01 水平的显著性($z = -4.568$,$p = 0.000 < 0.01$),说明两者之间有着显著的负向协方差相关关系;在"加大人才选拔政策的倾斜力度"与"提升贫困地区基础教育发展水平"之间的协方差关系上,标准化路径系数值为 -0.188,并且此路径呈现出 0.01 水平的显著性($z = -6.162$,$p = 0.000 < 0.01$),说明两者之间有着显著的负向协方差相关关系;在"加大人才选拔政策的倾斜力度"与"进一步优化学校布局"之间的协方差关系上,此路径并没有呈现出显著性($z = -1.452$,$p = 0.147 > 0.05$),说明两者之间没有相关关系。

上述分析表明,教育扶贫政策的实施具有层次性特征。"进一步优化学校布局""加大人才选拔政策的倾斜力度"与"提升贫困地区基础教育发展水平"针对的是不同程度的贫困。选择"进一步优化学校布局""加大人才选拔政策的倾斜力度"政策说明基础教育发展的基本需求仍未得到较好满足;而对其发展水平的"提升"政策的选择是建立在"有"的基础上,"好"的发展需求。

(二)"学前教育""人才选拔""短板补齐"政策对政策选择的影响

教育扶贫政策的选择具有阶段性的特征。在软硬件设施尚存在缺乏的阶段,其政策选择优先为补充软硬件资源;在具备了一定的积累之后,"职业技能培训""特殊困难群体保障"等"致富"措施才能够成为备选政策,具体表现在以下方面。

一是"学前教育"对"加大贫困群众职业技能培训力度"政策选择的影响。其标准化路径系数值为 -0.085，并且此路径呈现出 0.01 水平的显著性（$z=-2.871$, $p=0.004<0.01$），说明"学前教育"政策实施情况对"加大贫困群众职业技能培训力度"的政策选择产生显著的负向影响关系，即当"学前教育"政策表现水平越低时，越倾向于选择职业技能培训政策。进一步说明，"职业技能培训"在减贫中发挥的直接作用。

二是"人才选拔"对"加大贫困群众职业技能培训力度"政策选择的影响。其标准化路径系数值为 0.061，并且此路径呈现出 0.05 水平的显著性（$z=2.091$, $p=0.036<0.05$），说明"人才选拔"政策实施情况对"加大贫困群众职业技能培训力度"的政策选择产生显著的正向影响关系，"人才选拔"政策表现水平越高，越倾向于选择"职业技能培训"。

三是"学前教育"对"加大软硬件设施补充力度"政策选择的影响。其标准化路径系数值为 0.078，并且此路径呈现出 0.01 水平的显著性（$z=2.598$, $p=0.009<0.01$），说明"学前教育"政策的实施情况对"加大软硬件设施补充力度"的政策选择产生显著的正向影响关系，"学前教育"政策表现水平越高，越倾向于选择"加大软硬件设施补充力度"。

四是"学前教育"对"加大特殊困难群体保障力度"政策选择的影响。其标准化路径系数值为 -0.069，并且此路径呈现出 0.05 水平的显著性（$z=-2.316$, $p=0.021<0.05$），说明"学前教育"政策的实施情况会对"加大特殊困难群体保障力度"的政策选择产生显著的负向影响关系，"学前教育"政策表现水平越低，越倾向于选择"加大特殊困难群体保障力度"。

五是"短板补齐"对"加大学生资助政策倾斜力度"政策选择的影响。其标准化路径系数值为 0.076，并且此路径呈现出 0.05 水平的显著性（$z=2.534$, $p=0.011<0.05$），因而说明"短板补齐"的政策实施会对"加大学生资助政策倾斜力度"的政策选择产生显著的正向影响关系，即当"短板补齐"政策表现水平越高时，越倾向于选择

"加大学生资助政策倾斜力度"。进一步说明教育扶贫在改善学校条件的同时，会进一步改善学生的经济状况。

在"加大软硬件设施补充力度"与"加大贫困群众职业技能培训力度"政策选择之间的协方差关系上，标准化路径系数值为 -0.217，并且此路径呈现出 0.01 水平的显著性（$z = -7.080$，$p = 0.000 < 0.01$），因而说明"加大软硬件设施补充力度"与"加大贫困群众职业技能培训力度"之间有着显著的负向协方差相关关系；在"加大软硬件设施补充力度"与"加大特殊困难群体保障力度"之间的协方差关系上，标准化路径系数值为 -0.135，并且此路径呈现出 0.01 水平的显著性（$z = -4.457$，$p = 0.000 < 0.01$），因而说明"加大软硬件设施补充力度"与"加大特殊困难群体保障力度"之间有着显著的负向协方差相关关系；在"加大特殊困难群体保障力度"与"加大贫困群众职业技能培训力度"政策选择之间的协方差关系上，此路径并没有呈现出显著性（$z = -1.800$，$p = 0.072 > 0.05$），因而说明"加大特殊困难群体保障力度"与"加大贫困群众职业技能培训力度"之间无相关关系。

第三节 县级教育扶贫政策实施效果

为进一步分析教育扶贫相关政策对学校、教师、学生产生的综合影响，本研究尝试以位于"三区三州"深度贫困地区的一个已脱贫县的教育实践作为样本，通过对其教育扶贫目标的达成情况进行分析，从而形成对教育扶贫效果的整体判断。

一 样本县基本情况

样本县到 2018 年，累计投入专项扶贫资金 1.45 亿元。2015 年全县共核定重点贫困村 12 个，识别建档立卡贫困户 811 户 2505 人，贫困发生率为 11.9%。到 2018 年，全面完成贫困村退出，贫困户脱贫各项指标贫困发生率为零，建档立卡人均纯收入达到 12719.57 元。

在教育结构和规模方面，样本县共有学校 20 所，9146 名学生，

627 名教师。其中，学前教育学校 13 所、1209 名学生、82 名教师；小学学校 3 所、2680 名学生、196 名教师；初中学校 2 所、1470 名学生、121 名教师；1 所普通高中、1024 名学生、128 名教师；1 所中职学校、2727 名学生、100 名教师。

2019 年 5 月样本县退出贫困县序列，"两不愁三保障"目标全面实现，该县相关脱贫指标完成情况，如表 4-10 所示。

表 4-10　　　　样本县贫困县、村户脱贫指标完成情况

指标	完成情况
贫困户	建档立卡户人均纯收入达到 12719.57 元
	建档立卡户安全住房全覆盖
	建档立卡户学生义务教育阶段无因贫辍学现象
	建档立卡户城乡居民基本医疗保险参保率达到 100%
	建档立卡户城乡居民基本养老保险参保率达到 100%
	培训建档立卡人口 1445 人次，有意愿劳动力职业教育和技能培训全覆盖
贫困村	全县贫困村共有互助资金 1625 万元，互助资金全覆盖
	通村通户硬化道路全覆盖
	安全饮水全覆盖
	生产、生活用电全覆盖
	标准化卫生室和村级综合服务中心全覆盖
贫困县	农牧民人均可支配收入 13925 元，高于全省农牧民人均可支配收入 3801 元
	全县综合贫困发生率为 0%
	九年义务教育巩固率达到 94.54%
	全县城乡居民医疗保险参保率达到 100%
	全县城乡居民基本养老保险参保率达到 100%
	全县 12 个贫困村全部退出，退出率达 100%

二　县级教育扶贫效果

2017 年，样本县所在省的教育脱贫攻坚实施方案将"人人有学上、个个有技能、家家有希望、县县有帮扶"作为教育脱贫攻坚的主要目

第四章 教育扶贫政策实施效果评价的实证研究

标,并提出"精准对接各市(州)、县(市、区)脱贫攻坚计划"。样本县的教育扶贫政策实施效果中具体表现在控辍保学、办学条件改善、学生资助体系完善、教育教学质量提升等方面。

(一)义务教育阶段无辍学学生

截至2019年4月,样本县学前三年毛入园率为111.6%,初中毕业升学率为99.04%,九年义务教育巩固率为94.54%,高中阶段毛入学率为90.26%,其中建档立卡贫困生入学率为100%,全面实施十五年免费教育覆盖率为100%,贫困家庭大学生、中高职学生资助比例为100%。在控辍保学方面,样本县通过控辍保学数据核查比对系统,以"互联网+控辍保学"的方式,对标对表户籍库、扶贫库和学籍库,对疑似辍学少年儿童"一人一表"进行档案登记,通过大数据分析有效实现精准控辍保学。通过制定县级《义务教育控辍保学工作实施方案》,建立了县长、乡(镇)长、校长、村长、家长"五长"责任联控机制,完善控辍保学工作中的责任制,签订了县、乡、村三级《控辍保学目标责任书》,具体有以下方面。

一是各级政府及时安排部署控辍保学工作并纳入考核体系。通过摸清辖区内建档立卡贫困生适龄儿童少年信息,建立失学、辍学儿童少年档案。将防辍控辍工作作为考核乡镇、部门、学校的重要指标,实行"一票否决制"。二是统一管理建档立卡义务教育阶段贫困学生学籍。通过规范学籍管理流程,及时分析学籍变动情况,对重点学段进行重点监测。三是多部门协同建立和完善防辍责任联控机制。公安部门对建档立卡贫困生的户籍与学籍系统进行比对,排查双重户籍、空户、查无此人等可能影响控辍保学开展的原因,市场监督部门对未按规定接收义务教育适龄人员的机构采取不发放营业证照等措施,对违法招用学龄儿童务工的企业,责令辞退并给予从重处罚;文化部门加大对校园周边文化环境的治理力度。

截至2019年4月,样本县有建档立卡在校生497人。其中学前56人,占学龄段人口的72.7%;小学186人,占学龄段人口的105%;初中119人,占学龄段人口的116.7%;高中(中职)84人,占学龄段人口的98.82%;大学专科25人,大学本科27人。样本县建档立卡

4—20岁人口564人，其中非在校生102人；4—6岁未入园10人，占学龄段人口的12.99%；7—15岁6人未入学（其中，5人均为重度残疾适龄生，经鉴定均无接受教育的能力，1人初中毕业），占学龄段人口的1.8%；16—20岁人口非在校生86人，占学龄段人口的41.3%。

（二）学校办学条件不断改善

样本县学校设施设备超前规划，办学条件改善效果明显。如该县某高中占地面积160亩，建筑面积5.3万平方米，总投资1.4亿元。建有教学楼、图书实验楼、综合办公楼、教师周转房、学生公寓、学生食堂、体育场等10栋单体建筑，篮球场6个，排球场4个，羽毛球场4个。教育教学配套设施有多功能报告厅2个、语音教室2个、物理实验室6个、化学实验室6个、生物实验室4个、通用技术实验室2个、音乐专用教室2个、电子钢琴室2间、美术书法教室2间及心理咨询室等。生均校舍面积达到52.2平方米，图书馆有纸质图书15万册（其中藏文图书3万册），电子图书10万册，生均纸质图书达到147.6册，设有能容纳200人同时使用的阅览室。样本县办学条件的改善还体现在以下方面。

一是实现农牧区学前教育县、乡、村全覆盖。实行了整合利用闲置校舍、新建和改扩建县城幼儿园和村级幼儿园、支持建设民办幼儿园等政策措施。县财政将村级学前教育公用经费纳入财政预算，每生每年按生均300元的标准落实、免除保育费，并对每生每年补助公用经费1200元。

二是加强了学校布局调整后的建设。2010年以来，样本县投入近亿元实施中小学布局调整工作，撤并21所中小学实现集中规模办学，累计投入资金2900多万元，全面加强了后续建设力度。"十二五"期间，全县教育投入为4.7亿元。"十三五"期间，先后实施完成了投资922万元的某中学教学楼项目，投资1474万元的某民族寄宿制学校风雨活动室和教学楼项目，投资954万元的县寄宿制中学薄弱改造项目，投资1340万元的某小学续建项目，投资1008万元的县第二幼儿园建设项目，全面改薄达标率100%。

第四章 教育扶贫政策实施效果评价的实证研究

我们学校是青少年足球的特色学校、教育技术示范学校。信息教育起步比较早,早在2015年,山东结对帮扶学校派出支援的副校长就一次性为我们全部装配了信息化设备,解决了72台教师用的电脑。临沂12中捐赠了3万元现金,为我们购买了会议室平板。并帮着我们培训教师,现在年龄大的五十几岁的教师也能熟练应用信息化设备,都能得心应手。"全面改薄"的时候新建了教师周转房、实验室、风雨操场,现在硬件上没有问题了。女生宿舍是套间,有单个卫生间、洗漱间,还上了电视节目。新给我们盖的女生宿舍楼,甚至比省会的一些学校硬件设施还好,我们现在就是抓落实,提高教学质量。

(某校长,访谈编号2019130415)

三是基本办学条件的相关指标不断增长,均高于全省平均水平。样本县小学、初中、普通高中2013年与2018年相比,生均图书分别增长了20.14册、22.21册、31.17册;2018年分别高于全省平均水平29.09册、29.41册、72.08册。每百名学生计算机数分别增长了3.54台、15.77台、39.83台;2018年分别高于全省平均水平8.32台、13.15台、38.91台。生均教学行政用房面积分别增长了2.37平方米、6.64平方米、2.21平方米;2018年分别高于全省平均水平4.69平方米、4.95平方米、10.44平方米。生均运动场面积分别增加了7.65平方米、3.63平方米、4.16平方米;2018年分别高于全省平均水平18.56平方米、10.72平方米、3.48平方米(表4-11)。

表4-11　　　　　　　　样本县基本办学条件相关指标

指标	生均图书(册)		每百名学生计算机数(台)		生均教学行政用房面积(平方米)		生均运动场面积(平方米)	
	2013年	2018年	2013年	2018年	2013年	2018年	2013年	2018年
小学	33.24	53.38	16.65	20.19	7.01	9.38	18.14	25.79
初中	53.48	75.69	15.11	30.88	6.66	13.30	17.46	21.09
普通高中	86.02	117.19	18.28	58.11	18.77	20.98	11.47	15.63

(三) 学生助学体系全覆盖

样本县教育精准资助有效开展,避免了因贫因病辍学情况。从学前教育到高等教育,每一名建档立卡贫困家庭学生都得到了相应的资助保障,确保了教育精准扶贫政策的有效实施(表4-12)。

表4-12　　　　　　样本县国家资助政策体系

学段	项目	资助范围	标准
学前教育	生均公用经费补助	所有在园幼儿(含民办)	1200元/生
义务教育	学生营养改善计划膳食补助	农村学校在校学生	800元/生(全年以200天计,每生每天4元)
	生均公用经费补助(含取暖费)	全校学生	小学生均895元;初中生均1095元;寄宿制学校在此基础上再提高300元
	两免一补 免除学杂费	全校学生	免除
	两免一补 免除教科书费	全校学生	免除
	两免一补 寄宿生生活费补助	所有在校寄宿生	小学:省级财政1500元/人/年;地方财政450元/人/年;初中:省级财政1700元/人/年;地方财政630元/人/年
	"三江源"异地办学办班奖补政策	由教育部门统一组织异地办学办班	初中:公用经费2300元/生/年;生活费2200元/生/年
高中教育	补助教科书费	所有在校生	400元/生/年
	补助公用经费	所有在校生	400元/生/年
	补助寄宿生生活费	所有在校生	1000元/生/年(州级补助)
	国家助学金	家庭困难学生	2000元/生/年
	"三江源"异地办学办班奖补政策	由教育部门统一组织异地办学办班	公用经费2800元/生;生活费2700元/生/年

第四章 教育扶贫政策实施效果评价的实证研究

续表

学段	项目		资助范围	标准
中职教育	免费提供教科书		所有在校生	400元/生/年
	国家助学金		一、二年级学生	2000元/生/年
	"三江源"本地	公用经费	样本县籍中职学生	一、二年级学生300元/生/年；三年级学生700元/生/年
		生活费补助		三年级学生800元/生/年
	"三江源"省外异地办学办班	异地办学办班奖补	异地办学样本县籍中职学生	3300元/生
		生活费补助		一、二年级学生3200元/生；三年级学生2200元/生
	"三江源"省内异地办学办班	公用经费		一、二年级学生900元/生；三年级学生1300元/生
		生活费补助		一、二年级学生1200元/生；三年级学生2200元/生
高等教育（本专科）	"三江源"高校就读奖补政策		当年考入本、专科普通高校的农牧民家庭学生	本科10000元/生；专科6000元/生（应届生）
	国家奖学金			8000元/生/年
	国家励志奖学金		家庭经济困难的在校大学生	5000元/生/年
	国家助学金		家庭经济困难的在校大学生	2000元/生/年

一是精准资助有效开展。2016年至2018年，样本县各学段贫困家庭子女共享受各级各类资助金（含物资）4647.89万元，受助学生52225人次。其中，学前阶段国家资助投入经费229.34万元，受助学生1908人次。义务教育阶段贫困家庭子女共享受生活费补助、营养餐补助和"两免一补"等各级各类资助金3268.28万元，受助学生37278人次。国家资助共投入各类资金2936.9万元，受助学生30455人次。省级投入"三江源"初中学生补助金7.2万元。县级资助配套生活补助资金投入219.5万元，受助学生4172人次。社会资助获得资助金81.17万元，受助学生948人次。学校、幼儿园资助"一帮一"及"零

收费"项目共计 23.51 万元，受助学生 1687 人次。普通高中阶段投入各级各类资助金 626.34 万元，受助学生 12093 人次。投入教科书费补助 130.08 万元，受助学生 3252 人次；公用经费 130.08 万元，受助学生 3252 人次；国家助学金 209.9 万元，受助学生 2108 人次。州级资助寄宿生生活费补助 156.28 万元，受助学生 3481 人。中职教育阶段省级"三江源"省内外中职共落实公用经费及生活费补助 155.93 万元，受助学生 460 人次。省级投入"三江源"省外就读中职学生公用经费及生活费补助 67.3 万元，受助学生 106 人次；省内就读中职学生公用经费及生活费补助 88.63 万元，受助学生 354 人次。高等教育阶段省级资助，投入"三江源"应届贫困大学生补助金 368 万元，受助学生 486 人。

二是实施营养餐改善计划。样本县享受营养餐政策的中小学有 5 所，食堂从业人员 83 人，供餐企业 8 个，其中的 2 所学校实行食堂供餐，食堂供餐率为 40%。2018 年落实营养餐资金 353.5 万元，就餐学生 4419 名。样本县启用了标准化校车项目，实现了偏远农牧区学生全员接送。将校车运营维护资金、幼儿园厨师、门卫工资等全部纳入财政预算，落实每年中小学、幼儿园 200 万元的专项维修资金。

> 学生在学校就餐不花钱的。采购实行的是招投标制度，学校严格检验。早餐有八宝粥、奶茶、纯牛奶，午餐有鸡腿、卤肉，加餐有水果。营养餐是食堂供餐。农牧区孩子比较多，在学校里吃的比在家吃得好。感觉国家政策真是好！义务教育阶段不出钱、教科书免费、取暖费、住宿费免费，生活费由国家财政、县级财政补助。全县 6 辆校车，3 个学校在用，校车的服务半径是 60 公里，不收钱。现在没有因贫辍学的情况，因为所有项目都是零收费。
>
> （某小学校长，访谈编号 2019160785）

在样本县，教育扶贫不单单是资助。由于当地单亲家庭、留守儿童、牧区学生等情况较为普遍，学校针对这一特点，强化学生管理，加强了思想教育。对建档立卡学生实施学业辅导、心理辅导、生活帮助等

第四章 教育扶贫政策实施效果评价的实证研究

关爱措施。

贫困生资格的确定主要是通过学生推选,以年级审核的方式进行。学期结束之后,由班主任进行资助表现评价。我们提倡爱党、爱社会、爱学校,知党恩、感党恩。国家在教育扶贫方面,为了提高民族素质,把能想的办法都给我们想到了。我们要让大家体会到组织的温暖、国家的决心,让学生知道钱是哪里来的。不能拿起筷子吃饭,放下筷子骂娘。

我们有专门的党建思政经费,对学生全面零收费。有一对一、二对一的帮扶党员带队谈心、鼓劲。在德育这一块儿,抓学生思想,坚守课堂主阵地、发挥党团引领作用,月月有主题,周周有活动,每月定一个主题。学校和县法院合作建立了青少年法制基地、青少年模拟法庭等,有适合学生旁听的典型案件我们就会组织学生去旁听庭审。作为经常性思想教育的补充,各个年级有主题活动,组织军训、清明爱国主义教育,还有和山东临沂学校的学生联谊。八年级组织全体同学去自然博物馆参观学习,九年级学生在中考前,去历史纪念馆开展爱国主义教育。

(某初中教师,访谈编号2019260512)

(四)教育教学质量不断提升

样本县先后与山东等地名校(园)结成手拉手学校,通过对口帮扶争取紧缺学科教师和学校管理人才,补充到各学校。通过与山东幼儿园、小学、中学建立"一对一"结对关系,互派管理人员和骨干教师挂职交流,建立资源交流和共享平台,在学校管理、教师教育等领域开展合作。

一方面,通过"一对一"帮扶改进教育发展的不均衡。在样本县学校的教育教学中不同程度地存在以下问题:一是学生的学业质量问题。在高中阶段,由于成绩较好的学生多数考入了山东对口帮扶学校,实质上形成了分流,余下普通班的学生学习基础相对薄弱,学业成绩提升较为困难,当地普通班成绩低于民族教育模式班,学校教育教学效果出现了不均衡现象。教师普遍感觉教学压力、课业进度压力较大，对于学业基础不理想的学生，也没有多余的时间和精力补课。二是学生的身心健康问题。当地学生多数从小学开始寄宿生活，在健康方面存在诸如海拔高等自然条件因素所导致的心脏病等常见高原疾病发病率较高等问题；在心理方面由于家长对教育的重视程度较低、学校专业心理教师相对缺乏等原因，致使学生厌学发生率较高。学校往往通过对班主任进行一些心理方面的培训，对学生进行心理疏导。

> 我们学校教师平均每人负责6个班，教学任务重。学生中有一半少数民族，全州成绩中等偏下，住校生的成绩应该高一些，占了三分之一。对于成绩不理想的学生，经过我们多方面研讨问题的成因，认为主要是家校合作跟不上。我们这里是牧区，父母多在农村，有的家长就指望靠天吃饭。于是我们就开办家长学校，请教师和心理专家给家长上课。重点解决心理有问题的学生，如何提升心理健康、学生不重视学习的问题。通过家校合作加上教师的工作努力，成绩提升还是大有希望的。
>
> （某高中教师，访谈编号2019071219）

样本县教育局建立了校长、教师"一对一"对口帮扶贫困家庭学生的工作机制。全面覆盖贫困地区每一所学校、每一位教师、每一名学生。一是学前教育结对帮扶。以提高保教质量为重点，由教育局统筹安排公办幼儿园、小学、活动中心帮扶乡村各幼儿园，建立"县—乡—村"帮扶体系，形成了三级学前教育网络。二是义务教育结对帮扶。以开展"两帮两培"活动为主要形式。"两帮"，即"在生活用品、学习用品上进行帮扶"。"两培"，即"后进生培养成优秀生，问题生培养成先进生"。利用省内外先进学校的优势帮扶资源，对学校"软件"进行升级，并开展多种形式的社会公益活动，结对帮扶贫困家庭学生。

> 我们学校每个老师帮扶一个学生，中层及以上党员教师每人帮

第四章　教育扶贫政策实施效果评价的实证研究

扶两名；寄宿生有40%是单亲家庭，民族班大概有一半都是单亲家庭，有心理问题的学生不愿意主动找心理老师，我们主要以活动的方式开展工作，副校长会通过学生信息筛选，每天对4—5名学生一对一谈心。

（某初中校长，访谈编号2019041013）

样本县的教育帮扶效果显著。对该县365名中小学生的抽样调查结果表明，有91.5%的学生认为自己能够按时交作业；84.93%的学生认为老师对不同背景的同学给予同样的尊重；92.60%的学生认为学校的规章制度是公平的；91.51%的学生认为学校对违反规章制度的人的批评教育是公平的；72.33%的学生认为大部分同学尽最大努力学习；92.88%的学生认为老师们关心学生；78.90%的学生认为同学们之间都能够友好相处；80.55%的学生在学校能够感受到快乐；84.93%的学生在学校能够感到安全；92.33%的学生认为教师经常关心其学习；78.08%的学生认为自己学习很努力；66.85%的学生认为自己能够跟大部分人做得一样好。

另一方面，加强教师队伍建设。样本县优质教师补充主要通过"公开招考"、招聘"三支一扶"教师以及政府购买服务等方式及时弥补专业紧缺教师。实施教师素质能力与学校办学水平帮扶提升计划。通过校长挂职培养锻炼、名师传经送宝等多种方式，加强智力援建力度。在师资培训方面，样本县年均落实教师培训专项资金20万元，建立了全县名师资源库，不同学段、不同任教科目的20余名优秀教师及教育管理干部入库。

我们利用国家对口支援平台，学校之间手拉手，相互之间进行帮助。山东教师的交流提高了我们的教学水平，让我们多次在全省、全州获奖。我们以山东支教教师做公开课、教师讲坛的方式，让山东老师介绍管理、教学方面的经验。像去年参加全省选拔大赛，经过多次磨课说课，有5位教师参加，其中3位老师获奖。我们的初中学生经过选拔能有机会到山东上学，每年出去200人，平均可以提高三十几分。通过争取定向招生，面向我们地区招学生，让学生能够上好大学，大学毕业后留在当地的机会特别大。

在培训方面，网络培训的同时做教学工作，每周三有一节课进行校内教研活动。我们的教师带完高三去一次外出培训，三年一次国培计划，去山东培训一次2周，去大学20天。外出培训的效果比较好，讲座要少，跟岗研习模式受到普遍欢迎，其中2—3周时间的培训感觉收获最大。我们现在感觉和省会的差距不是特别大，在外地培训的效果会更好。

（教育局某干部，访谈编号2019051489）

山东省临沂市对口支援的主要措施有：一是异地开办普通高中、初中班，即在临沂对口援建异地办初中、高中班；二是派驻教师，临沂市选派骨干教师到结对学校挂职任教；三是建立远程教学网络，实施与临沂市远程教学网络对口援建工程，通过培训远程教育和协助建立空中课堂与资源共享平台等形式协作；四是职业教育基地建设，临沂市帮扶建设一所县级职业教育基地，开展技能型人才培养、农民工技能培训、农牧区实用人才培训；五是师资培训与临沂市建立教育合作项目，输送教师异地任教或参加培训。这些政策实施效果明显，样本县小学、初中、普通高中2013年与2018年相比，生师比分别降低了-0.24、0.34、1.82；2018年分别低于全省平均水平4.01、1.47、5.03。本科及以上学历占专任教师比例分别提升了19.27%、12.96%、7.69%；2018年小学和普通高中分别高于全省平均水平9.32%、28.07%，初中与全省平均水平差距5.12%，相较2013年差距缩小5.12%（表4-13）。

表4-13　　　　　样本县生师比及本科及以上学历占专任教师比例

指标	生师比		本科及以上学历占专任教师比例（%）	
	2013年	2018年	2013年	2018年
小学	13.43	13.67	51.65	70.92
初中	12.49	12.15	33.47	46.43
普通高中	9.82	8.00	54.55	62.24

第五章 教育扶贫的中国特点与经验

教育脱贫攻坚肩负着"两不愁、三保障"保障义务教育的重要任务,承担着"发展教育脱贫一批"的重要任务,也担负着习近平总书记关于阻断代际传递的重要嘱托。①

第一节 教育扶贫的中国特点

一 "义务教育有保障"作为贫困户退出的必要条件

随着我国教育普及水平的不断提升,九年义务教育巩固率从2011年的91.5%增长到2018年的94.2%,增加了2.7个百分点。小学学龄儿童毛入学率、初中阶段毛入学率、高中阶段毛入学率分别从2011年的99.79%、100.1%、84%增长到2018年的99.95%、100.9%、88%。毛入学率在小学、初中阶段表现较为稳定,八年间分别增长了0.16%、0.8%,入学机会保障效果显著。初中阶段毛入学率自2013年上升之后在2017年平稳回落,且超过100%②,从另一角度说明了"控辍保学"等相关政策对初中学生入学的积极影响。高中阶段毛入学率从2011年的84%增长到2018年的88.8%,增长了4.8个百分点,说明在义务教育之后,接受高一级教育的人数不断增加(图5-1)。③

---

① 国家统计局住户调查办公室:《中国农村贫困监测报告2019》,中国统计出版社2019年版,第69页。
② 由于包含非正规年龄组(低龄或超龄)学生,毛入学率可能会超过100%。
③ 教育部:《教育发展统计公报(2011—2018年)》(http://www.moe.gov.cn/jyb_sjzl/sjzl_fztjgb)。

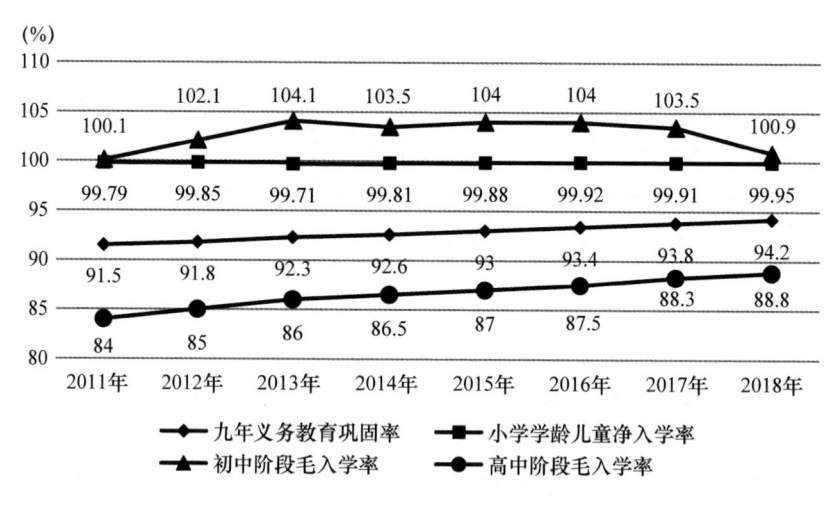

```
(%)
110
105    102.1  104.1  103.5   104    104   103.5
100 100.1                                      100.9
    99.79  99.85  99.71  99.81  99.88  99.92  99.91  99.95
 95
                                            93.8   94.2
                               93    93.4
 90 91.5   91.8   92.3   92.6
                                            88.3   88.8
 85         85     86    86.5   87   87.5
    84
 80
    2011年 2012年 2013年 2014年 2015年 2016年 2017年 2018年

    ◆ 九年义务教育巩固率      ■ 小学学龄儿童净入学率
    ▲ 初中阶段毛入学率        ● 高中阶段毛入学率
```

图 5-1　国民接受教育基本情况

"义务教育有保障"是贫困户"摘帽"的核心指标，随着教育扶贫政策的不断推进，非在校儿童比率继续降低，省级教育政策实施均将其纳入脱贫标准（表5-1）。

表5-1　　　　　　　　省级贫困县退出标准

	贫困县退出标准（教育）	贫困户/人口
云南	/	义务教育阶段适龄儿童少年无因贫失学辍学
青海	九年义务教育巩固率达到93%以上	义务教育阶段学生无因贫辍学；有意愿的劳动力参加职业教育或技能培训
河北	/	义务教育阶段无辍学学生
山西	适龄儿童学前入园率达到全省平均水平且贫困村九年义务教育阶段无因贫辍学学生	适龄儿童接受九年义务教育，家庭无因贫辍学学生
四川	乡乡有标准中心校	义务教育有保障
陕西	/	无义务教育阶段辍学学生

第五章 教育扶贫的中国特点与经验

续表

	贫困县退出标准（教育）	贫困户/人口
湖南	/	义务教育保障，即适龄未成年人均能接受义务教育，没有因贫辍学的现象
吉林	适龄儿童接受九年义务教育，家庭无因贫辍学学生	适龄儿童接受九年义务教育，家庭无因贫辍学学生
安徽	基本公共服务主要领域指标接近全省平均水平	家庭无因贫辍学学生
内蒙古	小学净入学率和初中阶段毛入学率超过全国平均水平	贫困家庭适龄儿童不因家庭经济困难失学辍学，适龄儿童依法接受义务教育
黑龙江	/	义务教育阶段无因贫辍学学生
江西	/	家庭无因贫辍学学生
河南	教育等基本公共服务主要领域指标达到或接近全省平均水平	适龄儿童接受九年义务教育，家庭无因贫辍学学生
贵州	/	贫困家庭子女依法接受义务教育，不因家庭经济困难失学辍学
甘肃	义务教育巩固率达到全省贫困县平均水平	义务教育阶段适龄人口无辍学学生；接受学前和高中阶段教育的学生享受了相关特惠政策
广西	有义务教育保障。有健全的中小学（幼儿园）教育发展保障体系、健全的师资队伍、完善的贫困学生资助体系；全县适龄儿童少年能接受义务教育且没有因经济困难原因辍学，教育扶贫政策得到有效落实；到2020年不低于93%	有义务教育保障。家庭适龄儿童少年能接受义务教育且没有因经济困难原因辍学，享受到应得的教育扶贫政策
新疆	/	义务教育有保障

2018年贫困地区农村7—15岁非在校儿童比重为1.7%，比2017年下降0.2个百分点；在17岁以下儿童中，中途辍学的比例为0.5%。辍学的主要原因有以下方面：一是"孩子不愿意读书"的占比77.9%；二是"生病残疾等健康问题"的占比10.2%；三是"家庭缺少劳动力"的占比1.2%。在中途辍学儿童中，小学阶段占14.4%，初中阶段占

111

69.6%，高中阶段占 16.0%。儿童辍学集中在初中二年级和初中三年级，分别占比 26.1% 和 31.9%。① 2018—2020 年，中央财政新增"三区三州"教育脱贫攻坚资金 70 亿元，统筹用于"三区三州"教育脱贫攻坚，重点保障义务教育，适当兼顾其他教育阶段脱贫攻坚。② 截至 2019 年 11 月 20 日，全国 832 个国家级贫困县义务教育阶段辍学学生人数已由台账建立之初的 29 万减少至 2.3 万，其中建档立卡家庭贫困学生人数由 15 万减少至 0.6 万。③ 随着贫困县的陆续退出，标志着"义务教育有保障"的扶贫目标全面实现。

二 "发展教育脱贫一批"作为脱贫的重要方式

贫困地区教育发展受到内外两方面因素影响。内在因素影响的是教育自身发展的"存量"，即假定没有外在因素干扰的情况下，自身存量的变化；外在因素影响的是教育自身发展之外的"增量"，即教育扶贫的政策影响。内因是变化的根据，外因是变化的条件，外因通过内因而起作用。本研究主要使用贫困地区"教育发展"类指标作为主要观测变量，将"教育差距缩小"类指标作为参照变量进行描述分析。通过分析贫困地区"教育发展且差距缩小"的相关指标，即教育水平在时间维度上发展，相关指标与全国水平差距缩小。进而明晰政策着力点，阐释教育扶贫政策的中国特点，主要分析框架如下。

第一，以 2011 年和 2018 年作为研究的时间节点进行前后对比分析。基于历年数据的分析表明，2011—2018 年各年份间教育发展主要指标在整体上趋于稳定，个别指标波动属于正常的区间范围。因此，本研究使用前后比较法，对公共政策执行前后的有关情况进行对比，从中测度公共政策影响及效果。④ 基于数据的时效性，本研究选取了 2011

---

① 国家统计局住户调查办公室：《中国农村贫困监测报告》，中国统计出版社 2019 年版，第 232 页。
② 国务院扶贫开发领导小组办公室：《对十三届全国人大二次会议第 6888 号建议的答复》（http：//www.cpad.gov.cn/art/2019/12/19/art_2202_108663.html）。
③ 焦以璇：《教育脱贫的最后冲刺》，《中国教育报》2019 年 12 月 27 日第 1 版。
④ ［美］托马斯·R. 戴伊：《理解公共政策》（第十二版），中国人民大学出版社 2011 年版，第 289 页。

第五章 教育扶贫的中国特点与经验

年和 2018 年两个时间点反映教育扶贫政策实施特点。[①]

第二,以西部[②]农村为主要切入点,同时,在全国范围内抽取了 10 个位于集中连片贫困地区的国家扶贫工作重点县(以下简称"贫困县")[③] 作为补充。"全面建成小康社会,标志性的指标是农村贫困人口全部脱贫、贫困县全部摘帽。"[④] 农村的教育发展作为"发展教育脱贫一批"的重要方面,能够在一定程度上作为探索中国教育脱贫攻坚特点的标志性指标。我国的贫困具有区域性的特征,西部地区整体性贫困相对突出。截止到 2018 年西部农村贫困人口有 916 万人,贫困发生率 3.2%,贫困人口占全国农村贫困人口的比重为 55.2%。[⑤]"西部地区特别是民族地区、边疆地区、革命老区、集中连片特困地区贫困程度深、扶贫成本高、脱贫难度大,是脱贫攻坚的短板"[⑥],也是教育扶贫"啃硬骨头""攻坚拔寨"的地区,在教育扶贫中具有标志性意义(图 5-2)。

第三,教育发展测量指标的选取。本研究结合数据的可获得性,参照《中国教育统计年鉴》[⑦] 相关指标,作为反映"发展教育脱贫一批"政策特点的依据。相关指标主要包括,西部乡村小学招生中接受学前教育的比例、初中毕业生普通高中升学率、生师比、本科毕业专任教师占比、生均校舍建筑面积、生均危房面积、生均图书、每百名学生拥有教

[①] 2011 年教育部采用新的城乡划分标准,将原来的城市、县镇、农村的三个分类调整为三大类七小类,即城区(含主城区、城乡接合部)、镇区(含镇中心区、镇乡接合区、特殊区域)、乡村(含乡中心区、村庄)。因 2011 年中国教育统计口径的变化,为实现数据间的年度可比,本研究选取了 2011 年作为起点。

[②] 西部地区包括,包括内蒙古、广西、重庆、四川、贵州、云南、西藏、陕西、甘肃、青海、宁夏、新疆等 12 个省份。

[③] 10 个贫困县分布于河北、山西、黑龙江、广西、四川、贵州、云南、陕西、甘肃、青海等地,其中包括两个少数民族自治县,均在 2019 年上半年退出国家级贫困县序列。

[④] 《习近平 2018 年 3 月 5 日在参加十三届全国人大一次会议内蒙古代表团审议时的讲话》(https://www.xuexi.cn/lgpage/detail/index.html?id=7855441335938582519)。

[⑤] 国家统计局住户调查办公室:《中国农村贫困监测报告 2019》,中国统计出版社 2019 年版,第 15 页。

[⑥] 习近平:《在深度贫困地区脱贫攻坚座谈会上的讲话》(http://www.xinhuanet.com/politics/2017-08/31/c_1121580205.htm)。

[⑦] 教育部发展规划司:《中国教育统计年鉴(2011)》,人民教育出版社 2013 年版;教育部发展规划司:《中国教育统计年鉴(2018)》,中国统计出版社 2019 年版。

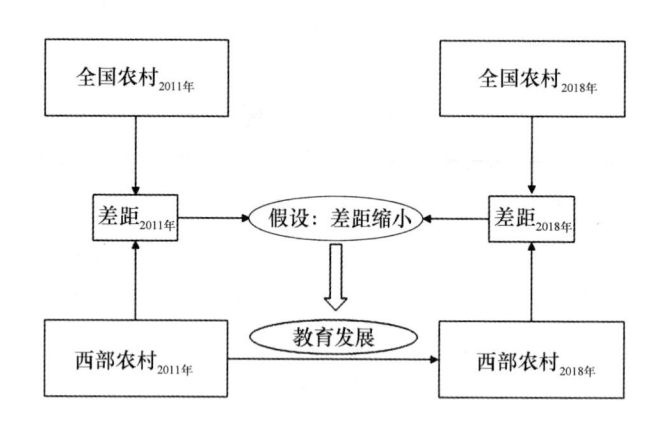

图 5-2 "发展教育脱贫一批"政策特点分析框架

学用计算机、生均教学仪器设备资产值等。

(一)增加贫困地区儿童的受教育机会

适龄儿童接受教育的机会明显扩大(表 5-2)。一是小学招生中接受学前教育的比例持续上升。西部乡村和贫困县分别从 2011 年的 73.28%、92.6%增加到 2018 年的 94.75%、99.21%,分别增加了 21.47%、6.61%;西部乡村在与全国乡村的差距上,由 2011 年的 14.99%下降到 2018 年的 3.31%,差距缩小了 11.68%。二是初中毕业生普通高中升学率不断提高。西部乡村和贫困县分别从 2011 年的 11.98%、60.78%上升为 2018 年的 26.83%、73.58%,分别增长了 14.85%、12.80%;在与全国乡村的差距上,由 2011 年高于全国平均水平的 3.2%增加到高于全国平均水平的 12.42%。三是高等教育入学机会不断扩大。"国家专项计划""地方专项计划"以及"高校专项计划"三个专项招生计划规模从 2012 年的 1 万人增至 2018 年的 10.38 万人,累计达到 47.84 万人。[①]

[①] 辉煌 70 年编写组:《辉煌 70 年:新中国经济社会发展成就(1949—2019)》,中国统计出版社 2019 年版,第 230 页。

第五章　教育扶贫的中国特点与经验

表 5-2　西部乡村小学招生中接受学前教育的比例及初中升学率　　单位：%

类别	2011 年 西部乡村	2011 年 贫困县	2018 年 西部乡村	2018 年 贫困县	与全国乡村水平差距 2011 年	与全国乡村水平差距 2018 年
小学招生中接受学前教育的比例	73.28	92.60	94.75	99.21	14.99	3.31
初中升学率[①]	11.98	60.78	26.83	73.58	-3.20	-12.42

（二）提升教师教育教学水平

教育扶贫政策的实施有效吸引和保留了教师，中央财政在"十二五"期间，在解决教师住房及生活补助方面，先后投资 140 亿元用于建设边远艰苦地区农村学校教师周转宿舍，解决了 30 万教师的住宿问题。[②] 2017 年，乡村教师生活补助政策首次实现了集中连片特困地区县的全覆盖。截止到 2018 年在 724 个县投入了 49.43 亿元，人均月补助 324 元，覆盖 82167 所学校、127.21 万名乡村教师。在 424 个非连片特困地区，投入资金 29.93 亿元，惠及 75.96 万名乡村教师，人均月补助额为 328 元。[③] 资金的投入为教师队伍发展提供了有力保障，具体特点如下。

第一，教育质量类指标持续向好，中学高于全国乡村水平（表 5-3）。一是小学西部乡村、贫困县生师比分别从 2011 年的 15.74、16.37 下降到 2018 年的 13.34、14.03；西部乡村 2011 年、2018 年分别低于全国乡村 0.90、0.96，差距缩小了 0.06。二是初中西部乡村、贫困县生师比分别从 2011 年的 13.99、14.99 下降到 2018 年的 11.60、12.03；2011 年西部乡村高于全国乡村 0.42，2018 年已接近全国乡村水平，差距缩小 0.32。三是普通高中西部乡村、贫困县生师比分别从 2011 年的

---

① 初中升学率指的是乡村初中毕业生升入乡村普通高中的情况，不包括技工学校等情况，下同。
② 中华人民共和国国务院新闻办公室：《中国的减贫行动与人权进步》，人民出版社 2016 年版，第 11 页。
③ 教育部办公厅：《关于 2018 年乡村教师生活补助实施情况的通报》（http：//www.moe.gov.cn/srcsite/A10/s7030/201904/t20190404_376664.html）。

16.08、16.29 下降到 2018 年的 13.77、13.99；西部乡村 2011 年、2018 年分别高于全国乡村水平 0.77、0.32，其差距缩小了 0.46。四是大班额比例持续降低。贫困县 2011 年大班额比例与 2018 年相比小学、初中、普通高中分别降低了 4.34%、21.81%、10.18%。

表 5 - 3　　　西部乡村中小学生师比及大班额比例　大班额比例单位：%

类别	生师比				大班额比例		与全国乡村水平差距	
	2011 年		2018 年		2011 年	2018 年	2011 年	2018 年
	西部乡村	贫困县	西部乡村	贫困县	贫困县		西部乡村	
小学	15.74	16.37	13.34	14.03	9.76	5.42	0.90	0.96
初中	13.99	14.99	11.60	12.03	29.69	7.88	-0.42	-0.09
普通高中	16.08	16.29	13.77	13.99	52.66	42.48	-0.77	-0.32

第二，中小学教师受教育程度不断提高，高于全国乡村水平（表 5 - 4）。一是小学本科毕业教师的占比从 2011 年的 17.96% 增加到 2018 年的 46.99%，增长了 29.03%；2011 年高于全国平均水平 0.28%，到 2018 年高于全国平均水平 0.82%。二是初中本科毕业教师的占比从 2011 年的 62.38% 增加到 2018 年的 81.68%，增长了 19.30%；2011 年、2018 年分别高于全国平均水平 3.96% 和 2.58%。三是普通高中本科毕业教师两个观测年度的占比相近，分别为 90.21% 和 90.27%；2011 年与全

表 5 - 4　　　　西部乡村中小学本科毕业专任教师
占比及学历合格专任教师占比　　　　　单位：%

类别	本科毕业专任教师占比		学历合格专任教师占比		与全国平均水平差距	
	西部乡村		贫困县		西部乡村	
	2011 年	2018 年	2011 年	2018 年	2011 年	2018 年
小学	17.96	46.99	99.32	99.88	-0.28	-0.82
初中	62.38	81.68	98.11	99.78	-3.96	-2.58
普通高中	90.21	90.27	93.30	98.43	0.51	-1.35

第五章 教育扶贫的中国特点与经验

国平均水平的差距为0.51%，2018年则超过了全国平均水平1.35%。四是学历合格专任教师占比增长并趋于高位稳定。贫困县该指标自2011年即达到90%以上，到2018年小学、初中、普通高中分别增加了0.56%、1.67%、5.13%。

第三，农村"特岗计划"教师队伍持续壮大，教师职业吸引力增强。自2006年开始，农村义务教育阶段学校教师特设岗位计划开始实行，经过不断改革与完善，到2015年"特岗计划"明确了政策实施范围，特岗计划人数持续增加。从2016年的7万人，增加到2019年的10万人，年均增长1万人。增幅较大的地区集中在新疆（包括自治区和生产建设兵团）、河南、河北、内蒙古、陕西、山西等中西部地区（图5-3）。[①]

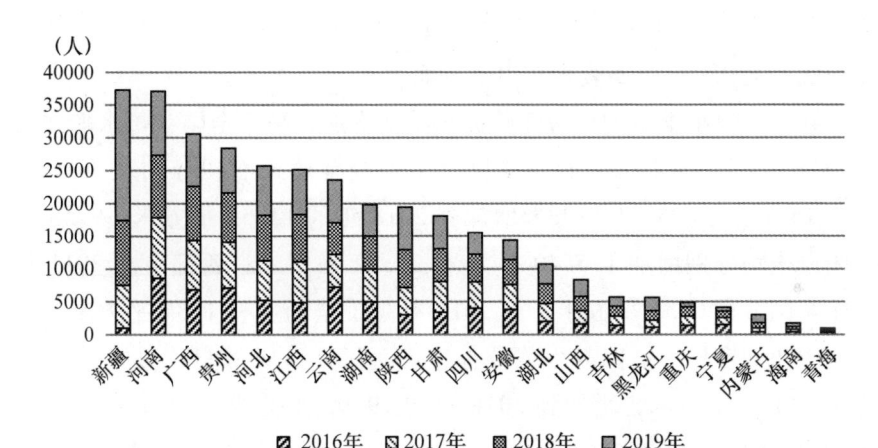

图5-3 2016—2019年中央特岗计划各省份设岗名额分配统计

第四，贫困地区学生对师资的满意度普遍较高。2018年贫困地区农村儿童在义务教育阶段对学校师资条件的评价普遍较高，其中，认为达到非常好的占37.7%，比较好的占44.6%，一般的占17.5%；评价

---

① 教育部办公厅、财政部办公厅：《关于做好2016年农村义务教育阶段学校教师特设岗位计划实施工作的通知》，2016年3月21日；教育部办公厅、财政部办公厅：《关于做好2017年农村义务教育阶段学校教师特设岗位计划实施工作的通知》，2017年4月5日；教育部办公厅、财政部办公厅：《关于做好2018年农村义务教育阶段学校教师特设岗位计划实施工作的通知》，2018年5月9日；教育部办公厅、财政部办公厅：《关于做好2019年农村义务教育阶段学校教师特设岗位计划实施工作的通知》，2019年4月8日。

为"非常好"和"比较好"的比重比 2017 年提高 1.9%。普通高中阶段，对学校师资条件的评价较高，认为达到非常好的占 43.1%，比较好的占 45.9%，一般的占 10.7%。中等职业教育阶段，对中职学校师资评价为"非常好"的占 35.6%，"比较好"的占 48%，"一般"的占 16.4%。[①]

(三) 改善学校基本办学条件

贫困地区义务教育薄弱学校基本办学条件得到了根本改善。省级专项保障政策先后出台，2014—2018 年，中央财政累计投入专项补助资金 1699 亿元，带动地方投入 3700 多亿元，2018 年底有 832 个贫困县已基本完成建设任务。到 2019 年 4 月底，全国共新建、改扩建校舍 2.21 亿平方米，购置价值 999 亿元的设施设备，基本完成五年规划建设任务，全国 99.8% 的义务教育学校（含教学点）办学条件达到"20 条底线"要求。[②] 主要表现在以下方面。

第一，中小学生均校舍建筑面积不断增加，高于全国乡村水平（表 5-5）。一是小学西部乡村、贫困县生均校舍建筑面积分别从 2011 年的 7.15 平方米、6.71 平方米增加到 2018 年的 12.55 平方米、9.53 平方米，生均分别增加了 5.40 平方米、2.82 平方米；西部乡村 2011 年高于全国乡村 0.59 平方米，到 2018 年高于全国乡村 1.87 平方米。二是初中西部乡村、贫困县生均校舍建筑面积分别从 2011 年的 10.70 平方米、9.43 平方米，增加到 2018 年的 19.93 平方米、14.26 平方米，生均分别增加了 9.23 平方米、4.83 平方米；西部乡村 2011 年和 2018 年分别高于全国乡村 0.34 平方米、1.79 平方米。三是普通高中西部乡村、贫困县生均校舍建筑面积分别从 2011 年的 18.93 平方米、12.81 平方米，分别增加到 2018 年的 40.55 平方米、19.43 平方米；生均分别增加了 21.62 平方米、6.62 平方米。西部乡村 2011 年与全国平均水平的差距为 1.51 平方米，到 2018 年超过全国平均水平 8.26 平方米。

---

① 国家统计局住户调查办公室：《中国农村贫困监测报告 2019》，中国统计出版社 2019 年版，第 33—34 页。

② 辉煌 70 年编写组：《辉煌 70 年：新中国经济社会发展成就（1949—2019）》，中国统计出版社 2019 年版，第 229 页。

第五章 教育扶贫的中国特点与经验

表 5-5　　　　　　　西部乡村中小学生均校舍建筑面积　　　　　　单位：平方米

类别	2011 年		2018 年		2011 年	2018 年
	西部乡村	贫困县	西部乡村	贫困县	西部乡村与全国乡村差距	
小学	7.15	6.71	12.55	9.53	-0.59	-1.87
初中	10.70	9.43	19.93	14.26	-0.34	-1.79
普通高中	18.93	12.81	40.55	19.43	1.51	-8.26

第二，中小学危房率持续下降，高于全国乡村水平（表 5-6）。一是小学西部乡村、贫困县危房率分别从 2011 年的 17.09%、22.87% 降低到 2018 年的 1.30%、1.30%，分别降低了 15.79%、21.57%；西部乡村 2011 年、2018 年分别高于全国乡村 4.39%、0.96%。二是初中乡村、贫困县危房率分别从 2011 年的 13.49%、21.05% 降低到 2018 年的 0.81%、2.05%，分别降低了 12.68%、19.00%；两个观测年度分别高于全国乡村 2.07%、0.26%。三是普通高中西部乡村、贫困县危房率分别从 2011 年的 9.06%、15.19% 降低到 2018 年的 0.84%、5.16%，分别降低了 8.22%、10.03%；2011 年、2018 年均高于全国乡村水平。

表 5-6　　　　　　　　西部乡村中小学生均危房率　　　　　　　　单位：%

类别	2011 年		2018 年		2011 年	2018 年
	西部乡村	贫困县	西部乡村	贫困县	西部乡村与全国乡村差距	
小学	17.09	22.87	1.30	1.30	-4.39	-0.96
初中	13.49	21.05	0.81	2.05	-2.07	-0.26
普通高中	9.06	15.19	0.84	5.16	-2.71	-0.23

第三，中小学生均图书册数持续增加，中学高于全国乡村水平（表 5-7）。一是小学西部乡村、贫困县生均图书册数分别从 2011 年的 14.01 册、17.00 册增加到 2018 年的 23.83 册、24.88 册，生均分别增加了 9.82 册、7.88 册；西部乡村与全国平均水平的差距分别从 2011 年的 0.60 册扩大到 2018 年的 2.12 册，生均差距增加了 1.52 册。二是

初中西部乡村、贫困县生均图书册数分别从2011年的24.07册、22.77册增加到2018年的43.33册、38.61册，生均分别增加了19.26册、15.84册；西部乡村2011年与全国平均水平的差距为1.44册，到2018年超过全国平均水平0.31册。三是高中西部乡村、贫困县生均图书册数分别从2011年的24.54册、24.39册增加到2018年的44.85册、47.23册，生均分别增加了20.31册、22.84册；西部乡村2011年与全国乡村的差距为3.97册，到2018年超过该水平1.35册。

表5－7　　　　　西部乡村中小学生均图书册数　　　　　单位：册

类别	2011年		2018年		2011年	2018年
	西部乡村	贫困县	西部乡村	贫困县	西部乡村与全国乡村差距	
小学	14.01	17.00	23.83	24.88	0.60	2.12
初中	24.07	22.77	43.33	38.61	1.44	-0.31
普通高中	24.54	24.39	44.85	47.23	3.97	-1.35

第四，中小学每百名学生拥有教学用计算机数持续增加，高于全国乡村水平（表5－8）。一是小学西部乡村2011年、2018年每百名学生拥有教学用计算机数分别为3.28台、13.50台，增加了10.22台。贫困县两个观测年度分别为3.51台、10.78台，增加了7.27台；西部乡村2011年、2018年分别高于全国乡村0.36台、0.59台。二是初中西部乡村2011年、2018年每百名学生拥有教学用计算机数分别为7.64台、18.25台，增加了10.61台。贫困县两个观测年度分别为6.05台、13.73台，增加了7.68台；2011年、2018年西部乡村分别高于全国乡村0.24台、0.86台。三是普通高中西部乡村每百名学生拥有教学用计算机数从2011年的10.58台增加到2018年的23.70台，增加了13.12台。贫困县两个观测年度分别为9.38台、14.89台，增加了5.51台；2011年西部乡村与全国乡村的差距为0.19台，到2018年高于全国乡村3.92台。

第五章 教育扶贫的中国特点与经验

表 5-8　西部乡村中小学每百名学生拥有教学用计算机数　　单位：台

类别	2011 年 西部乡村	2011 年 贫困县	2018 年 西部乡村	2018 年 贫困县	2011 年 西部乡村与全国乡村差距	2018 年 西部乡村与全国乡村差距
小学	3.28	3.51	13.50	10.78	-0.36	-0.59
初中	7.64	6.05	18.25	13.73	-0.24	-0.86
普通高中	10.58	9.38	23.70	14.89	0.19	-3.92

第五，中小学生均教学仪器设备资产值持续增长，高于全国乡村水平（表5-9）。一是小学西部乡村和贫困县生均教学仪器设备资产值分别从2011年的482.21元、284.23元增加到2018年的1991.27元、1618.78元，分别增加了1509.06元、1334.55元；西部乡村2011年、2018年分别高于全国平均水平113.21元、446.52元。二是初中西部乡村和贫困县生均教学仪器设备资产值分别从2011年的729.11元、493.38元增加到2018年的3276.53元、2535.34元，分别增长了2547.42元、2041.96元；2011年、2018年分别超过全国乡村48.45元、655.88元。三是普通高中西部乡村生均教学仪器设备资产值2011年和2018年分别为2837.92元、5234.68元，增加了2396.76元。贫困县在该指标的两个观测年度上分别为1677.81元、3201.76元；西部乡村在两个观测年度分别高于全国平均水平79.86元、611.74元。

表 5-9　西部乡村中小学生均教学仪器设备资产值　　单位：元

指标	2011 年 西部乡村	2011 年 贫困县	2018 年 西部乡村	2018 年 贫困县	2011 年 西部乡村与全国乡村差距	2018 年 西部乡村与全国乡村差距
小学	482.21	284.23	1991.27	1618.78	-113.21	-446.52
初中	729.11	493.38	3276.53	2535.34	-48.45	-655.88
普通高中	2837.92	1677.81	5234.68	3201.76	-79.86	-611.74

第二节 教育扶贫的中国经验

一 确立教育在扶贫政策中的战略地位

随着观念的转变,教育在扶贫政策中的战略地位被不断明确。教育扶贫一方面保障了贫困家庭学生接受义务教育;另一方面通过发展教育使贫困群体脱贫。在"教育事业五年规划"中教育对贫困地区的政策从无到有,从零散到集中(图5-4)。

1996年《全国教育事业"九五"计划和2010年发展规划》决定实施的国家"贫困地区义务教育工程",是教育事业规划中系统解决贫困地区教育发展问题的开端。之后又在"十五"计划中分别提出"国家贫困地区义务教育工程"二期计划(2001—2005年)、三期计划(2006—2010年)以及"西部教育开发工程"。2007年《国家教育事业发展"十一五"规划纲要》中,"中西部农村初中校舍改造工程""新农村卫生校园建设工程""西部地区农村寄宿制学校建设工程""农村中小学现代远程教育工程",在原有"工程"基础上持续推进;"国家农村劳动力转移培训工程""农村实用人才培训工程有关职业培训"等直接促进贫困群体脱贫的政策措施陆续出台。

2011年以来,在中共中央、国务院先后出台的脱贫攻坚政策中,从"教育扶贫工程"到"教育扶贫政策"的表述,凸显了教育在国家扶贫政策中战略位置的变化。《中国农村扶贫开发纲要(2011—2020年)》将教育纳入"行业扶贫"范畴,同文化事业并列论述。在2012年《国家教育事业发展第十二个五年规划》中进一步整合发展了相关改善贫困地区的政策措施,具体包括"农村学前教育推进工程""义务教育学校标准化建设工程""特殊教育学校建设工程""教育扶贫工程""民族教育发展工程""义务教育教师队伍建设工程""教育信息化建设工程"。教育扶贫以"工程"形式在教育事业发展规划中出现。

2013年在《关于创新机制扎实推进农村扶贫开发工作的意见》第二部分"注重实效,扎实解决突出问题"中作为单独一部分表述为"教育扶贫工作",并提出"全面实施教育扶贫工程";2015年11月,

第五章 教育扶贫的中国特点与经验

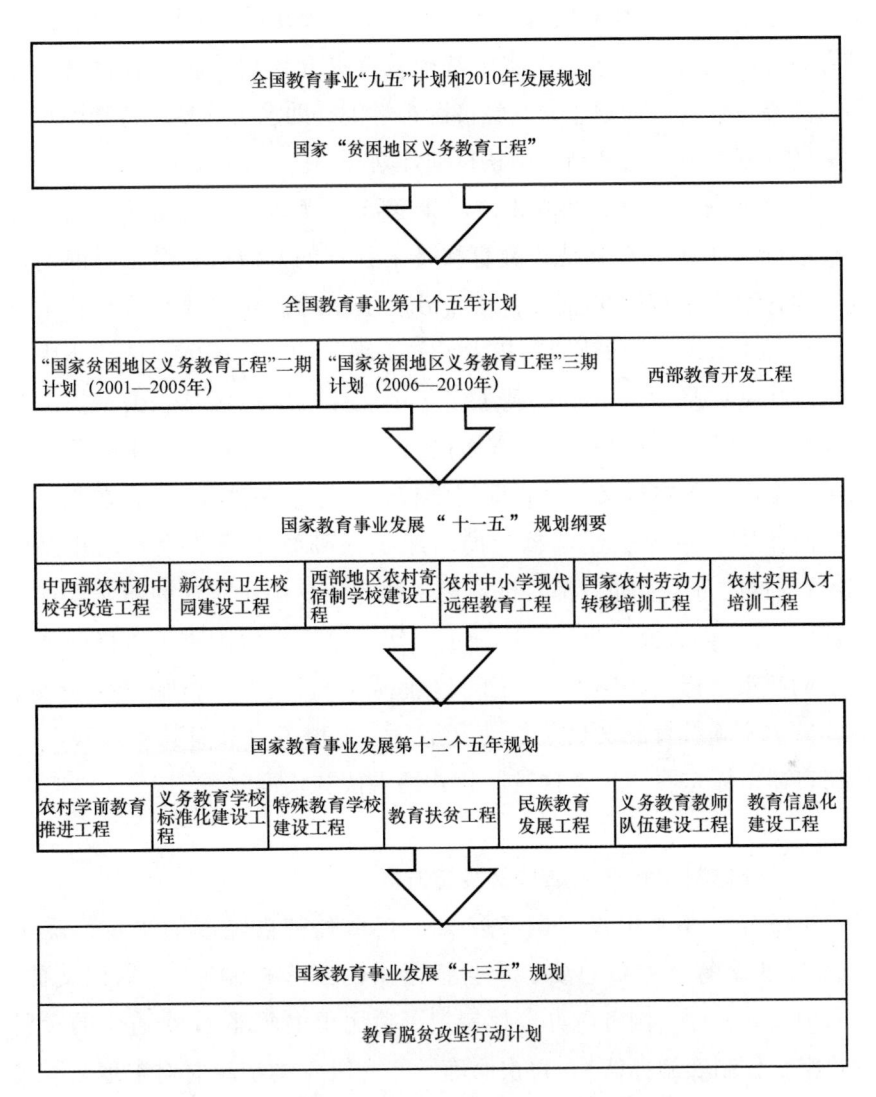

```
┌─────────────────────────────────────────────────────────┐
│        全国教育事业"九五"计划和2010年发展规划            │
├─────────────────────────────────────────────────────────┤
│              国家"贫困地区义务教育工程"                  │
└─────────────────────────────────────────────────────────┘
                            ▽
┌─────────────────────────────────────────────────────────┐
│              全国教育事业第十个五年计划                  │
├──────────────────┬──────────────────┬───────────────────┤
│"国家贫困地区义务 │"国家贫困地区义务 │                   │
│教育工程"二期     │教育工程"三期     │  西部教育开发工程 │
│计划（2001—2005年）│计划（2006—2010年）│                   │
└──────────────────┴──────────────────┴───────────────────┘
                            ▽
┌─────────────────────────────────────────────────────────┐
│           国家教育事业发展"十一五"规划纲要              │
├────────┬────────┬────────┬────────┬────────┬────────────┤
│中西部农│新农村卫│西部地区│农村中小│国家农村│农村实用人才│
│村初中校│生校园建│农村寄宿│学现代远│劳动力转│培训工程    │
│舍改造工│设工程  │制学校建│程教育工│移培训工│            │
│程      │        │设工程  │程      │程      │            │
└────────┴────────┴────────┴────────┴────────┴────────────┘
                            ▽
┌─────────────────────────────────────────────────────────┐
│           国家教育事业发展第十二个五年规划              │
├──────┬──────┬──────┬──────┬──────┬──────┬───────────────┤
│农村学│义务教│特殊教│教育扶│民族教│义务教│教育信息化     │
│前教育│育学校│育学校│贫工程│育发展│育教师│建设工程       │
│推进工│标准化│建设工│      │工程  │队伍建│               │
│程    │建设工│程    │      │      │设工程│               │
│      │程    │      │      │      │      │               │
└──────┴──────┴──────┴──────┴──────┴──────┴───────────────┘
                            ▽
┌─────────────────────────────────────────────────────────┐
│              国家教育事业发展"十三五"规划               │
├─────────────────────────────────────────────────────────┤
│                教育脱贫攻坚行动计划                     │
└─────────────────────────────────────────────────────────┘
```

图 5-4　"教育事业发展五年规划"中的教育扶贫政策

中央扶贫开发工作会议明确把"发展教育脱贫一批"列入"五个一批"脱贫举措，《关于打赢脱贫攻坚战的决定》在"着力加强教育脱贫"部分，提出了"教育扶贫工程"与"教育扶贫结对帮扶行动计划"的政策；2016年《"十三五"脱贫攻坚规划》将"教育扶贫"与"产业发展脱贫""转移就业脱贫""易地搬迁脱贫""健康扶贫""生态保护扶贫""兜底保障""社会扶贫"等其他扶贫方式并列作为扶贫政策之一。教育脱贫的重点任务包括,实施基础教育提升计划、职业教育富民计划、高等教育支持计划、家庭经济困难学生资助惠民计划、特殊困难儿童关爱计划、教育扶贫结对帮扶行动计划等。[①]

2017年《国家教育事业发展"十三五"规划》中提出的"教育脱贫攻坚行动计划"不仅是"教育扶贫工程"的升级版,更是对前期规划中的各项"工程"的整合,从而形成了相对独立的教育扶贫政策体系。在对象上,"行动计划"扩大了"工程"的实施范围,从"集中连片特困扶贫攻坚地区"扩展到了"集中连片特困地区县、国家扶贫开发工作重点县";在义务教育方面提出了"支持各地2017年底前完成贫困县全面改善农村义务教育薄弱学校基本办学条件任务";在职业教育方面,从"中等职业学校"的对象扩展到整个职业教育,并提出"让贫困地区每个劳动者都有机会接受适应就业创业需求的职业教育和培训";在资助方面,进一步明确了"实现家庭经济困难学生资助全覆盖"的政策目标。2018年《关于打赢脱贫攻坚战三年行动的指导意见》在"着力实施教育脱贫攻坚行动"部分,出现了"教育扶贫政策"的确切表述,标志着"教育扶贫"正式纳入扶贫政策体系。

二 分省制定教育精准扶贫实施方案

2015年《中共中央 国务院关于打赢脱贫攻坚战的决定》提出"实行中央统筹、省负总责、市县抓落实的工作机制"。根据该文件,中共中央办公厅、国务院办公厅制定了适用于中西部22个省份的《脱贫攻坚责任制实施办法》,再次明确了"省级党委和政府对本地区脱贫攻坚工作负总责""县级党委和政府承担脱贫攻坚主体责任"。

面对不同地域之间的文化、教育、经济等发展水平的不同,省级政府因地制宜制定教育扶贫实施方案。通过对省级教育扶贫政策目标的分析可以发现,省级教育扶贫政策实施方案中的量化目标均是以"义务

[①] 国务院扶贫开发领导小组办公室:《脱贫攻坚政策解读》,党建读物出版社2016年版,第99—106页。

第五章 教育扶贫的中国特点与经验

教育有保障"和"发展教育脱贫一批"为主要内容,具体体现在以下方面。

一是省级教育精准扶贫目标整体符合2020年脱贫的国家战略目标。各省份将总目标分解为若干省级子目标,分层次、分阶段达成。从时间设定来看,各省级教育精准扶贫目标均设定在2020年或之前,其中山东、吉林、广东、陕西、江西、青海提出在2020年之前完成教育脱贫攻坚任务。

二是在量化指标方面,多数省份明确将相关教育事业发展指标作为政策目标。区域间的差异反映了各省基础教育发展程度的不一,以及扶贫的"兜底"性质(表5-10)。

表5-10　　　　　　　　省级教育扶贫政策目标

省份	学前毛入园率	义务教育巩固率或其他指标	高中毛入学率
安徽	80%	95%	90%以上
重庆	90%	95%以上	97%
福建	95%	96%	95%
贵州	85%	95%	90%
海南	接近全省平均水平	接近全省平均水平;义务教育入学率100%	接近全省平均水平
河北	/	小学99%、初中95%	/
河南	基本达到全省平均水平	义务教育净入学率基本达到全省平均水平	基本达到全省平均水平
湖北	接近全省平均水平	接近全省平均水平;义务教育入学率100%	接近全省平均水平
湖南	达到80%以上	义务教育巩固率达到97%以上	88%以上
宁夏	72%以上	93%以上;视力、听力、智力三类残疾儿童义务教育入学率达到85%以上	90%以上

续表

省份	学前毛入园率	义务教育巩固率或其他指标	高中毛入学率
青海	85%；70%（青南地区）	95%；小学辍学率控制在0.5%以下；初中辍学率控制在1.2%以下	90%；80%（青南地区）
山东	80%	/	80%
山西	85%	97%	92%

三是部分省份以政策"覆盖面"表述政策目标。如广西提出了四个"100%"目标，即在"初中毕业生升入高中阶段""结对帮扶""资助""毕业生就业创业"方面要求实现100%的覆盖；内蒙古提出了两个"100%"目标，即针对特殊群体100%实现"毕业即就业""劳动力100%按需接受职业技能培训"；甘肃提出了"优先实现贫困县（市、区）中等职业学校贫困家庭毕业生接受专科层次职业教育比例不低于40%；55%的贫困家庭适龄学生都能进入职业院校学习，就业率保持在90%以上"的目标。

四是实施教育精准扶贫。《教育脱贫攻坚"十三五"规划》明确把精准扶贫、精准脱贫作为基本方略，提出要根据"分类施策，精准发力"的基本原则实施教育扶贫政策。为提高政策实施效果，多数省份将扶贫对象精准到户、到人，建立起了精确识别、精确帮扶、精确管理的"精准扶贫"扶贫工作机制（表5-11）。

省级教育扶贫政策在实施的过程中，形成了多种教育扶贫模式。如以滇西应用技术大学为标志的东西部职业教育协作"滇西教育扶贫模式"；在九年义务教育基础上，免费接受3年中等职业教育的四川民族地区"9+3"免费教育模式；在学前至高中阶段实施15年免费教育的"15年免费教育西藏模式"；通过建设思源学校，将贫困地区农村学生集中到县城就读，接收自然条件差的贫困自然村和处于生态核心区偏远农村中小学生的"教育扶贫移民海南模式"；通过控辍保学数据核查比对，实行重点跟踪、重点督办的"控辍保学青海模式"。

第五章 教育扶贫的中国特点与经验

表 5-11　　　　　　　　省级教育扶贫实施方案目标群体

省份	目标区域/群体
安徽	国家扶贫开发重点县、省扶贫开发重点县，以及国家连片特困地区；学前教育、义务教育和高中阶段教育的薄弱学校和各级各类教育的建档立卡贫困家庭学生
重庆	扶贫重点县和建档立卡贫困家庭；武陵山、大巴山两大集中连片贫困区域和最贫困群体
福建	省级扶贫开发重点县；建档立卡贫困人口
甘肃	贫困县（市、区）、插花型贫困县（市、区）建档立卡的贫困村、贫困户和贫困人口
广西	建档立卡贫困家庭学生，特别是贫困县贫困学生
贵州	集中连片特困地区（贫困地区）、建档立卡贫困户
海南	教育厅定点帮扶贫困户、需要通过教育文化扶贫家庭、建档立卡贫困家庭的学龄人口
河北	贫困地区、建档立卡贫困家庭学生
河南	贫困县
湖北	贫困县、贫困村、义务教育学校、中等职业学校、普通高中、贫困家庭学龄人口
湖南	纳入国家连片特困地区、国家和省扶贫开发工作重点县、比照享受省级扶贫工作政策待遇县的县市区、其他地区建档立卡贫困村和贫困家庭、建档立卡贫困家庭各个学段的学生
江西	贫困村、建档立卡贫困家庭受教育子女
辽宁	建档立卡贫困人口中受教育人口
内蒙古	因学致贫或因贫失学家庭
宁夏	贫困地区
青海	贫困人口中不同学龄段在校学生和有技能培训需求的劳动力人口
山东	贫困地区
山西	国定贫困县、省定贫困县（区）、建档立卡贫困家庭中的所有适龄人口
陕西	农村地区、贫困地区、革命老区、建档立卡贫困家庭就学子女
四川	秦巴山区、乌蒙山区、大小凉山彝区、高原藏区贫困县适龄受教育的青少年儿童和薄弱学校；"四大片区"外贫困家庭适龄受教育的青少年儿童和薄弱学校；农村贫困人口中有劳动能力人口
云南	贫困地区、建档立卡贫困人口

三 落实教育扶贫主体责任到县

脱贫攻坚政策的实施使扶贫重点县教育公共服务水平持续提高。2013年到2018年，扶贫重点县所在自然村上幼儿园便利的农户比重从70.6%上升到86.7%，增加了16.1个百分点；上小学便利的农户比重从79.1%上升到89.5%，增加了10.4个百分点。[①]

以青海省海北州为例，在青海省扶贫开发工作领导小组印发的《〈中共青海省委、青海省人民政府关于打赢脱贫攻坚战三年行动计划的实施意见〉责任分工方案的通知》中明确指出"落实控辍保学工作双线责任制和县级政府主体责任"。地方对这一规定进一步细化落实，《海北州脱贫攻坚责任制实施细则》规定，县级党委和政府承担脱贫攻坚主体责任，负责贫困对象识别、规划编制、进度安排、项目落地、资源整合、资金管理、人力调配、自查自验等工作，县委书记、县长是第一责任人。县级党委和政府是脱贫攻坚项目的实施主体，负责整合扶贫资源，实施脱贫项目，并对落实"六个精准"，实施"八个一批"脱贫攻坚行动计划和十二个行业扶贫专项方案负直接责任。州县行业部门承担脱贫攻坚行业责任，负责脱贫攻坚行业规划编制、政策落实、项目实施工作；把扶贫资源要素向贫困县、贫困村倾斜，行业部门主要负责人为第一责任人。

海北州教育局与各县教育局签订的"教育脱贫攻坚责任书"中明确了教育扶贫的具体目标，即到2019年贫困家庭子女在学前教育方面"接受学前教育的比例不低于90%。有20名以上学前幼儿建档立卡贫困村学前教育资源全覆盖"；在义务教育方面，"九年义务教育巩固率达到95%以上。办学条件基本达到青海省全面改薄基本办学条件标准，实现县域内义务教育均衡发展"；在高中阶段，在办学条件达标的基础上，要求初中毕业升学率不低于92%，"两后生"职业教育劳动技能培训任务完成率100%。具体考核内容，如表5-12所示。

[①] 国家统计局住户调查办公室：《中国农村贫困监测报告2019》，中国统计出版社2019年版，第51—52页。

第五章 教育扶贫的中国特点与经验

表 5-12 海北州教育脱贫攻坚目标责任书

序号	考核内容	分值
1	年度有计划、责任到人、有方案	10
2	加强扶贫宣传工作,每季度至少报送1期信息,年终报送1期综合信息	10
3	年度工作有自查,半年工作有总结	10
4	不定期召开脱贫攻坚工作推进会议	10
5	有专人负责教育扶贫工作	10
6	建立贫困在校生档案,主管领导开展日常督促检查,建立工作台账	20
7	年终工作有自查有总结	10
8	全面普及15年免费教育。建立健全控辍保学长效机制,确保适龄生无贫困辍学现象	20

四 基层扶贫干部因村因户因人精准施策

教育扶贫不是一项单一的工程,扶贫对象具有多元性,对不同的扶贫对象需要采取不同的应对措施。学龄儿童义务教育权利需要保障,高中学生需要通过接受良好的高中教育考上好的大学,下岗工人亟须通过职业教育和继续教育来重新获得谋生技能进而脱离贫困,意外致残人士则需要有针对性的特殊教育来帮扶。[1] 基层扶贫干部经过全员培训后,因户施策,针对不同致贫原因,有针对性地讲解、宣传、推行相关的教育扶贫政策(表5-13)。[2]

表 5-13 教育扶贫村组层次扶贫方案的备选清单

对象	形式	作用
学前至高等教育学生	资金、物质、机会支持	解决"能上学"的问题

---

[1] 中国教育科学研究院:《教育强国之道:改革开放以来重大教育决策研究》,教育科学出版社2018年版,第202页。

[2] 全国扶贫宣传教育中心:《贫困村精准扶贫实施指南:精准扶贫村级实施的程序与方法》,中国农业出版社2018年版,第76—87页。

续表

对象	形式	作用
义务教育阶段面向乡村教师；高等教育阶段面向少数民族聚居区	引导优秀教师流入乡村学校、提高既有教师队伍职业素养、保障教师基本生活、健全激励机制	解决"谁来教"的问题
学校	新建、更新、完善校舍的软硬件办学设施，及开展学校之间的教学、办学的对口支援与结对帮扶	解决"上好学"和"在哪儿上学"的问题
农村贫困户的青壮年劳动力	"雨露计划"包括，技能教育、创业培训、农村实用技术培训	直接面向扶贫对象，"直补到户、作用到人"
转移到非农领域就业的农村劳动力	"阳光工程"在粮食主产区、劳动力主要输出地区、贫困地区、革命老区实施	提高农村劳动力素质和就业技能，促进农村劳动力向非农产业和城镇转移，实现稳定就业和增加农民收入
农村转移就业劳动者	"春潮行动"，开展培训	提升农村劳动力的就业能力和综合素质，以技能培训促就业创业，帮助贫困户提升自我发展能力

教育扶贫作为一个完整的政策系统，需要教育部门、人力资源和社会保障部门、民政部门等相互协作才能完成。[①] 在"一把手负责制"，省、市、县、乡、村"五级书记"一起抓的领导体制下，基层扶贫干部主要负责推动各项政策的落地实施。到 2020 年 3 月，全国共派出 25.5 万个驻村工作队、累计选派 290 多万名县级以上党政机关和国有企事业单位干部到贫困村和软弱涣散村担任第一书记或驻村干部，目前在岗 91.8 万人。[②] 基层扶贫干部主要包括第一书记和驻村工作队。政府各级机关年轻干部以及国有企业、事业单位的优秀人员是第一书记和

[①] 白维军：《精准扶贫的风险识别与治理》，《社会科学辑刊》2018 年第 3 期。
[②] 习近平：《在决战决胜脱贫攻坚座谈会上的讲话》（http://www.cpad.gov.cn/art/2020/3/6/art_ 624_ 114021. html）。

第五章 教育扶贫的中国特点与经验

驻村工作队成员的主要组成。①

党和政府对基层扶贫干部制定了严格的考核制度，基层扶贫干部根据当地特点，与乡规民约相结合，增强教育扶贫合力，使教育扶贫的各个环节紧密联系，保障教育扶贫政策的顺利实施。如山东省委省政府要求所有"第一书记"要把教育脱贫摆在突出位置来抓，并把教育脱贫作为工作考核的重点内容之一。②如某县《驻村第一书记和扶贫工作队队员年中考核评分表》对基层扶贫干部的考核及职责做了详细描述（表5-14）。

表5-14　某县驻村第一书记和扶贫工作队队员年中考核评分表

考核项目	考核内容	分值
驻村情况 （30分）	每年驻村开展帮扶工作时间达到200个工作日	20
	牵头制定年度工作计划，建立完善工作台账，记录工作日志	4
	严格落实请假销假制度，合理安排休假休息时间	2
	定期不定期地向县委组织部、脱贫攻坚办、乡镇党委及派出单位报告工作进展情况	2
	遵守中央"八项规定"和省市县委相关规定，按照"三严三实"和双联行动的要求驻村开展工作	2
工作情况 （30分）	开展贫困户识别和建档立卡工作，帮助相关部门建立精准扶贫台账	3
	细化对接各项扶贫措施，制定到户到村帮扶措施	6
	主动参与到村、到户、到人资金项目的衔接立项、组织实施、监督管理和验收评估	5
	积极协调引导双联单位和干部围绕年度重点任务开展帮扶工作	3
	动员社会力量，开展多种形式的到村到户帮扶工作	2
	协调抓好村"两委"班子建设，引导支部开展党员教育学习、落实"三会一课"制度，规范支部党建制度。有针对性地发展党员，培养村级后备干部	6

---

① 中共中央组织部等：《关于做好选派机关优秀干部到村任第一书记工作的通知》，2015年4月30日；中共中央办公厅、国务院办公厅：《关于加强贫困村驻村工作队选派管理工作的指导意见》，2017年12月24日。

② 陶正付、李芳云：《"第一书记"助农村党建民生双提升——山东省"第一书记"制度建设实践探析》，《中国特色社会主义研究》2016年第5期。

续表

考核项目	考核内容	分值
工作情况 (30分)	深入宣传和落实各项扶贫政策	3
	及时总结贫困村、贫困户精准扶贫、精准脱贫的好经验、好做法,注重发现、培育、总结先进典型,发挥示范带动作用	2
工作成效 (30分)	按照脱贫时序,贫困村年度减贫任务完成情况	20
	完成贫困人口年度人均纯收入增长目标	5
	基础设施,改善致富产业,培育社会事业发展情况	5
民主评议 (10分)	乡镇党委和村"两委"对第一书记和工作队队员进行评议	5
	在联系村召开村干部和群众代表、贫困户参加的评议会议,进行群众满意度测评	5

五 构建多元教育帮扶体系

（一）形成了世界上最庞大、最完善的学生资助体系

70年来,中国已经逐步形成了世界上最庞大、最完善的学生资助体系,包括奖励体系、补助体系、勤助体系、贷款体系、减免体系,实现了"三个全覆盖",即家庭经济困难学生全覆盖、从学前教育到研究生教育所有学段全覆盖、公办民办学校全覆盖,做到了"应助尽助",切实兑现了"不让一个学生因家庭经济困难而失学"的庄严承诺。[①] 学生资助的规模（不包括义务教育免除学杂费和免费教科书、营养膳食补助）,从2006年的195.47亿元、2663.99万人次,增长到2018年的2042.95亿元、9801.48万人次（图5-5）。[②] 其中,"三区三州"6省区学生助学资金比例提高5%。[③]

农村中小学营养和健康状况显著改善。2011年,国家启动实施农村义务教育学生营养改善计划,截至2018年底,全国共有29个省份1631个县实施了营养改善计划,受益学生达3700多万人。第三方监测

[①] 袁振国等:《共和国教育公平之路》,华东师范大学出版社2019年版,第159页。
[②] 教育部全国学生资助管理中心:《中国学生资助发展报告（2012—2018年）》(http://www.xszz.cee.edu.cn/index.php/lists/70.html)。
[③] 国务院扶贫开发领导小组办公室:《对十三届全国人大二次会议第7198号建议的答复》(http://www.cpad.gov.cn/art/2019/12/19/art_2202_108664.html)。

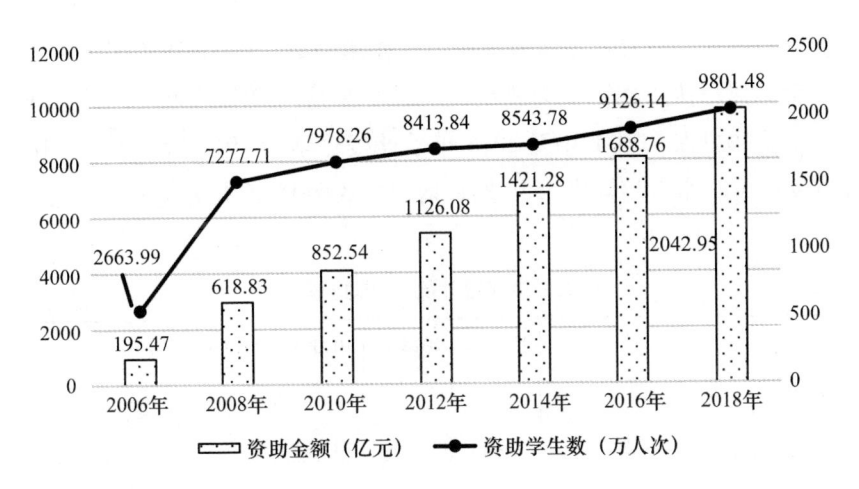

第五章 教育扶贫的中国特点与经验

图 5-5 2006—2018 年全国资助学生数及金额

显示，营养改善计划对学生影响显著：一是学生一日三餐的比例升高，多数学生能够保证一日三餐；二是学生餐的质量提高，"吃不饱"的学生占比下降；三是学习成绩提高，缺课率下降；四是营养状况改善。[1] 中国疾病预防控制中心的跟踪监测表明，2017 年，营养改善计划试点地区学生平均身高、体重分别增加 1.95 厘米、1.35 千克，高于全国农村学生平均增长水平。与 2013 年相比，学生营养不良率下降了 3%，贫血率下降了 9.4%，贫困地区学生的身体健康水平得到了显著提升。[2]

（二）教育东西部协作和对口支援力度不断强化

"东西部扶贫协作和对口支援要在发展经济的基础上，向教育、文化、卫生、科技等领域合作拓展，贯彻'五位一体'总体布局要求。……西部地区要彻底拔掉穷根，必须把教育作为管长远的事业抓好。东部地区要在基础教育、职业教育、高等教育等方面，通过联合办学、设立分校、扩大招生、培训教师等多种方式给予西部地区更多帮助。"[3] 以人才帮

---

[1] 教育部：《营养餐有效改善农村学生体质》（http://www.moe.gov.cn/jyb_xwfb/xw_zt/moe_357/s6211/s6329/s6365/201403/t20140305_164885.html）。

[2] 国务院教育督导委员会办公室，教育部教育督导局：《营养改善计划铸就民族未来》（http://www.xszz.cee.edu.cn/index.php/lists/70.html）。

[3] 习近平：《2016 年 7 月 20 日在东西部扶贫协作座谈会上的讲话》（https://www.xuexi.cn/lgpage/detail/index.html?id=304529794394355792）。

扶为主要表现，教育在东西部协作中的作用凸显，以 2000 年闽宁正式建立教育共建帮扶协作关系为典型，取得了一系列显著效果。在教育扶贫东西部协作方面，2011 年至 2016 年累计援建学校 1917 所、资助贫困学生 67853 人、举办培训班 5534 期、培训人数 951507 人次（表 5 - 15）。①

表 5 - 15　　　　东西部协作统计表（2011—2016）

项目	单位	2011 年	2012 年	2013 年	2014 年	2015 年	2016 年
援建学校	所	147	/	107	718	163	782
资助贫困学生	人次	22080	13305	5130	11738	7380	8220
举办培训班	期	3249	498	488	403	409	487
培训人数	人次	454933	330562	35709	35662	31190	63451
其中：							
1. 干部培训	人次	4686	5578	4556	7271	7484	10824
2. 专业技术人才培训（含教师、医生、实用技术人才）	人次	13632	19144	7473	12469	13851	17600
3. 劳动力输出培训	人次	436615	299456	18176	15098	8880	35027

2012 年中央、国家机关和有关单位定点扶贫首次实现了对国家级贫困县全覆盖。② 2016—2018 年累计援建学校 5700 多所、资助学生 13.7 万名③；2017 年中央定点扶贫与 2011 年相比培训班、培训人次分别增长 2.75 倍、2.3 倍。④ 2015—2019 年高职院校面向贫困学生年均

---

① 中国扶贫开发年鉴编辑部：《中国扶贫开发年鉴 2017》，团结出版社 2017 年版，第 953 页。
② 国务院扶贫办等：《关于做好新一轮中央、国家机关和有关单位定点扶贫工作的通知》，2012 年 11 月 8 日。
③ 国务院扶贫开发领导小组办公室：《对十三届全国人大二次会议第 7198 号建议的答复》（http://www.cpad.gov.cn/art/2019/12/19/art_ 2202_ 108664. html）。
④ 中国扶贫开发年鉴编辑部：《中国扶贫开发年鉴 2018》，团结出版社 2018 年版，第 767 页。

第五章 教育扶贫的中国特点与经验

招生增长19.06%。[①] 教育东西部协作和对口支援项目主要包括，捐赠教学仪器设备及图书资料、资助贫困学生、举办内地少数民族班、接受教师培训、挂职及向对口地区选派挂职干部、支教讲学、与对口地区开展教学科研合作等方面。

[①] 焦以璇：《教育脱贫的最后冲刺》，《中国教育报》2019年12月27日第1版。

第六章 缓解相对贫困背景下教育扶贫政策升级研究

习近平总书记指出:"打好脱贫攻坚战是实施乡村振兴战略的优先任务。贫困村和所在县乡当前的工作重点就是脱贫攻坚,目标不变、靶心不散、频道不换。2020年全面建成小康社会之后,我们将消除绝对贫困,但相对贫困仍将长期存在。到那时,现在针对绝对贫困的脱贫攻坚举措要逐步调整为针对相对贫困的日常性帮扶措施,并纳入乡村振兴战略架构下统筹安排。这个问题要及早谋划、早作打算。"[①]

第一节 已脱贫县教育不平衡不充分发展的现状

十九大报告指出,"中国特色社会主义进入新时代,我国社会主要矛盾已经转化为人民日益增长的美好生活需要和不平衡不充分发展之间的矛盾"[②]。我国相对贫困、相对落后、相对差距将长期存在[③],为进一步深入探讨教育扶贫政策实施效果的不平衡与不充分,本节继续将第五章中10个位于集中连片贫困地区2019年上半年已经"摘帽"的国家级贫困县作为样本数据,选取极差、标准差、变异系数等差异测量指标

---

① 《习近平在十九届中央政治局第八次集体学习时的讲话》(https://www.xuexi.cn/lg-page/detail/index.html?id=7855441335938582519)。
② 习近平:《决胜全面建成小康社会夺取新时代中国特色社会主义伟大胜利——在中国共产党第十九次全国代表大会上的报告》,《人民日报》2017年10月2日第1版。
③ 霍小光、张旭东、罗宇凡:《打好全面建成小康社会决胜之战》(http://www.xinhuanet.com//politics/2016lh/2016-03/15/c_1118341418.htm)。

第六章 缓解相对贫困背景下教育扶贫政策升级研究

分析地区间教育发展的绝对差异与相对差异[①],重点分析2018年度相关教育发展指标,阐述贫困地区在脱贫之后,教育方面存在的不平衡、不充分发展,具体如下。

第一,已脱贫地区在入学机会方面发展不均衡、不充分。教育扶贫政策在学前教育和义务教育发展方面着力明显。小学一年级新生中接受过学前教育的比例、义务教育巩固率两项指标的变异系数分别为0.02、0.15。然而在初中毕业生升学率以及残疾人随班就读的相关指标方面差异较大。初中随班就读和附设特教班学习的残疾人比例极差值达到89.38,变异系数达到0.51,说明该项残疾学生的初中阶段学习在不同地区差异相对较大(表6-1)。

表6-1　　　　　已脱贫县入学机会类指标差异情况

指标	最大值	最小值	极差	平均数	标准差	变异系数
小学一年级新生中接受过学前教育的比例(%)	100.00	93.82	6.18	99.21	1.91	0.02
义务教育巩固率(%)	93.68	65.37	28.31	82.44	12.39	0.15
初中毕业生升学率(不含技工)(%)	98.15	43.48	54.67	73.58	20.18	0.27
小学随班就读和附设特教班学习的残疾人比例(%)	80.85	33.88	46.97	58.48	16.73	0.29
初中随班就读和附设特教班学习的残疾人比例(%)	94.74	5.36	89.38	55.11	28.19	0.51

第二,已脱贫地区在教育质量方面发展不均衡、不充分。在大班额比例差异方面,高中大班额比例(42.48)高于小学(5.42)和初中(7.88);不同地区之间的差异较大,在变异系数上,小学(1.43)、初中(1.28)高于高中(0.69);生师比差异主要表现在中等职业教育(0.78)的变异系数高于普通教育(0.20)。学历合格专任教师比例在中等职业教育上的变异系数(0.13)高于普通教育(0.02)

---

① 曾满超:《教育政策的经济分析》,人民教育出版社2000年版,第78—83页。

(表6-2)。

表6-2　　已脱贫县教育质量类指标差异情况

指标	阶段	最大值	最小值	极差	平均数	标准差	变异系数
大班额比例（%）	小学	25.37	0.00	25.37	5.42	7.74	1.43
	初中	31.52	0.00	31.52	7.88	10.06	1.28
	高中	88.41	0.00	88.41	42.48	29.26	0.69
生师比	幼儿园	26.24	12.31	13.93	19.15	4.43	0.23
	小学	18.65	9.32	9.33	14.03	3.42	0.24
	初中	14.73	8.55	6.18	12.03	2.18	0.18
	高中	17.18	10.85	6.33	13.99	2.30	0.16
	中职	86.15	11.26	74.89	32.74	25.64	0.78
学历合格专任教师比例（%）	幼儿园	100.00	88.50	11.50	97.89	3.97	0.04
	小学	100.00	99.30	0.70	99.88	0.26	0.00
	初中	100.00	98.83	1.17	99.78	0.37	0.00
	高中	100.00	96.00	4.00	98.43	1.49	0.02
	中职	98.10	61.70	36.40	88.79	11.17	0.13

第三，已脱贫地区在办学条件方面发展不均衡、不充分。不同地区小学（0.47）与中等职业教育（0.37）生均校舍建筑面积变异系数差异较为明显；中等职业教育生均图书册数变异系数（0.75）相较于普通教育差异明显；生均仪器设备值的变异系数在初中（0.81）、高中（0.78）、中等职业教育（0.77）均存在较高差异水平。每百生拥有教学用计算机数变异系数在初中（0.51）、中等职业教育（0.64）差异明显。有卫生厕所的园所比例变异系数在小学（0.62）和初中（0.57）阶段差异明显。在危房率变异系数上，幼儿园（3.07）和中等职业教育（3.00）差异大幅度高于小学、初中和高中。在寄宿生生均宿舍面积变异系数上，地区间初中（0.80）、高中（0.76）差异高于小学和中等职业教育（表6-3）。

第六章 缓解相对贫困背景下教育扶贫政策升级研究

表6-3　　　　　已脱贫县办学条件类指标差异情况

指标	阶段	最大值	最小值	极差	平均数	标准差	变异系数
生均校舍建筑面积（平方米）	幼儿园	9.61	4.72	4.89	7.03	1.73	0.25
	小学	18.19	3.21	14.98	9.53	4.44	0.47
	初中	18.99	7.27	11.72	14.26	4.27	0.30
	高中	24.50	12.79	11.71	19.43	4.04	0.21
	中职	18.46	3.48	14.98	12.21	4.54	0.37
生均图书（册）	幼儿园	11.51	5.33	6.18	8.05	2.23	0.28
	小学	42.37	10.89	31.48	24.88	8.83	0.35
	初中	71.35	2.71	68.64	38.61	17.43	0.45
	高中	77.77	11.23	66.54	47.23	21.84	0.46
	中职	41.49	3.33	38.16	14.86	11.16	0.75
生均仪器设备值（元）	小学	2948.22	811.06	2137.16	1618.78	749.87	0.46
	初中	6726.57	108.18	6618.39	2535.34	2042.46	0.81
	高中	8888.70	1083.71	7804.99	3201.76	2484.65	0.78
	中职	12013.61	1408.23	10605.38	4757.43	3669.13	0.77
每百生拥有教学用计算机数（台）	小学	15.69	6.73	8.96	10.78	3.50	0.32
	初中	27.14	0.89	26.25	13.73	7.04	0.51
	高中	20.96	4.71	16.25	14.89	5.28	0.36
	中职	26.48	3.33	23.15	14.87	9.59	0.64
有卫生厕所的园所比例（%）	幼儿园	100.00	36.30	63.70	78.07	18.78	0.24
	小学	100.00	9.09	90.91	51.61	32.02	0.62
	初中	100.00	0.00	100.00	61.73	35.24	0.57
	高中	100.00	50.00	50.00	93.33	16.10	0.17
危房率（%）	幼儿园	5.42	0.00	5.42	0.56	1.71	3.07
	小学	4.95	0.00	4.95	1.30	2.15	1.65
	初中	15.46	0.00	15.46	2.05	4.89	2.39
	高中	36.01	0.00	36.01	5.16	11.13	2.16
	中职	10.14	0.00	10.14	1.13	3.38	3.00

续表

指标	阶段	最大值	最小值	极差	平均数	标准差	变异系数
寄宿生生均宿舍面积（平方米）	小学	7.50	0.00	7.50	4.18	2.02	0.48
	初中	25.81	3.23	22.58	8.94	7.17	0.80
	高中	32.69	5.45	27.24	11.42	8.62	0.76
	中职	11.46	0.99	10.47	6.13	3.17	0.52

上述分析表明，尽管"摘帽"县已经实现了"义务教育有保障""发展教育脱贫"的政策目标，但是地区间、学段间的教育发展不平衡、不充分依然存在。这就要求在减缓相对贫困新阶段，我国教育扶贫政策的战略定位须建立在全面建成小康社会的社会发展，新的时代背景之上。在这一历史转折的起点，教育扶贫将肩负全新使命、面临全新标准、对象和环境。教育扶贫需要在全面建成小康社会中寻找新的发展定位，为到2035年基本实现社会主义现代化形成强有力的支撑。

第二节　英美日"教育扶贫"政策与实践

为准确认识和把握我国教育扶贫政策新的历史方位，本研究选取了英国、美国、日本等发达国家作为比较研究对象，对其教育扶贫政策的历史与实践进行研究。国际上大多数国家并没有严格意义上的"帮扶政策"这一提法[1]，本研究主要针对其贫困儿童社会救助、欠发达地区教育发展、弱势群体教育等政策与实践进行分析。

一　"教育扶贫"的政策目标

（一）英国：到2020年彻底消除儿童贫困

英国在1950年以前，使用"购物篮子"作为衡量贫困的标准，主要包括吃、穿、住等基本需求，1950年以后随着绝对贫困现象的基本

---

[1] 左停、金菁：《"弱有所扶"的国际经验比较及其对我国社会帮扶政策的启示》，《山东社会科学》2018年第8期。

第六章 缓解相对贫困背景下教育扶贫政策升级研究

消除,该方法被废除。1979年以来英国开始采用相对贫困标准确定贫困人口,将"家庭收入低于收入中位数的60%"作为贫困定义。1999年英国首相布莱尔承诺,英国儿童贫困将在一代人的时间内结束,目标是到2020年彻底消除儿童贫困。英国消除贫困战略的关键组成部分包括增加劳动力市场参与、促进工作贫困群体受益、确保家庭经济安全及改善公共交通四个方面。该政策尽管没有在2009年完成预定减贫一半的目标,但进展令人瞩目,贫困率下降了三分之一。[1]

英国政府自2010年开始实施"贫困与社会正义"战略。该政策聚焦于"相对贫困",使用家庭收入相对于英国全国水平均值衡量贫困,主要特点包括以下方面:一是注重预防和早期干预;二是将对贫困的干预重点放在恢复和自立上;三是实现可持续性脱贫,同时为严重残疾和无法工作的群体提供无条件支持;四是因地制宜,制定本地化方案;五是确保干预措施的公平。[2] 在2012年发布的"社会正义成果框架"(Social justice outcomes framework)[3] 中,着力聚焦于贫困问题,将"发挥教育系统潜力"列入了七个关键指标之中。该政策并没有将贫困群体收入问题简单化、孤立化,而是试图通过解决贫困群体的生活问题帮助其脱贫。在教育方面要解决的问题主要是减少儿童贫困、缩小贫困家庭与非贫困家庭儿童的学业差距。

在当今英国,儿童所在的社区决定了优质学校的入学机会、教育以及潜在的职业成就。各地教育发展的不均衡,又是导致地区间生产水平差异的重要因素之一。教育发展水平较高地区的劳动生产率更高,经济回报也就更高,对高技能人才和投资都更具吸引力,从而形成了良性的发展循环,而教育发展水平较低的地区则恰恰相反。为此2017年12月,英国教育部启动了"释放才干,发挥潜力":通过教育改善社会流

---

[1] Corydon Ireland, "U. K. Anti-poverty Strategy Working, Almost", (2009 - 03 - 05), https://news.harvard.edu/gazette/story/2009/03/u-k-anti-poverty-strategy-working-almost/.

[2] HM Government, *Social Justice: Transforming Lives*, London: The Stationery Office, 2012, pp. 1 - 68.

[3] HM Government, *Social Justice Outcomes Framework*, London: The Stationery Office, 2012, pp. 3 - 24.

动性计划（Unlocking Talent, Fulfilling Potential: a plan for improving social mobility through education）①，其总体目标为"没有社区落伍"（no community left behind），将重点真正放在最需要资源和其他政策的"机会区"（Opportunity Areas），以解决这一根深蒂固的问题。该计划将教育作为改善社会流动性的重要手段，整合了从早期儿童教育到职业发展各项为解决欠发达地区处境不利群体教育问题的政策。

（二）美国：为处境不利群体而教

1963 年莫莉·奥尚斯基（Mollie Orshansky）在从事有关贫困与儿童的研究项目时确立了贫困的定义，② 基于该定义美国联邦政府确立了两种衡量贫困的方法并沿用至今，一是美国人口普查局（United States Census Bureau）设定的"贫困线"③（poverty thresholds）；二是卫生与公共服务部发布的"贫困指南"④（poverty guidelines）。贫困线主要是指满足家庭基本需求所需最低资源的美元额度，因家庭中成年人的数量、年龄以及 18 岁以下儿童的数量而不同，但所有州均相同。如果一个家庭的年度税前收入低于其家庭规模和类型的阈值，则该家庭中所有人都被视为贫困者。该阈值被用于衡量贫困，并在相关贫困统计中广泛使用。贫困指南是"贫困线"的简化版本。联邦主要用来确定贫困群体是否具备获得帮扶资格，因家庭规模和地理位置而不同，通常以贫困指南的百分比作为确定相应资格的基础。使用贫困指南来确定帮扶资格的联邦计划包括：开端计划（Head Start）、国家学校午餐计划（National School Lunch Program）、工作团计划（Job Corps）等。

美国总统林登·约翰逊（Lyndon Johnson）在 1964 年"反贫困战

---

① Department for Education, *Unlocking Talent, Fulfilling Potential*, London: The Stationery Office, 2017, pp. 6 – 36.

② Mollie Orshansky, "Counting the Poor: Another Look at the Poverty Profile", *Soc. Sec. Bull.*, 1988 (51), p. 25.

③ Gordon M. Fisher, "The Development and History of the U. S. Poverty Thresholds", (1997 – 01 – 01), https://aspe.hhs.gov/history-poverty-thresholds.

④ U. S. Department of Health & Human Services. "U. S. Federal Poverty Guidelines Used to determine Financial Eligibility for Certain Federal Programs", (2020 – 01 – 17), https://aspe.hhs.gov/poverty-guidelines.

第六章 缓解相对贫困背景下教育扶贫政策升级研究

争"（Waronpoverty）的国情咨文中表示："通常缺乏工作和金钱不是贫穷的原因，而是表现。我们的目标不仅是减轻贫困的症状，而且是治愈贫困，尤其是预防贫困。然而，没有一项立法是足够的。"[①] 美国的反贫困战争有两个主要目标：一是为缺乏经济机会的青年提供工作和培训；二是以社区为单位规划和组织资源，以提高生产率和生活质量。随后，《1964年经济机会法案》（The Economic Opportunity Act of 1964）、《1964年食品券法》（Food Stamp Act of 1964）、《初等和中等教育法》（Elementary and Secondary Education Act）、《1965年社会保障法》（Social Security Act 1965）等系列法案相继获得通过，使贫困问题成为美国关注的焦点。1973年美国的贫困率为11.1%，相较于1964年，十年中下降了7.9%，是1959—2004年期间的最低水平。[②] 美国反贫困战争取得的效果明显，按照当时的贫困标准。贫困率从1963年的19.5%下降到2017年的2.3%。[③] 有些政策至今依然发挥着相应的作用，减少了贫困率并改善了美国穷人的生活水平。

1964年《经济机会法》（Economic Opportunity Act of 1964）的通过，标志着美国反贫困战争的正式开始，其重点是改善经济机会。该法案试图通过赋予所有人接受教育和培训、工作以及有尊严生活的机会，消除美国富裕之中的贫困悖论。认为解决贫困的最佳方法不仅是增加穷人的收入，而且还应通过教育、职业培训和社区发展帮助其改善自身状况，因此出台了相关政策，使来自贫困家庭的青年可以接受职业培训和高等教育。由内阁级"经济机会办公室"（The Office of Economic Opportunity，OEO）负责履行相应的管理职责，协调解决贫困问题、监督各种基于社区的反贫困计划。联邦政府还为特殊教育计划提供了联邦资

[①] The Office of the Federal Register National Archives and Records Service General Services Administration, *Public Papers of the Presidents of the United States, Lyndon B. Johnson*, 1963 – 1964, Washington, D. C.: US Government Printing Office, 1965, pp. 112 – 118.

[②] Northeast Kansas Community Action Program, "History of Community Action Agencies", (2019 – 07 – 16), https://www.nekcap.org/menus/history-of-community-action-agencies.html.

[③] Burkhauser R V, Corinth K, Elwell J, et al. "Evaluating the Success of President Johnson's War on Poverty: Revisiting the Historical Record Using a Full-Income Poverty Measure", (2019 – 04 – 10), https://papers.ssrn.com/sol3/papers.cfm?abstract_id=3353906.

金,包括帮助支付书籍和交通费用等。1981 年通过了社区服务整体拨款（The Community Services Block Grant，CSBD），废除了《经济机会法》及其修正案,但依然认可其资助条件,其重点支持的项目包括"减轻社区贫困""解决低收入者需求",并帮助其就业、教育等,低收入群体脱贫的目标包括"生活能够自立""生活条件的改善""对社区拥有所有权和自豪感"和"强有效的家庭和支持系统的建立"。①

根据美国人口普查局 2019 年发布的数据②,2018 年有 3810 万美国人处于贫困之中,总体贫困率为 11.8%。儿童贫困率为 16.2%,约有六分之一的儿童处于贫困状态。教育对减贫产生的影响巨大,在没有获得高中文凭的 25 岁以上成年人中,有 24.9% 处于贫困之中,而在拥有大学学历的成年人中,这一比例为 4.4%。

（三）日本：打破贫困的代际链条

当前,日本实施两种贫困标准：一是相对贫困线,其标准是扣除税收和社保医保后的收入,如果可支配收入不到中位数一半,则被认定为相对贫困；二是绝对贫困线,低于一定的收入标准即可以领取最低生活保障。在日本"儿童贫困"是指 18 岁以下处于"相对贫困"状态的儿童所占的百分比。

日本在明治时期建立起义务教育制度后,就鼓励未上学的儿童入学,被称为"鼓励入学"制度（就学督励）,其目的是说服父母让其子女接受教育。1947 年《教育基本法》③规定："公民必须有机会根据自己的能力接受教育,不得因种族、信仰、性别、社会地位、经济地位或出身而受到歧视。国家和地方政府应对教育给予必要的支持,确保残疾人根据残疾状况接受教育。国家和地方政府应对经济困难群体提供奖学金。"《学校教育法》④规定："政府必须为因经济原因而被认定为上学

---

① Office of Community Services. "About Community Services Block Grants", (2019 - 07 - 16), https：//www.acf.hhs.gov/ocs/programs/csbg/about.
② U. S. Census Bureau. "Income and Poverty in the United States：2018", (2019 - 09), https：//www.census.gov/library/publications/2019/demo/p60-266.html.
③ "教育基本法", （昭和二十二年）, https：//www.mext.go.jp/b_menu/houan/an/06042712/__icsFiles/afieldfile/2017/06/13/1237916_001.pdf.
④ "学校教育法",（昭和二十二年）, https：//elaws.e-gov.go.jp/search/elawsSearch/elaws_search/lsg0500/detail？lawId＝322AC0000000026.

第六章 缓解相对贫困背景下教育扶贫政策升级研究

困难的学龄儿童或其父母提供必要的帮助。"

1950年《生活保护法》,是日本保障最低生活的法律,该法根据日本《宪法》第25条中"为所有困难的人提供必要的保护,以确保其有最低限度的生活保障,促进自力更生"而创设。日本将教育作为八大社会福利之一,《生活保护法》[①] 在教育援助方面,提出了"对贫困而不能维持最低生活水平的人,提供义务教育所需的教科书和其他学习用品、义务教育所需的学校用品、午餐和其他义务教育所需",并对教育援助的方式予以明确规定。1954年《特殊教育鼓励入学法》[②] 对特殊教育学校就读的学生提供帮助,明确提出减免教科书费、学校给食费、往返学校或回家的交通费和陪同人员需要的交通费、住宿费、修学旅行费、购买学习用品的费用。1956年《国家援助就学困难儿童和学生就学奖励法》[③] 提出向因经济原因而无法入学的儿童和学生提供学校用品,明确规定国家承担这一群体的学习用品费、上学交通费、修学旅行费。

20世纪90年代,随着日本经济泡沫的破灭,经济出现了结构性衰退,越来越多的人陷入财务困境。伴随着出生率下降和老龄化社会的出现,个人、家庭、工作单位和社区之间的关系发生了变化,贫困群体社会孤立的风险增加。为在《生活保护法》之外建立第二张国家安全网,日本提出了建立"独立生活保障制度"的目标,以确保生活中贫困者的独立与尊严。为失业、外出务工或无力承担房租等贫困群体提供全面支持。

2013年《生活贫困者自立支援法》在儿童教育方面,提出为贫困家庭子女提供学习支持,并为其父母提供升学建议,以打破贫困的代际

---

① "生活保護法",(昭和二十五年),https://elaws.e-gov.go.jp/search/elawsSearch/elaws_search/lsg0500/detail?lawId=325AC0000000144#208.

② "特別支援学校への就学奨励に関する法律",(昭和二十九年),https://elaws.e-gov.go.jp/search/elawsSearch/elaws_search/lsg0500/detail?lawId=329AC0000000144&openerCode=1.

③ "就学困難な児童及び生徒に係る就学奨励についての国の援助に関する法律",(昭和三十一年),https://elaws.e-gov.go.jp/search/elawsSearch/elaws_search/lsg0500/detail?lawId=331AC0000000040.

链条。"儿童学习及生活支援项目"主要内容包括:"向有需要的儿童及其监护人提供有关改善儿童生活习惯和生活环境的建议",以及"就职业选择和就业问题提供咨询并与相关机构协调"。在青年继续教育方面,"为有困难需要继续就业的群体提供就业机会并提供培训,以提高其知识和技能"以及对贫困群体的就业培训项目进行认证。[①] 为阻断贫困的代际传递,解决生活贫困与低学历、低能力相关的问题。日本政府认为有必要自义务教育阶段开始向有需要的儿童(包括福利家庭)提供学习支持,教授社会生活所需的广泛知识。此外,还努力鼓励家长了解学习的重要性。[②] 在义务教育过程中获得教育援助的福利家庭和享受准保障待遇的家庭分别由福利办公室和教育委员会进行认证。根据《国家援助就学困难儿童和学生就学奖励法》《学校给食法》《学校卫生法》分别予以财政支持,给予需要帮助的家庭以教育援助。

二 注重弱势群体的教育培训

(一)英国:提高青年人的学习和就业机会

2001年英国政府实施"建立参与,建设未来"计划[③](Building Engagement, Building Futures),该计划的目标是通过教育、培训增加青年人的就业机会。在英国经济结构出现变化的背景下,16—24岁年龄段的青年中有116万出现了未接受教育、雇佣及培训的状况。这一群体收入较低、健康状况不佳、对社会充满了悲观情绪,加剧了贫困的代际传递,阻碍了社会的流动性。

为此,英国政府试图通过以下措施提高16—24岁年龄段教育培训及工作的比例。一是提高学校教育与继续教育水平,确保其能够掌握在全球经济竞争中所需的技能;二是提供有效、相互协调的服务,支持包

---

① "生活困窮者自立支援法",(平成二十五年),https://elaws.e-gov.go.jp/search/elawsSearch/elaws_search/lsg0500/detail?lawId=425AC0000000105.

② 生活困窮者の生活支援の在り方に関する特別部会,報告書,東京:社会保障審議会,平成25年,pp.2-50.

③ HM Government, *Building Engagement, Building Futures: Our Strategy to Maximise the Participation of 16–24 Year Olds in Education, Training and Work*, London: The Stationery Office, 2011, p.4.

第六章 缓解相对贫困背景下教育扶贫政策升级研究

括最弱势群体在内的所有青年;三是通过实施高质量的学徒制,提供工作实训场地,激励雇主,促进青年就业;四是通过福利救济金、"工作计划"和"获得英国工作机会"(Get Britain Working)等措施,保障工作报酬,并为青年求职提供个性化支持;五是在未来三年内签订一份价值近10亿英镑的新青年合同(A New Youth Contract),以帮助其学习或获得经济收入,具体计划如下。

第一,提供高质量的16岁后教育选择。在英国生产力水平较低的地区,选择接受职业技术教育的比例相对较高,然而职业教育系统相对分散,并不能满足雇主需求。这一群体在16岁仍旧落后于同龄青年,面临着追赶困难、选择机会减少的处境,且接受高质量高等教育的可能性较低。为解决上述问题,政府主要采取以下政策措施。一是为处境不利青年提供高水平的教育。通过开展学徒制和技术教育等方式增加教育的可选择性。引入了为期两年的全日制T水平(T levels)项目,根据雇主需求设计教学内容,使其能够适应未来需求。使高等职业教育满足学习者和雇主的需要、满足经济对劳动技能的需求。激励更多的雇主通过收取学徒费提高教育水平,并积极发展和扩大学徒制。二是投资继续教育领域。强化对薄弱大学投入,并进行职业技术教育结构性改革,支持校长专业水平提升。加大资源投入,新建职业技术学院,提升其在数学和英语上的教学能力。针对尚未做好学习或就业准备的16岁青少年,引入新的以英语和数学为主要教学内容的过渡学年。三是确保弱势青年获得高质量服务。保障贫困地区高等教育资金有效使用,并提升高水平大学的录取率,进一步改善来自弱势群体学生的机会均等。

第二,人人在职业回报方面都能充分发挥潜力。未接受教育、雇佣及培训的青年往往在收入上低于同龄人,政府解决这一问题的相关措施如下:一是扩大与企业合作的机会,提高本地技术和生产力。为青年提供就业岗位,培养高质量学徒,鼓励成人重新进行教育培训,以满足雇主对高技能人才的需求,改善进入高收入职业的机会。二是确保低收入青年能够获得有关职业的建议和指导。确保青年在接受教育期间能够与雇主接触,在校期间进行高水平的职业生涯教育,在目标地区提供

"基本生活技能方案",同时提供国家指导方案。三是确保从事低薪工作者能够重新接受培训,以获得更高收入。引入"国家再培训计划"(National Retraining Scheme)[1],提供灵活多样的成人基本技能培训机会,将其作为英国提高生产率和工业化战略的一部分。

(二) 美国:为弱势群体提供教育和职业培训

1. 工作团计划

工作团计划(Job Corps)是美国针对弱势青年群体以职业教育为重点的教育培训项目,主要为16—24岁青少年提供服务。该计划由美国劳工部于1964年开始负责实施,每年为十万名学生提供热门职业的实践培训,其目标是提升相关群体就业能力以及生活质量。

工作团主要面向儿童保育计划中的父母、低收入群体、处于求职期的群体以及需要额外技术培训、咨询或通过相关帮助来完成学业的群体。[2] 该计划主要分为四个阶段:一是外联和招生阶段,提供往返中心的交通服务,以方便学生联系招生顾问,了解相关信息。[3] 二是职业准备阶段。该阶段的重点是促进学生融入,并进行学业测试、体检以及有关制作简历和求职技能的指导,提升计算机、就业能力和生活能力。[4] 三是职业发展阶段。学生接受职业培训、驾驶培训、学业指导以及为毕业后的生活作准备。[5] 四是职业过渡准备期。该阶段是学生刚毕业后的阶段,中心外的专家协助毕业生求职及安排住宿、交通和家庭支持。[6]

对于工作团计划的实施效果,有学者通过样本量为15400份的抽样调查进行研究,结果表明该计划提高了参与者的受教育程度、减少了犯罪、提升了收入。[7] 随机社会实验表明,该计划使参与者每周收入增加

---

[1] Department for Education,"National Retraining Scheme",(2019-10-16),https://www.gov.uk/government/publications/national-retraining-scheme/national-retraining-scheme.
[2] Jobcorps,"Program Administration",https://www.jobcorps.gov.
[3] Jobcorps,"Outreach and Admissions",http://www.jobcorps.gov/cdss/OA.aspx.
[4] Jobcorps,"Career Preparation Period",http://www.jobcorps.gov/cdss/CPP.aspx.
[5] Jobcorps,"Career Development Period",http://www.jobcorps.gov/cdss/CDP.aspx.
[6] Jobcorps,"Career Transition Period",http://www.jobcorps.gov/cdss/CDP.aspx.
[7] Peter Z. Schochet, John Burghardt, Sheena McConnell,"Does Job Corps Work? Impact Findings from the National Job Corps Study", American Economic Review, 2008, 98 (5): pp. 1864-1886.

第六章 缓解相对贫困背景下教育扶贫政策升级研究

28.67—43.47美元，增加4.9%—9.3%的就业，并降低了对公共福利的依赖。①

2. 为美国志愿服务

"为美国志愿服务"计划（Volunteers in Service to America，VISTA）根据《1964年经济机会法案》而设立，其重点是为美国弱势群体提供丰富的教育和职业培训。根据1973年《国内志愿服务法》（The Domestic Volunteer Service Act）的规定，该计划目标是使各行各业美国人参与到与贫困斗争的过程中。

在克林顿政府时期，该计划整合了新创建的美国义工团（AmeriCorps）计划，并更名为"AmeriCorps * VISTA"。美国义工团是国家服务计划网络，由三个主要项目组成，每个项目都采取不同的措施来改善生活，促进公民参与。成员们承诺解决社区的关键需求，如提高学生学习成绩、指导青年、消除贫困、为灾害做好准备等。该组织成员与托管机构签订了全天候服务条款。

作为对其服务的回报，会员将获得入职培训、生活费、安置和交通费用、育儿福利以及基本医疗保健计划。一年期满后，成员可以选择获得现金或其他方式的补助，可用于支付中学后教育费用，或偿还学生贷款。教育补助金等额于美国教育部佩尔助学金（The U.S. Department of Education Pell Grant）的最高金额，并每年进行调整。② 该项目在美国所有地区中均设有服务机构，每年大约有75000人参加，自1965年以来，已有超过220000名成员服务于该组织。③

3. 上进计划

上进计划（Upward Bound）主要为准备参加大学入学考试的群体提供基本支持，通过个人助学金每年为大约59000名学生提供服务。④ 其

---

① Xuan Chen, Carlos A. Flores, Alfonso Flores-Lagunes, "Going Beyond LATE Bounding Average Treatment Effects of Job Corps Training", *Journal of Human Resources*, 2018, 53 (4), pp. 1050 – 1099.

② National & Community Service, "Segal AmeriCorps Education Award", https://www.nationalservice.gov/programs/americorps/segal-americorps-education-award.

③ National & Community Service, "How does AmeriCorps Get Things Done?", https://www.nationalservice.gov/programs/americorps/what-americorps.

④ Department of Education, *Federal TRIO Programs 50th Anniversary Fact Sheet*, Washington, D.C.: US Department of Education, 2013, pp. 3 – 16.

目标是提高参加者完成中学教育、加快高等教育入学和毕业的进度。项目提供有关数学、实验室科学、文学和外语的学术指导，并为学生提供财务和经济上的咨询、勤工俭学、有关教育的服务等。该计划主要对象包括英语水平有限的学生、中学教育中的后进学生、残障学生、无家可归的儿童和青少年等。所有学生都必须来自低收入或是第一代大学生家庭，并要求项目的三分之二参与者必须既是低收入学生又是第一代大学生。其余三分之一必须是低收入的第一代大学生，或者是学习失败风险较高的学生。

该计划主要侧重于学业方面，包括参观博物馆或辅导作业的活动，并鼓励学生在整个学年和为期6周的暑期课程中参与。① 主要项目有中学（后）课程的学业辅导、选课咨询、大学入学申请准备、提供有关联邦学生资助计划及福利信息、协助获得公共和私人奖学金支持、进行中学入学指导、针对中学辍学实施替代教育计划，还包括旨在提高家庭财务和经济知识的教育咨询服务等。所有受赠人都必须提交一份年度表现报告（Annual Performance Report，APR），以记录其在实现计划目标方面的进展。②

（三）日本：生活及工作支援

日本2019年《儿童贫困对策大纲》将对贫困家庭儿童生活支援、食育以及贫困家庭的儿童职业道路选择、高中辍学者的就业支援、工作支援等内容纳入"生活支援"范畴。将对单亲家庭、贫困家庭父母的教育培训等内容纳入"工作支援"范畴。面向福利家庭、单亲家庭、贫困人口的具体政策主要有以下方面。

第一，在义务教育方面，日本"就学支援制度"向有需要的监护人提供援助。其资助对象与《生活保护法》的规定相一致，相关项目主要包括学校用品、体育器材、学生学习用品、学校旅行、课外活动、

---

① Neil S. Seftor, Arif Mamun, Allen Schirm, *The Impacts of Regular Upward Bound on Postsecondary Outcomes 7 – 9 years after Scheduled High School Graduation*. Washington, DC: US Department of Education, Policy and Program Studies Service, 2009.

② U. S. Department of Education, "Upward Bound Program" https: //www2. ed. gov/programs/trioupbound/index. html.

第六章 缓解相对贫困背景下教育扶贫政策升级研究

医疗、学校午餐、社团活动等支出。① 对于因各种原因无法完成义务教育的群体（包括非日本国籍），文部省鼓励实施初中夜校建设政策，在每个县建立至少一所夜校。②

第二，在幼儿园阶段，为促进幼儿教育的发展，日本向实施"幼儿园入学鼓励项目"的地方政府支付一部分所需费用。根据家庭收入和子女数量，提供援助以减轻父母承担的儿童保育费。③

第三，在高中阶段，对高中生实行学习支援制度。主要包括以下四个方面：一是实施高中生就学支援制度。向收入低于一定水平家庭的公立或私立高中学生提供高中入学援助资金。该制度的目标是"通过提供入学支援资金来支付学费，减轻家庭高中教育的经济负担，为获得实质性教育机会公平作出贡献"。该政策为符合收入要求的高中生家庭和年收入低于910万日元家庭的学生提供学费。④ 二是实施高中奖学金制度。该制度为领取福利的家庭、免税家庭、低收入家庭提供援助，以减轻教育费用负担，使有学习意愿的学生都能安心接受教育。⑤ 三是其他学习支援措施。主要包括对财务发生突然变化家庭的支援、重新学习支援、海外教育机构支援分别针对由于父母失业、破产等原因造成的低收入家庭、在一定期间内退学后再次入学的学生、海外学生，由地方政府提供高中奖学金作为贷款或福利，发放给具备相应条件的高中生。⑥ 四是推广远程教育，使先进教育不受地理因素的限制。根据远程课程特点，建立并推广有效学习方案，并改进相应教学手段，以满足特殊教育

---

① 文部科学省，"就学援助制度について"，https://www.mext.go.jp/a_menu/shotou/career/05010502/017.htm.
② 文部科学省初等中等教育局初等中等教育企画課，"第3期教育振興基本計画等を踏まえた夜間中学等の設置・充実に向けた取組の一層の推進について（依頼）"，(2018-08-22)，https://www.mext.go.jp/a_menu/shotou/yakan/1408539.htm.
③ 文部科学省生涯学習政策局政策課教育改革推進室，"家庭の教育費負担や公財政による教育分野への支出等"，https://www.mext.go.jp/a_menu/kyoikuhi/detail/1338247.htm.
④ 文部科学省初等中等教育局修学支援プロジェクトチーム，"高等学校等就学支援金制度"，(2013-12)，https://www.mext.go.jp/a_menu/shotou/mushouka/1342674.htm.
⑤ 文部科学省初等中等教育局，"支援プロジェクトチーム.高校生等奨学給付金"，(2014-03)，https://www.mext.go.jp/a_menu/shotou/mushouka/1344089.htm.
⑥ 文部科学省初等中等教育局，"支援プロジェクトチーム.その他の修学支援策"，(2014-03)，https://www.mext.go.jp/a_menu/shotou/mushouka/1344146.htm.

学生、外国学生、经济困难学生和有犯罪记录学生的学习需求。①

第四，在高等教育阶段，通过国立大学、私立大学、公立大学、职业院校（公立、私立）学费减免，及奖学金、提供助研、助教津贴、教育贷款等方式提供教育支援。② 还包括县内私立职业学校与文部省签订委托合同，并向经济困难的学生提供学费减免。文部省提供学校减免金额的一半以内的援助，并就资金偿还咨询等提供建议，以监督援助效果。③

第五，在特殊教育方面，实行特殊教育入学支援政策。聚焦于残疾儿童在特殊支持学校（包括幼儿园、小学、初中、高中阶段）或在小学、初中特殊支援班学习时，国家和地方政府根据其家庭的经济状况补贴与教育相关的费用。④

第六，在教育的社会支援方面。一是强化对儿童之家和其他儿童学习的支援政策。从儿童贫困角度出发，解决因抚养等原因没有得到充分学习机会的问题。为儿童之家等项目提供标准化服务，通过强化学习援助支持其离校后能够自力更生。为儿童和其父母提供必要的支援，其主要内容包括儿童学习、日常生活习惯、活动场地建设以及防止高中毕业生辍学等方面。具体方式包括为学生进行学习指导、补习功课以及为有特殊需求的学生提供一对一学习支援等。⑤ 二是实施"学生支持制度"，日本政府每月向来自孤儿院或母婴生活支持政策的大学生和准备上大学的高中生提供每月一定数额的资助，作为国家青年教育设施的"学生

---

① 文部科学省初等中等教育局，"高等学校における次世代の学習ニーズを踏まえた指導の充実事業"，（2018 - 04 - 01），https：//www.mext.go.jp/component/b_menu/other/__icsFiles/afieldfile/2019/01/15/1412640_10_3.pdf.

② 文部科学省生涯学習政策局政策課教育改革推進室，"家庭の教育費負担や公財政による教育分野への支出"，（2013 - 08），https：//www.mext.go.jp/a_menu/kyoikuhi/detail/1338251.htm.

③ 文部科学省総合教育政策局生涯学習推進課，"専門学校生への効果的な経済的支援の在り方に関する実証研究事業"，（2017 - 02），https：//www.mext.go.jp/a_menu/shougai/senshuu/__icsFiles/afieldfile/2018/07/03/1382397_1.pdf.

④ 文部科学省，"特別支援教育について"，https：//www.mext.go.jp/a_menu/shotou/tokubetu/012.htm.

⑤ 厚生労動省，"生活困窮世帯の子どもの学習支援"，https：//www.mhlw.go.jp/stf/seisakunitsuite/bunya/0000073432.html.

第六章　缓解相对贫困背景下教育扶贫政策升级研究

支持者"①。三是强化师资队伍。日本政府对地方政府聘用退休教师、大学生志愿者等予以相应的补贴。聘用人员参与学校教育活动，主要从事为学生补习功课、提高外国学生的学习能力、职业教育支援、就业支援以及处理辍学、退学和校园欺凌等方面的工作。② 实施"加强社区未来学校的学习支援"政策，国家向地方政府提供部分费用，帮助需要支援的初中生和高中生养成良好的学习习惯，巩固和提升学术能力、提升高中升学率。地方公共团体在大学生和退休教师等当地居民的合作下，为中学生提供免费学习支持。③ 四是实施家庭教育支援。除了配备相应人员提供教育援助外，还通过开展社区人力资源培训、组织家庭教育支援小组、家校合作等活动，并为家长提供学习和咨询机会与场所。④

三　注重学校食品与营养援助

（一）英国：实施免费餐食计划

在 20 世纪早期，英国出现了婴儿死亡率上升、无法达到征兵标准的青年数量逐年递增的现象。在此背景下，1903 年成立了跨部门调查委员会（Interdepartmental Committee on Physical Deterioration），主要负责调查英国青年健康状况不佳的原因。调查发现，营养缺乏与健康状况之间存在联系，并据此估计有三分之一的儿童营养不良。这一结论为贫困家庭子女提供免费学校餐食和其他福利政策的出台铺平了道路。⑤ 1906 年《教育（膳食提供）法》⑥ 允许地方教育局向中小学免费提供膳食，

---

① 国立青少年教育振興機構，"学生サポーターによる支援"，(2015 - 04 - 01)，https://www.niye.go.jp/services/kodomo/sapo/.
② 文部科学省初等中等教育局，"2019 年度予算（案）主要事項"，https://www.mext.go.jp/component/b_menu/other/__icsFiles/afieldfile/2019/01/15/1412640_10_1.pdf.
③ 文部科学省生涯学習政策局，"地域未来塾による学習支援の充実"，https://manabi-mirai.mext.go.jp/.
④ 文部科学省生涯学習政策局，"家庭教育支援"，http://katei.mext.go.jp/index.html.
⑤ National Archives, "Living in 1901: Hygiene and Disease", http://www.nationalarchives.gov.uk/pathways/census/living/health/disease.htm.
⑥ "Education (Provision of Meals) Act 1906", http://www.legislation.gov.uk/ukpga/1906/57/enacted.

费用由当地政府资助。由纳税人资助的喂养计划使营养不良的学童从国家义务教育中受益。

1944年《教育法》（Education Act 1944）要求所有地方教育局提供正餐，并制定营养指南。① 由于为所有受助者免费提供餐食的费用过高，1949年工党政府允许地方政府每餐收取一定的费用，同时仍向贫困儿童免费供餐。1974年有70%的学生享受学校餐食，达到了最高水平。之后自20世纪80年代开始，接受学校用餐的儿童人数一直稳定下降，出现了儿童厌倦学校餐食的新问题。1980年《教育法》（Education Act 1980）② 取消了学校提供膳食的义务，但父母获得补充福利或享受家庭收入补助的学生除外。1996年《教育法》（Education Act 1996）③ 的修正案规定"学校、学院和免费学校有义务向符合标准的各年龄学生提供免费学校餐"。

现阶段，英国根据家长的收入、信贷、税收等情况为3岁以上儿童提供免费餐。④ 在英格兰，国家资助学校中的所有婴幼儿都可以免费享用学校餐食。六年级以及继续教育学院中的弱势学生也有资格获得免费校餐。苏格兰公立学校的所有从小学一年级到三年级的学生都有权免费享用学校餐食。对于16—19岁的青少年，必须参加由教育和技能资助机构（ESFA）开设的继续教育课程，才有资格获得免费餐。该项目主要针对的是弱势群体，如果当地没有条件，如学生少于50人、没有餐饮和厨房设施、没有合适的食品商店配合消费代金券等，则向该群体直接发放现金补助。⑤

（二）美国：实施儿童营养计划

儿童营养计划（Child Nutrition Programs）主要包括国家学校午餐计

---

① "Education Act 1944", http://www.legislation.gov.uk/ukpga/Geo6/7-8/31/contents/enacted.

② "Education Act 1980", http://www.legislation.gov.uk/ukpga/1980/20/contents.

③ "Education Act 1996", http://www.legislation.gov.uk/ukpga/1996/56/contents.

④ GOV. UK., "Apply for Free School Meals", https://www.gov.uk/apply-free-school-meals.

⑤ GOV. UK., "16 to 19 Funding: Free Meals in Further Education Funded Institutions for 2019 to 2020", (2019-04-01), https://www.gov.uk/guidance/16-to-19-funding-free-meals-in-further-education-funded-institutions-for-2019-to-2020.

第六章　缓解相对贫困背景下教育扶贫政策升级研究

划（National School Lunch Program，NSLP）、学校早餐计划（School Breakfast Program）、儿童和成人保健食品计划（Child and Adult Care Food Program）、夏季食品服务计划（Summer Food Service Program）、课后零食和晚餐计划（After-School Snacks and Suppers），其中与学校贫困家庭子女相关的主要有以下项目。

一是国家学校午餐计划。该计划是由联邦政府资助的膳食计划，根据1946年通过的《国家学校午餐法》（National School Lunch Act）实施，是美国第二大食品和营养援助计划。主要在公立和非营利性私立学校以及寄宿儿童保育机构中开展，在每个教学日为儿童提供营养均衡的低成本或免费午餐。在管理方式上，美国农业部（United States Department of Agriculture，USDA）的食品和营养服务局（Food and Nutrition Service，FNS）负责在联邦一级管理该项目。在州一级，州机构通过与学校食品管理局签订协议来运作该项目。在运营方式上，参与该项目的学区和学校获得现金补贴和美国农业部食品。相关机构必须提供符合联邦膳食要求的午餐，并免费或降价向符合条件的儿童提供，经批准的课外活动零食费用还可以进行报销。

二是联邦援助计划等。儿童可通过参加某些联邦援助计划（如补充营养援助计划）或根据其无家可归、移民、寄养儿童等身份被确定为有"绝对资格"获得免费膳食。在参与资格审查上，参加国家资助的学前教育计划、来自收入低于或等于联邦贫困标准130%家庭的儿童也有资格享受免费膳食。收入在130%到185%之间的群体有资格享受减价餐。学校的降价午餐收费不得超过40美分。[1] 对该项目的评估数据表明，与其他儿童相比，来自食品不安全和边缘家庭的子女更有可能参与该计划，获得更多的食物和营养。[2] 学校早餐计划（School Breakfast Program，SBP）于1966年作为一个试点项目启动，并于1975年被美国国

---

[1] United States Department of Agriculture, *The National School Lunch Program*, Washington, D. C. : USDA's Food and Nutrition Service, 2017, pp. 1 – 2.
[2] Elizabeth Potamites, Anne Gordon, *Children's Food Security and Intakes from School Meals, Final Report, Contractor and Cooperator Report No. 61*, Washington, D. C. : Mathematica Policy Research, Inc. , 2010.

会列为永久性的权利计划。该项目的实施对象、管理、运营机制与"国家学校午餐计划"基本一致,学校早餐费用不超过30美分。[①] 相关研究表明,该计划的实施强化了贫困边缘家庭的粮食安全,与午餐计划相比,早餐计划的参与率更高,来自于低收入家庭的子女更容易加入到该计划。[②]

三是夏季食品服务计划。该计划也称夏季膳食计划(Summer Meals Program),由联邦政府资助、由州政府管理,在暑期为低收入地区18岁及其以下的青少年儿童提供免费膳食。该项目的实施主体主要包括国家机构、赞助商和场地提供方。其中,国家机构管理该项目并与农业部沟通,赞助商与州政府机构签订协议实施该项目。其赞助商包括学校、地方政府机构、难民营和其他有能力管理食品服务项目的非营利社区组织。赞助商可以通过该计划获得补贴。运营该计划的场地往往在至少一半儿童来自收入等于或低于联邦贫困标准家庭的地区,或是该场地服务的儿童中有超过一半的儿童符合此收入标准,并不局限于学校、公园、社区中心、医院等地点。[③]

(三) 日本:实施食育制度

日本中小学为学生提供午餐的制度称为"给食",在解决贫困儿童就餐问题、降低辍学率、改善儿童的基本身体素质和预防疾病,促进家校合作方面起到了积极作用。给食制度起源于1889年山形县鹤冈町私立忠爱小学,主要是为了救助贫困,解决贫困儿童的吃饭问题是实现这一目标的基础,旨在通过供应午餐,消除歧视、鼓励贫困家庭子女入学。给食制度不断发展,从鼓励贫困儿童入学逐渐转变为以改善营养为目标。

1932年为了帮助因经济萧条而辍学的儿童,实施了《学校供餐实

[①] United States Department of Agriculture, *The National School Breakfast Program*, Washington, D. C. : USDA's Food and Nutrition Service, 2017, pp. 1 – 2.

[②] Judi Bartfeld, et al. , *The School Breakfast Program: Participation and Impacts*, Washington, D. C. : United States Department of Agriculture, Economic Research Service, 2009.

[③] United States Department of Agriculture, *How to Participate in Summer Meals*, Washington, D. C. : Summer Food Service Program, 2019.

第六章 缓解相对贫困背景下教育扶贫政策升级研究

施贯彻办法及临时设施方法》，从国库支出67万日元，用于支持和鼓励学校给食。这一措施改善了营养不良和肢体残疾儿童的健康状况，随着第二次世界大战的爆发，该制度中断。[1] 1945年日本战败后，在美国的援助下，这一制度逐渐恢复。1946年《鼓励推广学校给食奖励办法》标志着日本战后该制度的重启，旨在为所有在校儿童提供食物，避免学生遭受战后经济困难和应对极端粮食短缺。1947年，日本约300万名儿童享受学校给食，并开始接受由美国免费赠送的脱脂奶粉；1949年，日本向55所学校的58万名学生提供了由联合国儿童基金会捐赠的牛奶；1950年使用美国援助的面粉为八个主要城市的小学生供餐。随着美日相关条约的签订，美国取消了援助，日本学校给食计划出现了经费困难的问题，并在全国范围内发生了要求继续实施给食制度的运动，为了响应公众要求，日本政府决定从国库中筹集必要的资源继续实施该政策，1952年国库开始实行对面粉半价补贴政策。[2]

1952年《学校给食实施方案》发布，首次将学校午餐作为教育规划的一部分，旨在促进家庭普及和社区饮食改善。1954年《学校给食法》[3] 标志着针对义务教育学生集体供餐的法规正式出台，同年制定了该法的执行条例、实施细则和标准，并建立了学校午餐实施体系。该法案强调，学校午餐有助于儿童和学生身心健康发展，在培养学生对食物的正确理解和判断力方面起着重要作用。该法案促进了学校午餐普及，促进了学校"食育"的发展。在公立小学和初中，厨房设施和厨师的人事费用主要由地方政府承担。唯一需要父母支付餐费的是食材费用，贫困家庭学生的费用则完全由政府负担。1957年《幼儿园和特殊需求学校给食法》[4] 进一步扩大了学校给食的对象范围。1956年《学

---

[1] 文部省，"学校給食の普及・奨励"，https://www.mext.go.jp/b_menu/hakusho/html/others/detail/1317788.htm.
[2] 千叶县学校给食会，"学校給食の歴史"，http://www.juk2.sakura.ne.jp/rekisi.html.
[3] "学校給食法"，（昭和二十九年），https://elaws.e-gov.go.jp/search/elawsSearch/elaws_search/lsg0500/detail?lawId=329AC0000000160.
[4] "特別支援学校の幼稚部及び高等部における学校給食に関する法律"，（昭和三十二年），https://elaws.e-gov.go.jp/search/elawsSearch/elaws_search/lsg0500/detail?lawId=332AC1000000118.

校给食法》修正案实施,将初中纳入政策实施的范围之中,并为准学生提供补贴;1965 年实施特殊措施来促进偏远地区(三年级及以上)学校的用餐;1966 年向偏远地区的所有高中学生免费提供面包和牛奶。在 1968—1969 年《小学学习指南》《中学学习指南》修订后,将给餐制度与教育联系起来,学校给餐已成为"课堂教学"之一,被认为是"特殊活动"中的"课堂指导"。①

2005 年《食育基本法》②将饮食教育定位为生活、智育、美育、体育的基础,认为"有必要促进饮食教育,以培养能够学习和实践健康饮食的人。各年龄段都必须进行饮食教育,尤其是儿童饮食教育对身心发育和人格形成具有重要影响,是养育的基础"。受到《食育基本法》影响,2008 年《学校给食法》修订案,从"食育"的观点出发,更加强调通过该制度"培养对食物的正确理解和适当的判断",调整了 1954 年法案中"改善国民饮食习惯"的目标。

四 注重面向低收入家庭实施参与式帮扶

(一)英国:实施免费教育并改善影响家庭生活的不利因素

1. 确保开端计划

"确保开端"(Sure Start)计划开始于 1998 年,以"给儿童生命中最好的开始"为宗旨,以改进育儿方式、早期教育、健康和家庭支持、推广和社区发展为重点。该计划为生活在最不利地区的四岁以下父母和儿童,提供各种服务促进儿童入学。③ 其预期目标包括,促进社会和情感发展、改善健康、提高学习能力、加强家庭和社区之间的联系。通过社交活动促进儿童情感能力发展、提升语言能力,以游戏激发儿童想象力。该计划的核心内容包括,一是以家庭为基础,向所有家庭成员提供到户服务;二是提供专业的医疗保健和建议;三是支持儿童参加集体活

---

① 全国学校給食会連合会,"学校給食の歴史",https://www.zenkyuren.jp/lunch/.
② "食育基本法",(平成十七年),https://elaws.e-gov.go.jp/search/elawsSearch/elaws_search/lsg0500/detail? lawId=417AC1000000063.
③ Norman Glass, "Sure Start: the Development of an Early Intervention Programme for Young Children in the United Kingdom", *Children & Society*, 1999, 13 (4), pp. 257 - 264.

第六章 缓解相对贫困背景下教育扶贫政策升级研究

动,为儿童提供高质量的游戏、学习,并向家长提供育儿经验;四是支持语言和交流;五是为有特殊需要的群体,根据其不同需求提供差异化的服务。此外,社区可根据实际需要提供额外服务,例如为父母提供职业技能培训、个人发展课程以及诸如债务咨询、语言或读写能力培训等实用建议。

2002年《儿童保育评论》(Childcare Review)正式建议在贫困地区建立儿童中心,并将儿童保育服务移交给地方政府。2003年9月,绿皮书《每个儿童都很重要》(Every Child Matters Green Paper)强调了"必须提供联合服务以改善所有儿童",2004年的《育儿十年战略》(Ten Year Strategy for Childcare)提出了政府扩大"确保开端"计划的范围,及在每个社区内建立一个"儿童中心"的相关措施。该中心的宗旨是为幼儿及其家庭提供综合照料及服务,注重避免处境不利儿童与其他儿童之间的差距,并支持单亲父母求职,该项计划被视为摆脱贫困的主要途径。儿童中心主要提供育儿和早期教育、家长参与课程、照看、儿童和家庭保健等服务,在2006年的《儿童保育法》(Childcare Act)中规定了地方政府建立和运营儿童中心的法律责任。

已有研究表明,该计划为最贫困地区的青年带来了较大的健康福利,减少了住院人数,并为英国国家医疗服务体系(National Health Service,NHS)节省了数百万英镑。由于减少了就诊次数,直接节省了约500万英镑,约占该项目年度支出的0.4%。考虑到政策的终身效应,节省的金额达到了该项目预算的6%。[1] 该项目在教育方面的效果,相关研究认为,如果该计划能够实现其目标,则教师应该能够看到诸如沟通能力和学习准备能力关键技能的差异。因此,每个项目的成功与否可以通过入学儿童平均表现或入学儿童的数量来衡量,然而这些项目的重点往往都是规模较小的社区,缺乏对照组。[2] 该计划在教育方面的主

---

[1] Patrick Butler., "Sure Start Programme Saved the NHS Millions of Pounds, Study Finds", (2019-06-04), https://www.theguardian.com/society/2019/jun/04/sure-start-saved-nhs-millions.

[2] The National Evaluation of Sure Start (NESS) Team, *The impact of Sure Start Local Programmes on Five Year Olds and Their Families*, London: Department for Education, 2010, Research Report DFE-RR067.

要目标是教育"使儿童受益于学业",对于整个计划而言,出现了整体评价困难的情况,无法评价该目标的达成状况。[1]

在英国,弱势儿童与同龄人之间存在较大的发展差距,体现在早期语言和读写能力中尤为明显。为确保弱势群体的受教育机会,实现教育的起点公平,英国政府提出了弥合早期识字差距(Close the word gap in the early years)政策。该政策着力于以下方面。一是确保更多弱势儿童能够体验语言丰富的早期环境。确定基于证据的家庭学习环境方案,支持早期语言发展。并与英国公共卫生部门建立伙伴关系,使公共卫生从业人员能够识别和支持儿童早期语言及交流需求。二是为处境不利儿童和贫困地区儿童,提供改善和接受高质量早期儿童教育的机会。包括创建更高质量的校内托儿所、确定弱势群体接受早期教育比例较低的社区,并提供定制方案从而改善这一情况。三是通过推广最佳方案,提高相关地区早期教育质量。针对弱势学生开发和提供全面支持,提高早期语言和识字能力。改进成果目标导向,注重减轻负担和加强早期识字和算术能力。

2. 国家儿童减贫战略

2010年《儿童贫困法》(The Child Poverty Act 2010)基于儿童比例,设定了四个2020年在英国范围内实现的基本目标。一是相对贫困,将收入相对较低(relative low income)儿童的比例降低到10%以下。该目标主要考察贫困家庭收入是否与经济增长保持同步;二是将低收入和物质剥夺(low income and material deprivation)标准相结合,将生活在物质剥夺和低收入家庭的儿童比例降低到5%以下,该目标主要考察生活水平的状况;三是绝对贫困,低收入(absolute low income)低于5%,该目标考察贫困家庭是否能感知到其收入的实际增加;四是持续贫困(persistent poverty)低于7%,减少经历长期相对贫困的儿童比例,该目标主要考察该家庭4年中至少有3年处于相对贫困状态。[2] 这

---

[1] The National Evaluation of Sure Start (NESS), *The Impact of Sure Start Local Programmes on Three-year-olds and Their Families*, London: Institute for the Study of Children, Families and Social Issues, 2008, Research Report NESS/2008/FR/027.

[2] "The Child Poverty Act 2010 (Persistent Poverty Target) Regulations 2014", https://www.legislation.gov.uk/ukdsi/2014/9780111121870/contents.

第六章　缓解相对贫困背景下教育扶贫政策升级研究

一政策对有子女的低收入家庭产生了积极影响。在英国，对低收入家庭子女，唯一可供选择的是教学质量不佳的学校。相关措施试图解决这一问题并加以改善，以便低收入家庭子女可以接受更好的教育，提升摆脱贫困的能力。

2011年英国发布了第一个国家儿童减贫战略《解决儿童贫困的新方法：改善不利因素并改变家庭生活》[①]，阐明了其在2011—2014年之间为实现这一目标而采取的行动措施。该战略认为，仅关注家庭收入可能会忽略对儿童长期发展至关重要的因素。儿童贫困在教育方面主要表现为两个方面。一是学校和继续教育的学业成就，主要通过是否接受学校免费餐的两类学生之间的差距来判定。包括在5—11岁小学教育阶段中，两者在英语、数学之间的学业成绩差距；在高等教育阶段两者在基础知识方面的差距；以及两者在高中毕业水平之间的差距。二是高等教育入学机会，以在15岁时是否接受学校免费餐作为标准，判断两类群体在19岁时的升学差距。

2014年英国政府根据前期政策的实施情况，发布了第二个国家战略《儿童贫困战略2014—2017》[②]。在教育方面，该战略的主要内容包括以下方面。一是提高接受高水平学前教育贫困儿童的比例。为所有3—4岁儿童和来自低收入家庭的2岁儿童提供15小时免费托儿服务，在学前教育中配置素质更高的工作人员并设置更简单的学前课程。二是引入早教学生补贴项目（Early Years Pupil Premium），以帮助来自最弱势家庭的3—4岁儿童获得人生最佳开端。三是确保贫困儿童在学校取得更好的成绩。给予在校学生相应补助，并要求学校对学生的表现和师资负责。四是为落后的贫困儿童提供有针对性的支持。每名在11岁以下和暑期学校后进的儿童可获得500英镑的资助，为其进入中学阶段做好准备。五是支持贫困儿童在16岁后继续接受教育，使其能够获得相

[①] Department for Work and Pensions and Department for Education, *A New Approach to Child Poverty: Tackling the Causes of Disadvantage and Transforming Families' Lives*, London: The Stationery Office, 2011, pp. 11 – 67.

[②] HM Government, *Child Poverty Strategy 2014 – 17*, London: The Stationery Office, 2014, pp. 11 – 15.

应的技能和资格,并通过在职培训、学徒制和职业咨询帮助其适应工作岗位。值得注意的是,由于经济和金融危机,劳动力市场以及公共财政出现停滞,英国财政研究所认为考虑到经济、税收和福利变化以及人口因素,在任何可能的情况下,都无法实现 2020 年目标。①

(二)美国:促进低收入家庭儿童入学并为其父母提供就业机会

1. 开端计划

开端计划(Head Start)主要是为低收入家庭中 5 岁以下儿童作入学准备。根据当地社区的需求,开端计划和早期开端计划(Early Head Start)提供了多种服务,为每个家庭分配专门的工作人员,提供各种服务支持儿童在积极学习环境中的成长和发展,包括"早期学习""健康"和提升"家庭福祉"等方面。②

开端计划最初被认为是一种补习性的暑期学校计划,该计划在几周内通过教育使低收入家庭的儿童具备小学所需的知识,旨在帮助打破贫困的代际循环。自 1965 年以来,该计划已为超过 3600 万儿童提供服务,从一个为期八周的示范项目发展到在全年开展服务的项目,为美国城乡超过一百万的儿童及其家庭提供服务。③《2007 年开端计划改进法案》(Improving Head Start for School Readiness Act of 2007)对其质量进行了明确规定,包括州立学校入学前准备目标与州早期学习标准的一致性、州立学校教师任职资格、对儿童成绩和年度财务状况的审查等,并重新设计了开端计划培训和技术援助系统,以通过国家和州级系统进行支持。2016 年,对该计划绩效标准进行了修订,并提高了监督的透明度水平。④

2. 社区行动计划

社区行动计划(Community Action Program)被定义为"通过提供服

---

① Gavin Thompson,"Key Issues for the 2015 PARLIAMENT",(2015 – 05),https://www.parliament.uk/business/publications/research/key-issues-parliament-2015.

② Office of Head Start,"Head Start Programs",https://www.acf.hhs.gov/ohs/about/head-start.

③ Office of Head Start,"History of Head Start",https://www.acf.hhs.gov/ohs/about/history-of-head-start.

④ Office of Head Start,"Head Start Timeline",https://eclkc.ohs.acf.hhs.gov/about-us/article/head-start-timeline.

第六章 缓解相对贫困背景下教育扶贫政策升级研究

务、援助和其他服务促进就业机会,为消除贫困提供希望。包括改善贫困群体的表现、激励方式、提高生产力,以及改善其生活、学习和工作条件等"[1]。作为《1964年经济机会法案》的重要组成部分,社区行动机构(Community Action Agencies)负责运营本地非营利组织社区行动计划(Community Action Program)。与之前社会改革的最大不同之处在于,该计划提出了贫困群体的"最大可行参与度",地方社区行动委员会包含了来自地方社区包括低收入群体所有阶层的三方代表,以确定其能够获得最大帮助。联邦资金为本地社区项目提供支持,用于解决贫穷的根源问题,并最终使家庭和个人实现自力更生。随着需求的不断变化,这笔资金已成为1981年"大规模捐赠系统"的一部分,具有灵活性和专业性的特点。

社区行动计划将贫困视为系统性问题,试图以社区为单位加以系统解决。在拨款方面,主要为本地特有服务、设施和伙伴关系方面提供资金支持。在灵活性上,社区可以为低收入成员提供适当的帮助和激励措施;在即时性上,社区行动机构由社区居民管理和配备人员,通常营业至深夜。当家庭或个人面临危机时,能够迅速采取针对性援助。这些措施包括寻求私营部门合作伙伴、志愿者和相关团体的帮助;在协调性上,社区行动的基本原则是整合各种资源,以便可以组合使用这些资源来解决社区和个人的相关问题。社区行动机构每年管理着超过56亿美元的公共和私人资源,为930万低收入人群提供服务。[2] 社区服务项目可以满足从儿童到老年、从个人到家庭的各种需求。与教育相关的项目主要有识字计划、预防辍学、课后辅导、青少年中心、娱乐和体育计划、药物滥用教育、夏季青年就业计划、大学咨询等;在支持工作贫困群体的领域主要有儿童保育、成人教育、工作培训和在职支持、求职帮助、家庭主妇计划、互联网培训等内容。

---

[1] Norman Glass, "Sure Start: the Development of an Early Intervention Programme for Young Children in the United Kingdom", *Children & Society*, 1999, 13 (4), pp. 257–264.

[2] The Illinois Association of Community Action Agencies, "History of Community Action", http://www.iacaanet.org/history.php.

尽管美国政府希望社区行动方案和机构成为其"反贫困战争"的有效武器,但其中许多项目都存在一定的问题。在更极端的情况下,出现了地方政府权力受到联邦赋权影响的情况。[1] 1967 年修订的《经济机会法》(Green Amendment)授权了社区行动机构的董事会结构,并补充了早先的《基耶修正案》(Quie Amendment),最终结果是终止了"公民参与"改革运动,权力在穷人和少数民族身上发生了转移,直到20 世纪 90 年代,针对这一群体的社区行动计划被逐渐削减,影响逐渐降低。[2] 社区行动计划鼓励穷人"最大程度可行参与"(maximum feasible participation),与许多政府计划在目的和性质上产生了冲突,贫困群体应该在自身事务中具有发言权的观念引起了由精英组成的上层社会的反对。[3]

(三)日本:提供从幼儿到高等教育的教育支援

为减少儿童贫困、促进教育机会均等,使贫困儿童不受出生和成长环境的影响,2013 年日本出台了《儿童贫困对策法》[4],其基本理念包括以下四个方面:一是在社会所有领域,根据儿童年龄和发展,其意见必须得到尊重,其最大利益必须得到优先考虑,以促进其身心健康成长;二是儿童教育有助于稳定生活、支持就业。必须根据儿童的生活和周围环境情况,提供经济援助等措施,促进工作和生活。促进儿童现在和未来发展,形成不受其出生和成长影响的社会环境;三是改进影响儿童贫困的各种社会因素;四是在国家和地方政府相关机构的密切合作下,各相关领域形成合力。

2019 年日本政府根据《儿童贫困对策法》对 2014 年《儿童贫困对

---

[1] G. Calvin Mackenzie, Robert Weisbrot, *The Liberal Hour: Washington and the Politics of Change in the 1960s*, New York: Penguin Group, 2008.

[2] Ricardo A. Millett, *Examination of "Widespread Citizen Participation" in the Model Cities Program and the Demands of Ethnic Minorities for a Greater Decision Making Role in American Cities*, R&E Research associates, 1977.

[3] Peter M. Senge, Claus Otto Scharmer, "Community Action Research: Learning as a Community of Practitioners, Consultants and Researchers", in Peter Reason, Hilary Bradbury, eds. *Handbook of Action Research: Concise Paperback Edition*, London: Sage Publications, 2006, p. 195.

[4] "子どもの貧困対策の推進に関する法律",(平成二十五年),https://elaws.e-gov.go.jp/search/elawsSearch/elaws_ search/lsg0500/detail? lawId = 425AC1000000064.

第六章 缓解相对贫困背景下教育扶贫政策升级研究

策大纲》进行每五年一次的修订，制定了新的《儿童贫困对策大纲》[①]。与 2014 年版本相比，新纲要明确提出了建立与无法获得援助或援助难以到达的儿童及家庭的联系[②]，向外国留日群体及残疾儿童家庭提供帮助，以此作为消除贫困的措施。并强调了结合各种类型的支持（包括实物福利和经济支持）的重要性。由于家庭因失业、疾病、残疾和护理等多种因素而使儿童处于贫困之中，不仅需要提供经济支持，还需要提供全方位的生活支持。

2019 年新纲要提出了 10 项基本政策，其中有 4 项为跨部门的基本政策，6 项特定领域政策。跨部门的政策主要包括：一是打破贫困的代际循环，创建每个儿童都有梦想和希望的社会；二是建立从怀孕和分娩到子女社会独立不间断的支援制度；三是针对未提供援助或援助难以到达的儿童和家庭提供援助方案；四是强化地方政府的努力。特定领域的基本政策主要包括：一是在教育支持方面，将学校定位为向社区开放的平台，并加强高中后阶段教育支援，减轻教育费用负担；二是在生活支援方面，确保怀孕和分娩期间不会陷入社会孤立；三是在为父母提供就业支援方面，为了稳定和改善职业生活，通过提高其收入水平，创造环境使其能够安心地抚养子女，同时兼顾工作；四是结合各种与经济援助有关的措施，以提高其效力，并鼓励有需要的家庭能够获得援助；五是促进社会对儿童贫困的认识，积极推动国民运动开展；六是今后五年将采取优先措施，持续关注中长期贫困问题。

2019 年《儿童贫困对策大纲》主要包括教育支援、生活支援、工作支援、经济支援四项子政策。其主要目标分别为实现从幼儿到高等教育的教育费用减免的无缝衔接、支持生活费用和必要的支出、提供从成年人到儿童、从住房保障到身心健康的全面解决方案、为单亲父母提供全方位的支持，重点通过提供就业咨询和职业培训，帮助寻找兼顾生活

[①] "内閣府ホームページ. 子供の貧困対策に関する大綱"（2019 - 11 - 29），https://www8.cao.go.jp/kodomonohinkon/pdf/r01-taikou.pdf.

[②] こども宅食応援団，"なぜ助けを求めるのが難しいのか？ 各地で出会った「声なき声」たち #つらいが言えない"，（2019 - 11 - 23），https://hiromare-takushoku.jp/2019/11/23/653.

与工作平衡的就业机会。

"教育支援"主要针对的是贫困家庭子女学习。教育支援政策的主要内容包括：一是推进幼儿教育保育免费及质量提升。提供免费的学前教育和保育、提高幼儿教育保育质量；二是建立以学校为主导的运营体系，作为向社会开放的解决儿童贫困问题的平台。建立由学校社会工作者和学校辅导员参与的运作体制，通过学校教育确保符合学术要求；三是支持在高中和其他阶段学校继续学习。防止高中辍学以及高中毕业后的支援；四是提供高等教育入学机会。主要是对高等教育的学习支援；五是对需要特殊照顾儿童的支援。包括对孤儿院等儿童的学习支援、加强对特殊教育的支持、支援外国儿童和学生；六是减轻教育费用负担。加强在义务教育阶段的入学支援，通过向高中生提供学习支援等方式减轻其经济压力、减轻贫困家庭、单亲家庭的升学费用等负担；七是社区学习支援。在社区学校合作活动中对贫困家庭的学习进行支援；八是其他教育支援。包括学生支援网络的建设、初中夜校教育教学设施提升、学校午餐对儿童的饮食和营养保证等。教育支援政策涉及的监测考核指标包括福利家庭子女的高中入学率、辍学率、大学入学率，孤儿院儿童的升学率，单亲家庭中的儿童入园率、入学率、高中辍学率，学校辅导员配置率、学校就学援助制度的公众知晓情况、新生的学习用品入学前付款的执行情况、高等教育支援新制度的使用者数等。

五 注重提升处境不利儿童的学业成绩

（一）英国：缩小校间差距，提高教育水平

《教学的重要性：学校白皮书 2010》（The Importance of Teaching: The Schools White Paper 2010）[1] 将学校视为促进社会流动的发动机，提出学校必须缩小贫富家庭子女之间的学业差距。强调通过赋予校长和教师权利，以提高贫困地区的教育水平。并实施由国家资助的"免费学

---

[1] Department for Education, *The Importance of Teaching*, London: The Stationery Office, 2010, pp. 16 – 85.

第六章 缓解相对贫困背景下教育扶贫政策升级研究

校"（Free school）计划①，鼓励教师、慈善机构等助力贫困地区儿童教育。在教学标准上，接受英国教育标准局（Ofsted）的监管，所有免费学校并不根据学业成绩选拔学生，而是遵循公平、透明的原则招生。

为提高所有处境不利学生的学业水平，并缩小与同龄人之间的差距，英国实施了学生补助和服务补助政策。该项目为免费校餐资格学生、军人家庭子女等学生提供额外资金支持，学校可以根据实际情况安排相关资金。为贫困学生提供有针对性的支持，是该战略的关键组成部分，同时也包括提高出勤率、社会情感支持等非学业因素相关的政策。② 在资金监管方面，使用"学业成就""学生进步"以及"与同龄人之间的学业差距"等指标对学校进行监督，以提高表现欠佳学校中处境不利学生的学习水平。③ 学校在缩小处境不利儿童的学业差距方面，通过对成绩报告方式进行改革，将与同龄人的比较纳入新的衡量标准，报告受助学生的学习成绩。

在英国，不同区域之间教育差距较大，贫困地区学生在每个阶段都存在落后现象，2017年的"教育改善社会流动性计划"，提出要缩小学校之间的差距，同时提高教育水平。所采取的具体措施包括：一是提高贫困地区教学质量。对贫困地区学校教师、校长实施基于改进的问责，并采取相关激励措施，吸引和保留优秀教师。为条件较差的学校提供专项拨款，启动教师早期职业支持计划，为所有教师提供更为清晰的职业发展规划，促进专业发展。通过改进投资决策方式，改善贫困地区教育质量。二是改善学校办学条件。优先为贫困地区教学型学校和非语言学校、弱势学生以及课程开发提供资金支持，扩大免费学校的覆盖面。鼓励私立学校同贫困地区学校建立伙伴关系，满足当地对优质教育资源的

---

① Department for Education, "2010 to 2015 Government Policy: Academies and Free Schools", (2015-05-08), https://www.gov.uk/government/publications/2010-to-2015-government-policy-academies-and-free-schools/2010-to-2015-government-policy-academies-and-free-schools.

② Education Endowment Foundation, "The EEF Guide to the Pupil Premium", (2019-06-14), https://educationendowmentfoundation.org.uk/public/files/Publications/Pupil_Premium_Guidance.pdf.

③ Ofsted, "The Pupil Premium: How Schools Used the Funding", (2012-09-20), https://www.gov.uk/government/publications/the-pupil-premium-how-schools-used-the-funding.

需求。三是为处境不利的学生提供支持。了解弱势儿童需求，支持无法接受学校教育的学生，向地方政府提供经费，以确保这一群体的入学权利。保障处境不利学生对核心课程的选择权，推广使用基于证据的决策方式，从而有力支持处境不利的学生发展。

（二）美国：对低收入家庭进行教育援助

1965年美国总统林登·约翰逊在国会发表的《争取充分的教育机会》（Toward Full Educational Opportunity）中，提议对联邦教育政策进行重大改革，这一提议促进了《初等和中等教育法》（Elementary and Secondary Education Act）获得通过。在当时的美国有三分之一的学生会在高中毕业前辍学，每年辍学青年达到100万，数十万优秀高中毕业生不能继续接受教育，八年级以下文化程度青年的失业率是全国平均水平的四倍，受教育程度较低群体的工作机会减少了10%。针对这一教育与就业形势，美国政府提出了教育面临的四项任务：一是为数百万最需要帮助的处境不利青年提供更好的教育；二是将最好的教育设备、思想和创新置于所有学生的承受范围之内；三是提高教学技能和进行师资培训；四是激励每个阶段都希望学习的人。

为此联邦政府提出，要在学前教育阶段增加教育预算、实施开端计划。在基础教育阶段，对低收入地区实施援助，向各州提供赠款为公立和私立非营利性中小学建设学校图书馆和购买教学资料。为社区内的教育中心和服务提供联邦拨款，建立区域教育实验室，并向州立教育机构提供赠款。在高等教育方面，扩大中低收入家庭接受高等教育的机会，帮助规模较小和落后的大学改善课程以及利用大学资源解决国家贫困和社区发展问题。[1]

1. 1965年《初等和中等教育法》

1965年《初等和中等教育法》奠定了教育在美国反贫困运动中的地位。该法案有四个主要目标：一是为相关学生提供补充教育；二是向

---

[1] Lyndon B. Johnson, "Special Message to Congress: 'Toward Full Educational Opportunity'", (1965-01-13), https://www.presidency.ucsb.edu/documents/special-message-the-congress-toward-full-educational-opportunity.

第六章 缓解相对贫困背景下教育扶贫政策升级研究

低收入家庭儿童集中的学校和地区提供额外拨款；三是关注特殊学生群体需求；四是提高学生学业成绩，缩小优势学生和处境不利学生之间的成绩差距，并帮助其达到较高学术水平。[①]

该法案凸显了联邦政府在州地方教育事务中的地位，为弱势学生提供更多资源，通过提供联邦资金支持贫困家庭子女，缩小学生之间的差距，同时要求学校负责并在全国范围内改善教育公平。通过提升学校办学条件，为农村、原住民等低收入家庭子女提供长期福利保障，特别规定了衡量差距缩小的方法。该法案为贫困地区提供了新的赠款，包括教科书和图书、特殊教育中心建设资金等，并为低收入大学生提供了奖学金、向低收入儿童集中的学校启动特殊教育计划。通过对地方教育部门的拨款，促进了低收入家庭子女教育。

"对地方教育机构进行经济援助，用于低收入家庭教育"（Title I: Financial Assistance To Local Educational Agencies For The Education Of Children Of Low-Income Families）是该法案的第一部分。该条目在为贫困地区教育机构提供联邦援助、改善教育剥夺儿童的处境方面具有里程碑的意义，旨在弥合就读于城市或农村学校的低收入家庭与就读郊区学校的中产阶级家庭子女在阅读、写作和数学等方面的差距，提高考试成绩并鼓励学业发展。通过向中小学低收入家庭学生比例较高的学校和学区分配资金，使有特殊需要的儿童得到更好的支持。[②] 该法案1966年的修正案增加了资助模式的灵活性，扩大了资助标准，服务学生的规模也有所扩大。1967年的修正案为贫困资助规划和评估提供了支持，1969年的修正案制定了"补充而不是替代"（supplement, not supplant）和"可比性"（comparability）的财政要求，并重申该处资金只能用于改善贫困集中地区儿童的服务。1978年的修正案建立了新的集中资助模式，为更多的低收入家庭提供资助，在灵活性上则允许当有75%的学生符合资助要求时，即可以开展全校范围内的资助。

---

① Wayne Riddle, *Title I, Education for the Disadvantaged: Perspectives on Studies of Its Achievement Effects*, Washington, D. C.: Congressional Research Service, Library of Congress, 1996.

② Francis X. Archambault Jr., Robert G. St. Pierre, "The Effect of Federal Policy on Services Delivered through ESEA Title I", *Educational Evaluation and Policy Analysis*, 1980, 2 (3), pp. 33-46.

2. 1981 年《教育巩固提高法案》

1981 年《教育巩固提高法案》(Education Consolidation and Improvement Act) 将资金分配的权力转移到了州一级，从而削弱了联邦权力。将联邦教育计划合并为州级整笔拨款，削减了联邦干预和对教育的资助，同时扩大了州和地方政府在教育管理中的作用，减少了资助对象。[1] 1983 年《国家处于危险之中》(A Nation at Risk: The Imperative for Educational Reform) 使得学生的学业成就成为社会关注的焦点，促成了 1988 年《霍金斯—斯塔福德中小学改进法案》(Hawkins-Stafford Elementary and Secondary School Improvement Act) 取消了全校计划的本地资金匹配要求，提高了项目的可行性。并增加了联邦拨款，引入了州支持的问责制和"计划改进"(program improvement) 要求。将对贫困地区帮扶重点重新放在学校改进和卓越计划上，通过强调高级技能来提高低收入学生的成绩标准，并引入了家长参与机制。另外，还增加了项目改进和全校项目两项新的规定。项目改进是指当接受资助的学生成绩没有得到进步时，即提出程序性的改进要求。要求地方针对总体成绩较低或下降的学校制定和实施学校改进项目，并提供国家援助。要求地方识别没有改进或学业水平下降的学生，评估其需求并考虑对项目进行修改。[2] 1994 年《改善美国学校法案》(Improving America's Schools Act of 1994) 中，联邦政府全面加强了对地方教育的控制，将实施全校计划的门槛从 75% 降低到 50%，使学校有更长的周期使用多个计划中的联邦资金。要求各州至少在三年级水平上制定统一的阅读、数学标准，并对标准的一致性进行了具体规定。增加了目标补助金 (Targeted Grants) 和教育财政奖励补助计划 (Education Finance Incentive Grants programs)。

---

[1] Mary M. Kennedy, Beatrice F. Birman, Randy Demaline, *The Effectiveness of Chapter 1 Services: Second Interim Report from the National Assessment of Chapter 1*, Washington, D. C.: Office of Educational Research and Improvement, U. S. Department of Education, 1987.

[2] *Augustus F. Hawkins-Robert T. Stafford Elementary and Secondary School Improvement Amendments of 1988*, Washington, D. C.: 100th Congress (1987 – 1988), 1988.

第六章 缓解相对贫困背景下教育扶贫政策升级研究

3. 2001 年《不让一个孩子掉队法案》

2001 年《不让一个孩子掉队法案》(No Child Left Behind Act of 2001)将实施全校计划的门槛降低到 40% 的儿童贫困发生率,改革旨在通过强化援助条件,要求各州采用更严格的教育标准,更频繁地进行测试,并要求"取得足够的年度进步",以弥补种族之间、贫富之间的差距。

该法案拓展了 1994 年基于标准改革的规定,要求各州"对所有公立中小学生有学术标准;在 3—8 年级每年进行英语和数学测试;按学校平均成绩报告学生成绩,并按指定子组报告其学业表现,以保障所有学生的学业水平;要求学区和学校负责证明学生在学业上每年有足够的进步"。该法案强调,定向援助学校须将服务重点放在被认定为"无法达到该州学业标准"的学生上。通过学生在阅读和数学标准化考试中的表现衡量学校进展。未能达到联邦期望的学校将失去帮扶资金。[1] 该法案还对贫困及少数民族地区教师的质量提出了"高素质教师"标准。

联邦政府要求各州和学校对实施基于标准的教育负责。如果学校连续两年未能取得足够的年度进步,则必须实施学校改善计划。如果学校在 7 年后仍无法证明其每年的进步,则每增加一年就要增加制裁,直到学区开始实行"替代性治理",未能达到这些目标的学校将被重组,其学生将进入其他公立学校,包括更换所有教师或将学校移交给州或私人管理公司。有研究归纳了这项改革对公立学校的十大影响:一是官方数据表明学生成绩提高;二是学校把更多的时间花在阅读和数学上;三是学校越来越重视课程与教学的结合;四是对考试成绩的分析也越来越细致;五是绩效不佳的学校正在进行彻底的改革;六是在教师任职资格方面取得了相当大的进展,但许多教育工作者对这是否真的能提高教学质量持怀疑态度;七是学生们要参加更多的考试;八是学校更加关注成绩差距和特定学生群体的学习需求;九是州立"需要改进"名单上的学校比例一直稳定;十是联邦政府在教育方面发挥着更大的作用,政府和

---

[1] SRI International, *Evaluation of Title I Accountability Systems and School Improvement Efforts* (*TASSIE*): *First-Year Findings*, Washington, D. C. : U. S. Department of Education Office of the Under Secretary, 2004.

学区扩大了在学校运作中的作用,但往往没有足够的联邦资金来履行其职责。①

4. 2015 年《每个学生成功法案》

2015 年《每个学生成功法案》(Every Student Succeeds Act)的主要目的是确保公立学校为所有学生提供优质教育,让各州在学校如何衡量学生成绩方面拥有更多发言权。这包括贫困学生、少数族裔、接受特殊教育的学生、英语能力有限群体等处境不利的学生。在该法案中,对《农村教育成就计划》(Rural Education Achievement Program)② 进行了修订,旨在帮助农村地区有效获得联邦竞争性补助金,缓解赠款太少无法达到预期目标的情况,其主要包括小型农村学校助学金计划(The SmallRural School Grant Program)、农村低收入学校计划(The Rural and Low-Income School Program)等专项援助,以实现对缺乏教师资源的农村地区的支持。

各州可以在联邦政府提供的框架内决定其学校教育计划,要求每个州和学区发布成绩报告单,必须报告考试成绩结果、高中毕业率、学校资助、教师资格等信息,还要求提供有关学生"子组"(少数民族学生、贫困儿童、英语学习和接受特殊教育学生)的详细信息。要求各州在两个关键领域将父母纳入问责程序:一是在州和地方计划中,将家长作为衡量所在州和学区解决学业成就问题的关键;二是州和学区须对学校的运营情况进行信息公开,使家长在其中具有发言权。该法案还要求建立一个专注于残疾儿童阅读的国家中心,并授权向各州、各学校提供高达 1.6 亿美元的扫盲赠款。③

在资金的分配方式上,在学校表现出致力于提升教育水平意愿的基础上,联邦政府依次将资金分配给州教育机构、地方教育机构、公立学

---

① Jack Jennings, Diane Stark Rentner, "Ten Big Effects of the No Child Left Behind Act on Public Schools" *Phi Delta Kappan*, 2006, 88 (2), pp. 110 – 113.

② U. S. Department of Education, "Rural Education Achievement Program", https://www2. ed. gov/nclb/freedom/local/reap. html.

③ U. S. Department of Education, "Every Student Succeeds Act (ESSA)", https://www. ed. gov/essa.

第六章 缓解相对贫困背景下教育扶贫政策升级研究

校,该分配方式也被称为"弱势群体教育——对地方教育机构的赠款",获得该项补助学校的学生至少有40%来自低收入家庭。基于人口普查中的贫困评估和每个州的教育成本,通过四个法定公式[①]分配联邦赠款。其中,基本赠款是最大的组成部分,集中赠款是四笔赠款中最小的一笔,适用于符合条件儿童数量超过6500人或占该地区5—17岁人口15%的地区。根据加权系统,将目标补助金分配给各地区,使符合资格的地区受益,通过向各州分配教育资金奖励赠款,提供更多资金用于低收入和处境不利的儿童。[②] 根据地区人口和与城市化地区的临近程度,最终分配依次为大城市、偏远农村地区、郊区、边远城镇、边远农村地区。[③]

(三) 日本:以解决贫困学生入学为目标的入学援助制度

1. 义务教育免费政策

日本政府通过进行系列立法保障义务教育。1952年《义务教育费用国库负担法》[④]作为义务教育免费原则的依据,维持和提高了教育机会公平及其水平,日本对义务教育的保障体现在以下三个方面。

一是义务教育学校建设。1958年《义务教育学校设施费国库负担法》[⑤]厘清了政府承担的义务教育学校设施费用,根据每个财政年度的预算,为学校建设提供补贴,政府承担的支出类型为主要建设成本、附带建设成本和行政成本。其中规定"政府应承担建设公立义务教育学校所需的部分费用,以促进公立义务教育学校和其他设施的发展。为确保义务教育的实施,制定政府设施维护基本政策,并根据地方政府设施

---

① National Center for Education Statistics, *Allocating Grants for Title I*, Washington, D. C.: U. S. Department of Education Institute for Education Science, 2016.

② U. S. Department of Education, "Improving Basic Programs Operated by Local Educational Agencies (Title I, Part A)", https://www2.ed.gov/programs/titleiparta/index.html.

③ National Center for Education Statistics, "Study of the Title I, Part A Grant Program Mathematical Formulas", https://nces.ed.gov/pubsearch/pubsinfo.asp?pubid=2019016.

④ "義務教育費国庫負担法",(昭和二十七年),https://elaws.e-gov.go.jp/search/elawsSearch/elaws_search/lsg0500/detail?lawId=327AC1000000303&openerCode=1.

⑤ "義務教育諸学校等の施設費の国庫負担等に関する法律",(昭和三十三年),https://elaws.e-gov.go.jp/search/elawsSearch/elaws_search/lsg0500/detail?lawId=333AC0000000081.

维护计划将赠款分配到项目",具体明确规定了学校建筑成本的计算方法、设施基本维护政策、支付补助金等方面。

二是义务教育教科书免费政策。1962年《义务教育教科书免费法》①明确了义务教育教科书免费使用原则。次年,《义务教育学校教科书无偿措施法》②进一步完善了义务教育教科书的出版发行制度,有效保障了义务教育教科书制度的顺利实施。该制度首先在1963年小学一年级实施,并根据年级逐年扩大,截至1969年,该政策在小学和初中所有年级全面实施。自1966年开始,文部省开始印制标有"义务教育教科书免费制度"的纸袋,并将新学年的教科书放入纸袋一并发放给学生。此外,还通过会议、通知等方式向教育委员会和学校传达这一制度的重要性,如在开学典礼上举行"教科书授与仪式",并在教科书印上"这本教科书是由国民税收提供的,供免费使用,承担着对日本未来的期望,让我们好好使用"③的字样。

三是义务教育教师保障政策。为稳定和提高义务教育水平,1974年《确保义务教育学校教育人员维护和提高学校教育水平的特殊措施法》④,明确提出"与普通公务员的工资水平相比,必须为义务教育学校教师工资提供必要的激励"。

2. 偏远地区教育帮扶政策

1954年,为提高偏远学校的教育水平,日本颁布实施了《偏僻地区教育振兴法》⑤,主要面向山区、偏远岛屿和其他交通不便以及自然、

---

① "義務教育諸学校の教科用図書の無償に関する法律",(昭和三十七年),https://elaws.e-gov.go.jp/search/elawsSearch/elaws_search/lsg0500/detail?lawId=337AC0000000060.

② "義務教育諸学校の教科用図書の無償措置に関する法律",(昭和三十八年),https://elaws.e-gov.go.jp/search/elawsSearch/elaws_search/lsg0500/detail?lawId=338AC0000000182.

③ 文部科学省,"義務教育教科書無償給与制度の意義を伝えるために",https://www.mext.go.jp/a_menu/shotou/kyoukasho/gaiyou/04060901/__icsFiles/afieldfile/2017/06/19/1235098_002.pdf.

④ "学校教育の水準の維持向上のための義務教育諸学校の教育職員の人材確保に関する特別措置法",(昭和四十九年),https://elaws.e-gov.go.jp/search/elawsSearch/elaws_search/lsg0500/detail?lawId=349AC0000000002&openerCode=1.

⑤ "へき地教育振興法",(昭和二十九年),https://elaws.e-gov.go.jp/search/elaws-Search/elaws_search/lsg0500/detail?lawId=329AC0000000143.

第六章 缓解相对贫困背景下教育扶贫政策升级研究

经济和文化条件不利的学校。涉及教师保障、改善教育教学设施、提升学生的学习能力等内容，采取国家和地方合作的方式，旨在缩小偏远地区的教育差距，提升教育水平。该法案明确划分了市、町、村和都、道、府、县的相关任务。在市、町、村，其相关任务主要包括，改善偏远地区教材、教学设备、培训教师，丰富教育内容；为偏远地区学校工作的教职员工提供住房、住宿和其他福利，并提供学校和社会教育设施；确保师生员工的健康、促进入学等。在都、道、府、县，其相关任务主要包括：一是面向偏远地区教育实际教学、教材、设备等进行研究，编制教材；二是为在偏远地区学校工作的教师提供培训；三是向市、町、村提供政策执行的指导、建议或协助；四是县政府必须采取措施为教师提供足够的机会。保障教师和教职员工数量，培训在偏远地区学校工作的教师，并保障培训所需的费用。并在《偏僻地区教育振兴法施行令》[①]中列出了所需经费的范围和计算标准。

相关政策在实施过程中不断被优化。1958年该法修订案提高了国家补贴率，增加了购买校车和船只的费用，以及用于支付学校卫生管理费和通勤航班的费用，明确了偏远地区的津贴标准、比例等。1959年出台的《偏僻地区教育振兴法实施细则》[②]中对"偏远地区"的划分标准进一步明确。包括根据距离车站、综合医院确定基准点数，根据距离医院、诊所、中学、邮局、市町村教育委员会、金融机关、超市、政府所在地等确定调整点数，通过"基准点数"和"调整点数"计算"合计点数"对"偏远地区"进行量化。1970年修正案进一步扩大了发放津贴的范围。

在促进偏远地区教育方面，还根据预算支持采取了多种措施。[③]一是对教师进行补贴。对在偏远地区工作的教师实行特殊加薪制度，提供

---

① "へき地教育振興法施行令"，（昭和二十九年），https://elaws.e-gov.go.jp/search/elawsSearch/elaws_search/lsg0500/detail?lawId=329CO0000000210。

② "へき地教育振興法施行規則"，（昭和三十四年），https://elaws.e-gov.go.jp/search/elawsSearch/elaws_search/lsg0500/detail?lawId=334M50000080021。

③ 学制百年史编集委员会，"へき地教育の振興方策，へき地教育の振興"，（平成二十一年），https://www.mext.go.jp/b_menu/hakusho/html/others/detail/1317809.htm。

课程津贴,并为在偏远学校工作的教师子女宿舍提供补贴;二是改善教育环境。为学校安装发电设备、购买电视接收器和录制机,以及为中小学宿舍建设、饮食设施维护、给水设施、校舍维修、卫生室维护等提供补贴;三是对学生进行补贴。对偏远地区中小学生个人、宿舍、餐饮等进行补贴;四是重视偏远地区的教育内容。包括教材、课程、教科书等方面;五是优化班级结构。改进复式班教学,如取消单班学校和小学四、五年级复式班等。

六 值得借鉴的国际经验与启示

2020 年全面建成小康社会之后,我国扶贫事业进入解决相对贫困问题的阶段,现行扶贫标准下农村贫困人口将全部脱贫。十九届四中全会公报提出了"坚决打赢脱贫攻坚战,巩固脱贫攻坚成果,建立解决相对贫困的长效机制"[①],解决"相对贫困"问题的提出,标志着在 2020 年消除绝对贫困后,脱贫攻坚重心的转移。

本研究认为在缓解相对贫困问题上,英美日等发达国家"教育扶贫"政策,与其国家战略相融合,共同聚焦于弱势群体的教育培训、食品与营养援助、低收入家庭成员参与式援助、提升处境不利儿童学业成绩等方面,对我国 2020 年之后的教育扶贫战略重点具有借鉴意义(图 6-1)。

第一,在社会方面,为降低弱势群体的失业率,英美日等国普遍采用增加低收入群体学习机会、开展就业培训等方式解决相对贫困问题。低收入者从事工作的技术门槛往往较低,技术的更新迭代以及退休年龄的延长要求其需要适应更高薪水、更高技能的工作。但这一群体对社会变化的接受程度及适应能力较弱,且学历较低,容易处于失业的边缘状态,无法抵御工作变动风险。政府往往出台相关教育培训政策,帮助这一群体更好地适应工作变动的需要,满足市场对劳动者素质提升的要求。英美日的主要政策与实践包括:一是因人而异"精准帮扶",为劳

---

① 中共中央:《关于坚持和完善中国特色社会主义制度推进国家治理体系和治理能力现代化若干重大问题的决定》,2019 年 10 月 31 日。

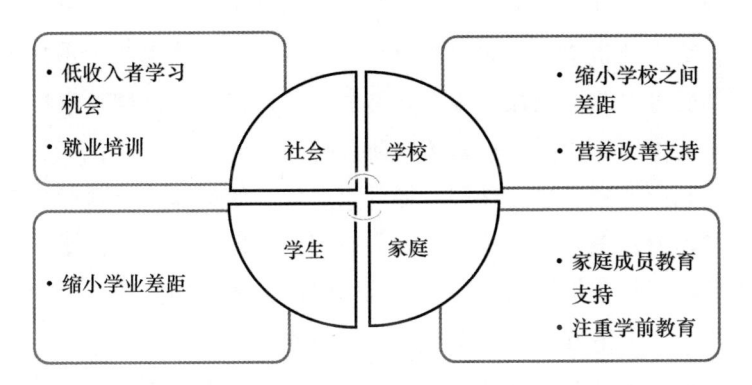

第六章 缓解相对贫困背景下教育扶贫政策升级研究

图 6-1 缓解相对贫困背景下英美日等国教育扶贫政策重点

动者提供职业生涯规划咨询，降低失业率；二是完善教育培训方案，使低收入群体能够更好地工作；三是通过教育和培训，鼓励低收入群体发现创新创业机会；四是为这一群体提供"精准"技能培训机会及就业信息服务支持。

第二，在学校方面，为提升欠发达地区学校教育质量、学生健康水平，英美日等国普遍采用缩小学校间的差距、改善食品和营养供给等方式解决相对贫困问题。教育投资与健康投资具有统一性，两者可以相互提高彼此的收益。健康可以降低人力资本贬值速度，寿命变长可以提高人力资本收益；而健康知识的获得依赖于学校教育或培训，教育通过提高生产率进一步提升了健康投资的收益。[1] 不同国家的主要政策与实践包括：一是通过适当的营养补充维持和促进学生健康；二是依托学校提供的校餐等方式，对学生进行健康教育，加深对日常饮食的正确认识，养成健康饮食习惯；三是通过健康教育使学生保持健康体魄，提升学习效率；四是加深学生对社会、自然的理解，养成尊重生命、尊重自然的环保意识；五是培养学生劳动观念的养成，实现全面发展。

第三，在家庭方面，为降低贫困发生率，英美日等国普遍采用以家庭为核心的一揽子改善方式解决相对贫困问题。家庭是解决儿童贫困问

---

[1] Burton A. Weisbrod, "Education and Investment in Human Capital", *Journal of Political Economy*, 1962, 70 (5), pp. 106-123.

题的重要途径，涉及一系列因素。通过早期干预方式支持贫困家庭子女发展，扩大生活机会，为未来提供保障，帮助儿童进步并防止其成为处境不利的父母。不同国家的主要政策与实践包括：一是调整帮扶资金投入结构，为贫困家庭提供针对不同阶段持续性的资金支持；二是为贫困家庭创造积极的家庭学习环境，提升家庭成员的素养，使其形成积极向上的脱贫动力；三是从受孕开始即为贫困家庭提供身心健康支持等公共卫生服务；四是注重解决残疾儿童等弱势群体面临的特殊教育障碍。

第四，在学生方面，为缩小贫困家庭的学业差距，英美日等国普遍采用提升处境不利儿童学业成绩的政策措施，强化教育问责以及帮扶，从而促进教育公平。不同国家的主要政策与实践包括：一是明确学业成绩在"教育扶贫"中的地位。即教育扶贫不仅包括贫困群体的入学机会还包括受教育过程及结果，贫困家庭与普通家庭子女学业成绩差距缩小也是教育扶贫的重要内容；二是实施积极的问责制度。通过向教师、家长、学生提供教育评价信息，公开处境不利学生的进步程度，对改进不利的学校进行问责，以缩小学生学业间差距。

第三节 中国教育扶贫政策的战略升级

通过对我国已脱贫县教育发展现状以及英美日等国教育扶贫政策发展历史背景的分析，本研究提出了我国2020年之后教育扶贫的总体战略升级思路构想：立足国家发展趋势，重新认识和把握教育在扶贫中的定位，将教育作为解决相对贫困问题的第一要素。充分发挥教育在参与基本公共服务供给、推进经济增长方式转变、提升区域竞争力、完善国家治理体系所发挥的基础性、先导性作用，全面对接乡村振兴战略，构建与城乡发展相适应的人力资源结构，肩负起全面建设社会主义现代化国家的历史重任。

一 从"扶教育之贫"向"靠教育脱贫"升级

（一）发挥职业教育扶贫在乡村振兴中的效用

2019年1月，国务院印发的《国家职业教育改革实施方案》提出

第六章 缓解相对贫困背景下教育扶贫政策升级研究

了"服务乡村振兴战略,为广大农村培养以新型职业农民为主体的农村实用人才"。要发挥职业教育在教育扶贫中的重要作用,通过改善人才培养模式、创新乡村振兴智力支持机制,建立新型职业教育帮扶模式,实现人力资本增值。根据乡村资源特点匹配职业教育资源供给结构,在数量、布局、学科、专业上,不断寻找职业教育扶贫与乡村人力资源开发的契合点,具体包括以下两个方面。

一方面,要通过职业教育保障技能脱贫。减缓相对贫困新阶段的职业教育扶贫,并不仅仅是为了摆脱贫困,而是通过一技之长实现人生价值的阶段。欠发达地区的职业教育在专业设置、课程体系、教学内容等人才培养方面供给乏力,对市场需要、技术含量较高的技能型人才供给不足。这就要求在强化职业教育自身发展的同时,应更加重视对欠发达地区职业教育帮扶。应以"增强就业能力"为核心,在"请进来"的基础上将"走出去"作为重点,增强其自身发展能力。"请进来"即进一步加大对当地职业教育的帮扶力度,改善职业教育办学条件与水平。"走出去"的表现有两种形式,一是组织学生到发达地区职业教育学校接受职业技能学习,以异地教育的方式为欠发达地区产业发展培养急需人才;二是应积极探索和推动与中国制造"走出去"战略相配套的欠发达地区职业教育发展模式。通过校企合作、订单式人才培养等方式发挥产业优势和人力资源优势,促进职业教育发展。

另一方面,职业教育扶贫要融入乡村经济社会发展。特别是开展职业技术教育要重视实践,不能只在"黑板上种田",一定要教给学生实际本领,使他们回家后有可能成为生产能手。[①] 一是依托国家区域发展战略,统筹推进职业教育布局。根据欠发达地区的实际状况,因地制宜通过科学规划构建与当地经济社会发展、产业结构相协调的办学模式,提升职业教育对当地经济发展的促进作用;二是实现乡村建设和职业教育扶贫的"双向促进"。即职业教育促进乡村建设;乡村发展反哺于职业教育。通过应用技术大学的建设,加快职业教育扶贫融入乡村振兴,以增强对乡村建设的支持力度、重点领域的紧缺技术人才培养力度,进

---

① 习近平:《摆脱贫困》,福建人民出版社1992年版,第175页。

一步拓展乡村发展空间；以专业集群、学校集群推动乡村发展，以应用型人才带动乡村振兴，缓解无法满足欠发达地区对高层次职业教育人才需求的矛盾。

（二）通过职业技能培训提升乡村低收入家庭的收入水平

2019年10月，教育部办公厅等十四部门印发的《职业院校全面开展职业培训促进就业创业行动计划》，鼓励涉农职业院校"深入开展技能扶贫，服务脱贫攻坚和乡村振兴"。职业技能培训应以提升低收入家庭的收入水平为抓手，发挥教育培训对减贫的直接作用，实现从收入脱贫到能力脱贫的跨越。面向具备劳动能力低收入家庭的教育培训，能够直接降低其脆弱性以提升其可持续发展能力，人力资本的提升将使低收入家庭获得更高收入和更多机会，降低致贫风险，具体包括以下两个方面。

一方面，相对扶贫阶段的职业技能培训应以提升个人职业竞争力为目标。一是为低收入家庭提供有针对性的职业技能培训，满足低收入家庭的择业、就业、创业等基本需求，使其获得生产、生活所需的知识和技能；二是发挥政府主导作用，加强公共资源投入力度，为低收入家庭提供免费基本的职业技能培训，提升其就业、生活能力；同时关注低收入家庭之间的不平衡与不充分发展，引入社会培训力量，通过社会公益、政府补贴等方式满足低收入家庭多样化需求；三是融合开放教育、社区教育、终身教育、职业教育等多种资源开展培训。通过网络、开放大学、职业技术学校、乡村活动中心等各类公共设施，为有需求的家庭提供培训资源，为所有家庭成员提供教育选择机会及个性化学习条件，将培训与职业技能密切联系，改变教育与社会、生活相脱离的现象。

另一方面，因地制宜设置常态化培训课程体系。一是合理规划教育培训体系。基于乡村振兴战略规划，结合乡村振兴生产、生活、发展需要，科学设置培训内容、安排培训环节；二是在师资来源方面。职业教育学校应积极参与制定培养计划，鼓励退休教师、熟练技工等担任培训教师，同时引入市场机制，以政府购买方式加强培训队伍的师资建设；三是加强职业技能培训效果评价。建立以满足乡村振兴需求、提高低收

第六章 缓解相对贫困背景下教育扶贫政策升级研究

入家庭收入水平为导向的培训评价体系。成立由地方政府部门主管的"职业技能评价咨询委员会",负责评价的设计和管理。建立培训项目的动态调整机制,通过制度化评价定时向社会发布评价结果,对不合格的培训项目予以调整。

二 从以农村教育为主向城乡教育扶贫升级

(一)统筹城乡教育扶贫政策

2016年12月,国务院颁布实施的《国家人口发展规划(2016—2030年)》提出了"扶贫开发由主要解决绝对贫困向缓解相对贫困转变,由主要解决农村贫困向统筹解决城乡贫困转变"的"两个转变"。统筹解决城乡贫困的意义在于保障扶贫政策惠及全部贫困群体,在教育上具体表现为促进基本公共教育服务均等化方面。在解决绝对贫困问题时期,教育扶贫政策的实施以保障农村贫困群体受教育机会为重点。在减缓相对贫困新阶段,教育扶贫资源配置应与城镇化进程相适应、与缩小城乡间政策差距相适应,从而增强困难群众自我发展能力和内生动力,具体包括以下两个方面。

一方面要与我国城镇化进程相适应。由于城乡二元结构长期存在,我国城乡发展不平衡[1],农村较于城市处于相对落后状态,是我国脱贫攻坚的主要战场。随着新型城镇化和户籍改革的推进,2019年末,我国城镇人口占总人口比重(城镇化率)达到60.6%[2],城镇化率升高表明越来越多的人口从农村迁移到了城市,会导致城市相对贫困人口的增加,相对贫困发生率也会相应增长,这一群体将成为教育扶贫的重要着力点。

另一方面要与缩小城乡间教育扶贫政策差异相适应。当前,城乡在教育扶贫力度方面存在一定的不同,如农村义务教育阶段学生营养改善计划,针对的是农村义务教育阶段学生,城市家庭学生并不能享受到相

---

[1] 鲍传友:《教育公平与政府责任》,北京师范大学出版社2011年版,第2—13页。
[2] 国家统计局:《2019年国民经济运行总体平稳发展主要预期目标较好实现》(http://www.stats.gov.cn/tjsj/zxfb/202001/t20200117_1723383.html)。

应的政府补贴。致使在城乡接合地区学校的同一班级内的城乡学生出现了两种不同就餐方式，对教育教学以及学生的身心发展产生了不良影响。解决相对贫困问题的本质在于缩小教育差距，随着"义务教育有保障"的实现，如何缩小城乡间教育扶贫政策差距成为这一时期的关键问题。作为阻断贫困代际传递的重要手段，应加快构建适用于城乡的教育扶贫政策体系。将教育扶贫政策延伸到城市，将城镇群体纳入到教育扶贫对象中，统筹推进政策供给，优化公共资源配置，着力缩小教育扶贫政策城乡供给的差距。

（二）优化城乡高中阶段教育扶贫政策

根据《高中阶段教育普及攻坚计划（2017—2020年）》的发展目标，2020年全国普及高中阶段教育。在这一背景下，要继续优化城乡高中阶段教育扶贫政策，具体包括以下四点。

一是加大对欠发达地区高中阶段的财政投入，合理规划高中阶段学校。建立健全欠发达地区教育经费保障机制，完善生均经费标准和生均财政拨款基本标准。根据实际情况，对尚无高中阶段教育学校的欠发达地区进行布局，通过新建、改扩建、异地搬迁等方式方便城乡学生接受教育。

二是进一步提高欠发达地区高中普及水平。在有条件的地区试点开展高中阶段"控辍保学"，加大高中阶段困难学生资助力度，提升资助的精准度。通过优化高中阶段学校基本办学条件，缩小中等职业教育学校与普通高中办学条件之间的差距，促进普通高中教育与中等职业教育协调发展。

三是调整优化普职之间的规模结构。针对欠发达地区中等职业教育招生占比较低的情况，国家应优化资源配置手段，引导地方结合产业扶贫、电商扶贫、生态扶贫、科技扶贫的需要，协调高中阶段普职比例，扩大职业教育影响力与吸引力，为初中毕业生提供更多优质的教育选择。

四是鼓励优质高中实施定点扶贫，重点增强欠发达地区高中教育教学水平的内生动力。教育扶贫政策应关注"补偿贫困学生的能力缺陷""破除阻碍学生成功的结构性因素"以及"贫困群体与社会结构之间的

第六章 缓解相对贫困背景下教育扶贫政策升级研究

互动"。① 鼓励优质高中定点帮扶高中薄弱学校,在课程、教学、师资、管理等方面全面带动薄弱学校提升。现阶段,异地高中班的办学帮扶模式主要是通过学业成绩在初中毕业生中选拔成绩优秀的学生进入支援学校学习,从而增加贫困地区学生的入学机会,部分解决了贫困地区学生的教育问题。在减缓相对贫困新阶段,教育扶贫还应重点关注欠发达地区当地高中学生的学业水平,通过加大帮扶力度,变输血式帮扶为造血式帮扶,促进当地高中教学质量提升。

三 从以学校教育扶贫为主向家校扶贫升级

(一)发挥儿童早期教育对缓解家庭贫困的重要作用

2018年11月,《中共中央 国务院关于学前教育深化改革规范发展的若干意见》提出了"要充分考虑人口变化和城镇化发展趋势,结合实施乡村振兴战略,制定应对学前教育需求高峰方案"。大量研究及国内外实践表明,儿童早期干预对解决贫困问题具有重要作用。应推动家校合作,针对贫困家庭儿童、留守儿童、随迁子女、特殊教育儿童等保障儿童受教育权着手,构建早期教育扶贫体系,具体包括以下三点。

一是结合乡村振兴战略,合理布局学前教育园舍。将学前教育扶贫纳入乡村振兴战略,加快学前教育对欠发达地区的支持。在幼儿园建设方面,鼓励独立办园或邻近村联合办园,在适龄人口较为集中的地区应充分利用中小学布局调整后的闲置校舍资源建设幼儿园,以满足当地居民就近入学的需要;对适龄儿童较少的乡村,设立幼儿巡回支教点,方便开展教育活动以及对家长进行育儿指导。在乡村幼儿园管理方面,应依托乡镇中心幼儿园对其辐射范围内的各类学前教育机构进行规范化管理,承担保育教育、师资培训、教研等方面的职能,以弥补基层学前教育管理力量的不足,促进学前教育扶贫与乡村振兴战略协调。

二是应以政府为主发展学前教育。在欠发达地区,受到办学成本、投资回报等方面因素影响,社会办学动力不足。政府要通过优化

---

① 孟照海:《教育扶贫政策的理论依据及实现条件——国际经验与本土思考》,《教育研究》2016年第11期。

管理体制，促进学前教育发展。当前我国学前教育的管理责任主要在乡镇一级，这一体制已不能适应学前教育发展的实际需要，应改革管理体制。省级政府统筹制定学前教育发展规划和政策措施，加大公共财政对学前教育的投入力度，确立各级财政投入向农村学前教育倾斜，建立并完善学前教育生均拨款制度。同时，通过税费减免、捐资奖励、政府购买服务等方式扶持普惠性民办幼儿园，多渠道扩大普惠公益学前教育覆盖面。

三是加强乡村学前教育教师队伍建设。通过实施乡村幼儿园"特岗计划"、薪酬激励、中小学富余教师转岗、优化师资编制等方式，不断提高公办教师比例，增强学前教育教师职业吸引力。通过完善生均拨款、专项补助等方式，确保合同制学前教师工资收入与编制内教师相当，实现同工同酬。

（二）发挥家长参与教育扶贫的作用

家庭教育对解决儿童贫困具有重要意义。2019年6月，《中共中央　国务院关于深化教育教学改革全面提高义务教育质量的意见》提出了要"重视家庭教育"，并明确了社区、学校、家长在家庭教育中的作用与责任，因此应积极引导弱势群体重视家庭教育、关注儿童身心发展，具体有以下两个方面。

一方面，引导弱势群体重视家庭教育。应积极协同"家庭—学校—社区（村）"之间相互联系，依托学校、社区提升家庭成员之间的互动频率。一是通过学校提升家长的整体参与能力。开展家长学校、一对一帮扶等家校协同机制帮助家长获取家庭教育知识。加大对家长的培训、帮扶力度，使其转变教育观念，明确自身在教育中的重要地位；二是社区通过提供相关的服务为贫困家庭提供帮助。将教育帮扶与改善家庭经济条件的帮扶措施相结合，通过提供有针对性的服务，解决家长在育儿、就业等方面的实际困难，为贫困提供综合解决方案创造条件。政府应结合家长收入、儿童数量、赡养老人等实际，通过税收减免、发放补助、增加福利等方式减轻弱势群体的经济负担；同时将教育扶贫与健康扶贫、就业扶贫等多元帮扶措施密切配合，进而推动家庭致富能力提升。

第六章 缓解相对贫困背景下教育扶贫政策升级研究

另一方面,引导处境不利家长关注子女德、智、体、美、劳全面发展。减缓相对贫困新阶段的教育扶贫,不仅要引导家长关注子女学业质量,更要关心儿童身心的全面发展。在制度设计上,应将家校沟通纳入到教育评价体系,通过学校引导家长参与到学生的身心教育中,充分发挥家长在教育中的作用;还应发挥社会组织、新闻舆论作用,通过宣传使家长认识到家庭教育对儿童情感培养、健康促进的重要意义,树立典型引导家长、学生形成正确的教育观念。

四 从以数量评价为主向量质并重升级

(一)强化教育扶贫绩效评价体系建设

2020年2月,中共中央办公厅、国务院办公厅印发的《关于深化新时代教育督导体制机制改革的意见》明确将教育扶贫纳入到重点督导评价的对象。当前农村教育扶贫"项目制"存在主体参与的"缺失"、方式选择的"异化"、成果考核的"失真"[1] 以及执行方面的偏差[2]等,在减缓相对贫困新阶段,应进一步完善教育扶贫的顶层制度设计和治理体系,具体有以下三个方面。

一是确保脱贫效果的可持续性。完善教育扶贫政策体系,降低资金使用的盲目性。全面规范各级各类教育帮扶措施,完善教育扶贫绩效管理从重数量到数量质量并重的转变。稳步提升欠发达地区教育教学水平,积极支持教师发展。完善质量保障体系,将教育扶贫政策效果作为扶贫事业的约束性标准之一。

二是加强教育扶贫绩效评价。要切实落实对教育扶贫绩效评价,就必须要改进现有评价方式,建立一套相对完善的评价体系。应对教育扶贫的资金来源、过程投入、实施效果等方面进行评价,包括全面贯彻国家对教育扶贫重大项目的各项规定和要求、达到预期政策目标等内容,

---

[1] 黄巨臣:《农村教育扶贫"项目制":运作逻辑、执行困境及应对策略》,《宁夏社会科学》2018年第2期。
[2] 姚松:《教育精准扶贫中的政策阻滞问题及其治理策略》,《中国教育学刊》2018年第4期;付昌奎、邬志辉:《教育扶贫政策执行何以偏差——基于政策执行系统模型的考量》,《教育与经济》2018年第3期。

根据绩效评价结果，合理进行教育扶贫资源配置，以确保教育扶贫能够为扶贫对象提供切实有效的帮助和保障。具体到帮扶对象，应合理评价其资助使用情况。以贫困学生资助制度为例，在绝对贫困标准下，家庭的贫困状况是其获得相关资助的主要依据；在减缓相对贫困新阶段，教育扶贫则应充分考虑贫困学生资助的绩效，应根据其在校表现、家庭经济状况、生活条件、学业水平等展开综合评价。对思想道德出现问题、学业成绩提升不明显等个人表现不佳的学生应考虑降低或取消资助标准。

三是完善教育扶贫问责制度。充分利用建档立卡数据库、户籍系统等信息化手段提升问责的精细化水平。将教育扶贫责任追究纳入到地方政府、学校的考核体系。建立教育扶贫的奖惩机制，以提高资金使用效率。对教育扶贫实施效果较好的欠发达地区实施奖励，对教育扶贫实施不理想的地区追究相关主体责任并限期整改。除了针对教育扶贫各环节的监督，还应加强教育扶贫信息公开力度，维护地方政府、学校、学生、家长等各方面的权益，从而推动教育扶贫的健康可持续发展。

（二）优化教师队伍，提升教育质量

2018年1月，《中共中央 国务院关于全面深化新时代教师队伍建设改革的意见》将提高中小学教师质量作为提升教师专业素质能力的重要方面。在减缓相对贫困新阶段，欠发达地区教育质量的提升应以提高教师质量为突破口，改革人才培养模式，提高教师综合素质。通过深化教师培训、编制、补助、帮扶措施等改革，使其与教育发展相衔接、相协调，推进教育质量提升，具体表现在以下两个方面。

一方面，应继续提升教师职业在欠发达地区的吸引力。通过继续实施相关教师补充培养政策，弥补教师数量缺口。按照生师比和班师比等相关标准配备教师资源，推动职称、编制向欠发达地区倾斜。积极推动教师培养模式改革，推动师范院校与地方政府、学校联合定向培养教师，探索解决教师总量不足以及结构不合理等问题的新模式。进一步深化教师教育改革，突出课程的前沿性、可选择性、实践性，不断提高教师教育的专业化水平。提高欠发达地区教师的培训质量，在"中小学教师国家级培训计划"中，继续加大对乡村教师的培训力度，以乡村

第六章　缓解相对贫困背景下教育扶贫政策升级研究

教师和校长为重点,与优质中小学教育资源相配套,进一步完善教师培训体系。继续实施乡村教师生活补助系列政策,提高对欠发达地区的生活补助标准,吸引优秀教师自愿到欠发达地区任教。

另一方面,加大对欠发达地区教师的支援力度。将对口支援纳入到基本公共教育服务体系,在教育东西协作扶贫、银龄讲学计划的基础上,整合优化教师支援队伍,建立师资支援共同体。发挥优质学校辐射带动作用,提升受援学校的整体教学水平。推进教育帮扶协作校之间的校长、教师交流制度,通过帮扶措施加速区域教育发展,实现优质信息资源共享,对欠发达地区的计算机软硬件设施应根据信息化发展的需求及时更新淘汰,提升优质资源使用率,整体提升受援学校的办学质量。

第四节　减缓相对贫困新阶段教育扶贫政策设计的建议

一　建立健全教育扶贫政策的衔接机制

在减缓相对贫困新阶段,需要教育在参与式扶贫中发挥更大的作用。贫困群体社会资本与人力资本的提升要求教育扶贫要在时间、空间上与经济社会政策实现全面对接,进一步发挥政策效能,具体内容包括以下四个方面。

第一,为后批脱贫县设立教育扶贫的政策缓冲期。根据"设定时间表、留出缓冲期、实行严格评估、实行逐户销号"的贫困县退出安排,对"留出缓冲期",习近平总书记指出:"客观上讲,贫困县摘帽后培育和巩固自我发展能力需要有个过程。这就需要扶上马、送一程,保证贫困县摘帽后各方面扶持政策能够继续执行一段时间,行业规划、年度计划要继续倾斜,专项扶贫资金项目和对口帮扶等也要继续保留。"[①]自 2017 年 2 月井冈山市作为国家贫困退出机制建立后首个脱贫"摘帽"的贫困县开始,我国贫困县陆续退出。各贫困县贫困退出的时间

[①] 《习近平 2015 年 11 月 28 日在中央扶贫开发工作会议上的讲话》(https://www.xuexi.cn/lgpage/detail/index.html? id = 15309761282700410518)。

不一，首批退出的县与2020年最后一批贫困县中间相隔近4年时间，根据《中共中央办公厅　国务院办公厅关于建立贫困退出机制的意见》中"贫困人口、贫困村、贫困县退出后，在一定时期内国家原有扶贫政策保持不变，支持力度不减，留出缓冲期，确保实现稳定脱贫"的要求，在2020年全面建成小康社会之后，结合教育扶贫的特点，仍需要为后批脱贫县设置一定时间的政策缓冲期，防止因贫辍学现象的发生。

第二，注重后批脱贫县在缓冲期的政策执行衔接机制设计。在教育脱贫攻坚阶段形成的一系列政策执行机制，不仅能够有效作用于绝对贫困问题，而且对防止返贫、振兴乡村具有重要意义。如各地政府均出台了相关"控辍保学"政策实施方案，事实证明，该政策在实现"义务教育有保障"目标，以及贫困户、贫困县退出方面发挥了重要作用，推动了城乡义务教育发展。政府、学校派驻专门工作队伍逐村逐户逐一落实该政策，不让一个适龄儿童因家庭贫困而辍学。在过渡期内，需要进一步继续发挥相应机制作用，为巩固脱贫成果，奠定良好的基础。如果该政策的执行力度有所减弱，可能会造成新的辍学问题出现，如何在全面建成小康社会之后形成新的控辍保学执行机制，保持控辍保学政策执行的连续性和稳定性，就需要在过渡期内加以解决。

第三，注重教育扶贫与乡村振兴战略的衔接机制设计。2018年1月，《中共中央　国务院关于实施乡村振兴战略的意见》在农村教育方面提出了"优先发展农村教育事业"，涉及义务教育、学前教育、高中阶段教育、职业教育、学生资助、特殊教育、师资建设等方面；在人才支撑方面，明确把"人力资本开发放在首要位置"，并提出"大力培育新型职业农民""加强农村专业人才队伍建设""发挥科技人才支撑作用""鼓励社会各界投身乡村建设""创新乡村人才培育引进使用机制"等政策措施。9月，中共中央、国务院印发的《乡村振兴战略规划（2018—2022年）》提出了"优先发展农村教育事业"的各项政策措施，并在"农村公共服务提升计划"中聚焦乡村教育质量提升；在"乡村就业促进行动"中聚焦农村劳动力职业技能培训与城乡职业技能公共实训基地建设；在"乡村振兴人才支撑计划"中提出了农业科研

第六章 缓解相对贫困背景下教育扶贫政策升级研究

杰出人才计划和杰出青年科学家项目、乡土人才培育计划、乡村财会管理"双基"提升计划、"三区"人才支持计划。

教育在乡村振兴中发挥着不可替代的作用,通过"智志双扶"实现生活与精神双富裕,有助于唤醒贫困群体的脱贫意识、增强其脱贫内生动力,建立稳定脱贫的长效机制。在乡村振兴战略的五大政策目标中,将教育作为实现乡风文明的重要方面。在这一政策背景下,实现教育扶贫的融入,其关键是实现教育观念、农村教育规划等方面的有效衔接。在教育观念上,一方面要把教育是"阻断贫困代际传递的治本之策"的理念贯穿到解决相对贫困问题的全过程。只有从观念上重视教育,才有可能从根本上巩固脱贫攻坚成果;另一方面,要将教育扶贫与乡村振兴战略相结合。将发展教育作为实现乡村振兴的优先任务,以教育扶贫提升乡村人力资源发展水平,以乡村振兴带动农村教育事业发展,进而推动乡村可持续发展;在农村教育规划上,通过教育扶贫实现乡村教育发展、城乡差距缩小。教育扶贫包含各级各类教育发展、教育救助、教育帮扶等多个维度,涵盖了教育的各个方面。针对绝对贫困问题的教育扶贫政策效果主要体现在"义务教育有保障"以及"发展教育脱贫一批"两个方面,在减缓相对贫困新阶段就需要与乡村振兴战略相融合以解决城乡差距、区域差距、教育质量差距等问题。

第四,注重教育扶贫与基本公共服务政策衔接机制设计。教育扶贫的对象不仅包括家庭困难群体学生,还包括留守儿童、随迁子女、残疾儿童等特殊群体。要在全面梳理教育扶贫政策和基本公共服务政策的基础上,对其中矛盾、重叠部分进行整合,以提高政策实施效率。"现行扶贫标准能够达到全面小康生活的基本要求……不能做超越发展阶段的事,那样贫困农民就可能会陷入'福利陷阱',对非贫困人口就会造成'悬崖效应',不仅难以做到,而且还会留下后遗症。"[①] 在减缓相对贫困新阶段,应同样避免陷入"福利陷阱"或"悬崖效应"。为此,要推动基本公共教育服务政策全覆盖,增加有效供给,缩小城乡差距、区域

---

① 《习近平 2017 年 12 月 28 日在中央农村工作会议上的讲话》(https://www.xuexi.cn/lgpage/detail/index.html? id =7656949691176055434)。

差距，统筹协调"扶贫线"与"低保线"之间的标准，逐步提高国家对特殊群体的保障水平。

二 完善教育扶贫对象的精准识别

在"两不愁，三保障"的扶贫政策目标下，教育扶贫精准识别是建立在针对绝对贫困问题的基础上的。《中国教育现代化2035》指出："实现困难群体帮扶精准化，健全家庭经济困难学生资助体系，推进教育精准脱贫。"为此，减缓相对贫困新阶段的教育扶贫政策目标应适当转变，既要延续又不能一成不变，教育扶贫目标的设定应从"能上学"到"上好学"转变，从而对扶贫对象进行精准识别。其主要目标包括，巩固"义务教育有保障"脱贫成果，进一步缩小教育发展差距。进一步保持现行政策执行效果，精准识别、动态调整扶贫对象，将保障义务教育、教育发展与职业技能培训相结合，建立起以低收入家庭为内核的教育、培训体系，增强其自身发展的内生动力。一方面要综合运用各类教育脱贫举措，将教育转化为提升人口素质、提高劳动生产率的轨道上来；另一方面要夯实教育扶贫基础，将发展基础教育作为防止返贫的治本之策。应根据教育扶贫政策目标的变化，进一步明确教育扶贫的瞄准对象，具体有以下三点。

一是将针对建档立卡群体的教育扶贫政策向相对贫困群体延伸。针对绝对贫困问题，相关政策给予了建档立卡贫困家庭子女在入学机会、教育帮扶、就业培训等方面较大的保障。全面建成小康社会之后，建档立卡群体的数量会大幅度降低，应将公共资源配置方向转向相对贫困群体，提升政策覆盖水平及覆盖范围。根据相对贫困的动态特征，应根据区域教育发展程度的不同，因地制宜确定教育扶贫的相对标准，实现精准识别。

二是优化识别方式。一方面，进一步完善建档立卡系统。贫困群体的建档立卡工作为实现精准扶贫提供了条件支撑。应总结经验，打破部门、地方之间的条块分割、信息孤岛现象，通过集成教育、户籍、银行、社会保障等多方公共数据构建教育扶贫信息系统，综合评价扶贫对象的教育匮乏情况，提升识别效率；另一方面，建立动态教育扶贫识别

第六章　缓解相对贫困背景下教育扶贫政策升级研究

及退出机制,及时发现潜在、临时需要教育帮扶的群体。进一步通过社区、学校因人施策及时提供帮扶方案,降低进一步致贫风险。

三是要通过精准扶贫提升贫困人口的内生动力。个体的能动性是有效脱贫的关键,应精准识别"要我脱贫"与"我要脱贫"两类群体。对"要我脱贫"群体应以"扶志"为先,通过教育培训激发其主观能动性,使其摆脱"一等、二要、三靠"的思想,转变精神面貌;对"我要脱贫"的群体则应再次进行识别,根据贫困群体的致贫原因、贫困类型等分别施策。对有教育需求的弱势群体,则重点"扶智",通过教育增强其自身造血功能,改变贫困的状态,提升其收入水平。

三　统筹健康扶贫、教育扶贫形成政策合力

移风易俗,提倡文明健康的生活方式是脱贫致富的必要条件。[①] 卫生与健康教育是健康扶贫、教育扶贫的重要方面,不仅关系到欠发达地区教育水平的改善,也关系到学生精神面貌的改善,关系到国民素质提升、社会文明进步。发挥教育对学生、家庭、社会的影响力,使欠发达地区学生提升公共卫生知识水平,养成良好的生活习惯,相对于健康扶贫而言,具有投资少、见效快、受益范围广、治未病的特点。多年来,国家通过多种途径加大经费投入,推动欠发达地区学校卫生设施建设与改造,学校食堂、饮用水设施、厕所等硬件在原有基础上有了明显改观,贫困地区学生身心健康有了较大水平提高。由于经济发展水平、区域文化、风俗等差异,卫生健康教育方面的差距在减缓相对贫困新阶段依然会存在。面向欠发达地区学生积极开展卫生与健康教育,对转变社会卫生健康观念,确保学生身心健康,防止家庭因病致贫、脱贫后返贫现象的发生具有重要意义,具体包括以下三个方面。

第一,加大学校卫生设施建设的帮扶力度。一是餐厅、饮水、浴室、厕所等的卫生设施建设应纳入学校帮扶的整体规划与设计。学校卫生设施建设将直接影响校园及周边的环境卫生质量和学生的身心健康。通过对学生个人卫生意识的培养,保持积极向上的生活态度,进而推动

[①] 习近平:《摆脱贫困》,福建人民出版社1992年版,第155页。

欠发达地区卫生健康与社会文明程度的整体提升；二是加大经费投入，改善学校卫生基础设施和条件。对口支援部门与当地教育行政部门、学校应安排相应的专项经费改善学校卫生设施条件。将其作为健康扶贫、教育扶贫的重要内容进行统筹考虑；三是加大健康教育师资队伍的帮扶力度。把卫生与健康教育教师列入师资帮扶计划。通过培训使教师提高对卫生与健康教育重要性的认识，掌握相应的知识和能力，提高教师的卫生与健康教育水平。

第二，重视贫困地区学生的卫生健康教育。一方面，将卫生与健康理念渗透在健康扶贫、教育扶贫的全过程。欠发达地区往往自然禀赋较差，实施卫生与健康教育扶贫不仅在于灌输学生必要的卫生知识，而且在于培养学生良好的卫生行为和生活方式，对积极预防传染性疾病、降低常见地方病发病率、增强身体素质以及促进学生的全面发展起到重要作用；另一方面，建立学校和家庭的卫生与健康教育沟通渠道，优化家庭教育环境。学校开展健康教育、学生养成良好卫生习惯、家庭文明健康生活方式的养成需要专业力量的指导和推动，需要家庭、学校、社会的共同支持和参与，通过"培养一个学生、带动一个家庭、影响整个社会"，形成政策合力。促使父母养成讲卫生的习惯，促进学校卫生教育积极推行，有助于形成良好的卫生风尚。

第三，加强"健康教育扶贫"政策联动机制建设。一是在扶贫工作中树立"大健康、大教育"理念，完善政策和制度设计。把健康教育融入教育扶贫政策之中。完善学校卫生与健康教育政策和制度体系，把握新时代新要求，突出前瞻性、针对性、实效性及政策连续性；二是卫生、教育部门协作实施"医教联合扶贫"。发挥卫生、教育两大系统的资源优势，形成工作合力；有利于信息互通，高效应对贫困地区突发公共卫生事件，有利于贫困地区学校得到及时、科学的卫生技术支撑指导服务。

结　　语

本研究在"两个一百年"奋斗目标的历史交汇期,探讨教育在打赢脱贫攻坚战,全面建成小康社会中的作用。分析了教育扶贫的基本理论内涵,描绘了自我国大规模有针对性的扶贫开发以来,教育扶贫政策的历史变迁图景。通过对相关评价理论进行研究,确定了教育扶贫政策效果的评价思路,并对其实施情况进行评价,分析了政策效果与薄弱环节。在此基础上,对教育扶贫的中国特点与经验进行总结,并展望了 2020 年后的教育扶贫政策。针对中国已脱贫地区教育发展的不平衡不充分实际,结合英美日等发达国家的"教育扶贫"政策发展历史分析,提出了摆脱绝对贫困之后我国教育扶贫政策的战略升级构想。

一　主要研究结论

(一) 教育扶贫政策的理论内涵

本研究基于基本需求理论、教育投资理论、教育发展与减贫理论,在对国内外有关教育扶贫文献研究的基础上,发现"教育扶贫"概念边界较为模糊,定位存在争议。因此,在对扶贫历史分期研究的基础上,通过对教育扶贫政策目标进行分析,进而明晰了教育扶贫的理论内涵。研究认为教育扶贫概念,涵盖了教育发展、教育帮扶、教育救助,其在政策上的要点是实现"义务教育有保障"和"发展教育脱贫一批",具体包括教育帮扶、职业教育、学前教育、短板补齐、教师发展、经费倾斜、人才选拔、教育提升等维度。教育扶贫通过满足贫困群体基本教育需求,促进了人力资本增值与教育发展,对打赢脱贫攻坚战具有基础性意义。

(二) 对教育扶贫政策实施效果进行了理论和实证研究

本研究通过对执行评价与后果评价的理论与文献分析，认为在现阶段，应当采用执行评价模式对教育扶贫政策实施效果进行研究，从而有效区分贫困地区教育的存量与增量，避免后果评价中教育扶贫"长期性""滞后性"的影响，有利于形成对政策实施情况的全面认识，有利于发现教育扶贫政策在实施过程中的优势及薄弱环节，且能够及时根据评价结果着力改进。

本研究使用模糊综合评价法对教育扶贫政策实施情况进行评价，在以100分为满分的标准体系里，总体评价结果为86.93分，说明教育扶贫政策总体实施情况较好，位于中等偏上水平，具备一定的政策提升空间。在不同维度之间，"短板补齐"（88.37分）、"教育帮扶"（87.45分）、"学前教育"（87.16分）政策实施情况较好，"教师发展"（85.22分）与"经费倾斜"（85.79分）政策实施情况较为不理想。在不同区域之间，结合农村相关教育发展统计指标分析，西部地区（86.64分）教育扶贫政策实施情况优于中部地区（86.11分），但差异不大。

本研究使用"重要性—表现"模型对教育扶贫政策进行具体分析，结果表明，多数教育扶贫政策实施效果较好，应当继续保持。在高中办学质量、残疾儿童帮扶以及教师培养引进、培训交流方面需要加以改进。对下阶段教育扶贫政策战略升级方向的调查结果表明，"提升贫困地区基础教育发展水平""加大贫困群众职业技能培训力度""加大特殊困难群体保障力度"的响应率与普及率位于较高水平，路径分析结果表明，教育扶贫政策的实施具有层次性与阶段性特征。通过对样本县教育扶贫政策实施效果的进一步分析结果表明，县级教育扶贫在"控辍保学"、办学条件改善、助学体系覆盖、教育教学质量提升方面效果明显。

◆◆ 结　语 ◆◆

（三）教育扶贫的中国特点与经验研究

本研究基于国家相关统计数据和调研数据，归纳、概括教育扶贫政策的中国特点与经验。教育扶贫政策具有将"保障义务教育作为贫困户退出的必要条件"和"发展教育作为重要脱贫方式"鲜明的中国特点，进而形成了独具特色的教育扶贫中国经验。一是确立教育在扶贫政策中的战略地位；二是分省制定教育精准扶贫实施方案；三是落实教育扶贫主体责任到县；四是基层扶贫干部因村因户因人精准施策；五是构建多元教育帮扶体系。

（四）减缓相对贫困背景下教育扶贫政策升级研究

结合已脱贫县教育不平衡不充分发展的现状，通过对英美日等发达国家"教育扶贫"政策发展历史进行研究，为提出我国全面建成小康社会之后的政策升级构想提供了背景性参考。在脱贫"摘帽"之后，已脱贫县在入学机会、教育质量、办学条件等方面依然存在发展的不平衡不充分现象，结合英美日等国"教育扶贫"的经验教训，归纳总结了值得借鉴的经验，包括聚焦于弱势群体的教育培训、食品与营养援助、低收入家庭成员参与式援助、提升处境不利儿童的学业成绩等。并提出了中国在减缓相对贫困新阶段教育扶贫政策升级的战略要点。

二　可能的创新之处

（一）开发了"教育扶贫政策实施效果"量表

本研究在政策分析的基础上，尝试探索教育扶贫政策的理论内涵，并研究其构成要素，基于"省级教育扶贫政策实施方案"并结合教育部提出的"20项教育扶贫政策对贫困地区全覆盖"相关教育扶贫政策进行研究，初步形成了对教育扶贫政策维度的构想，并结合政策文本分析，进一步明确了教育扶贫政策范围、结构及类型。形成了44项量化指标，并使用关联规则进一步验证指标间的关系。通过对中西部地区基层扶贫干部进行实际调研，并对本研究提出的教育扶贫政策实施效果评价的基本理论假设进行验证。分析表明，各测量题项具有良好的信度和效度，为教育扶贫政策实施效果评价奠定了基础。

（二）对2020年后教育扶贫政策进行了前瞻性研究

本研究在对教育扶贫政策的历史与现状、国际比较的基础上，尝试提出在减缓相对贫困新阶段教育扶贫政策升级构想，主要包括以下内容：一是从"扶教育之贫"向"靠教育脱贫"升级。发挥职业教育扶贫在乡村振兴中的效能，通过职业技能培训提升乡村低收入家庭的收入水平。二是从以农村教育为主向城乡教育扶贫升级。统筹城乡教育扶贫政策，优化城乡高中阶段教育扶贫政策。三是从以学校教育扶贫为主向家校扶贫升级。发挥儿童早期教育对缓解家庭贫困的重要作用，发挥家长参与教育扶贫的作用。四是从以数量评价为主向量质并重升级。强化教育扶贫绩效评价体系建设，优化教师队伍，提升教育质量。提出2020年之后的教育扶贫政策设计的建议包括：一是建立健全教育扶贫政策的衔接机制；二是完善教育扶贫对象的精准识别；三是统筹健康扶贫教育形成政策合力。

三 本研究的主要局限

本研究尝试通过执行评价模式研究教育扶贫政策的实施效果，在评价方法的选取上、问卷调查方面存在一定的局限，具体如下。

第一，评价方法的局限性。由于教育扶贫的长期性、滞后性、价值的潜隐性等特征，对其效果的结果性评价还需要相应时间序列数据的积累。因此，本研究主要通过问卷调查结合相关教育统计资料获得研究数据，并进行政策执行评价，尝试从量的方面反映教育扶贫政策实施的宏观效果，但对个体更深层次的微观政策效果仍需通过质的考察才能更深入地揭示。

第二，问卷调查的局限性。一是问卷设计的局限。主要表现在由于国内外对教育扶贫政策实施效果的测量尚缺乏成熟量表，因此本研究尝试通过文献法和访谈法设计问卷，受制于文献收集和访谈人数的限制，

◈◈ 结　语 ◈◈

并不能完全反映教育扶贫的内涵，有待进一步修订与完善。二是发放对象的局限。出于时间、研究精力、成本等方面的综合考虑，本研究将问卷发放的对象设定为基层扶贫干部，试图通过第一书记、帮扶工作队成员等间接反映贫困群体的呼声。理论上，间接测量会产生一定程度的信息偏移，在本研究中信息偏移的程度有待进一步验证。三是在调查样本的选择范围上。由于各方面条件限制，本问卷发放对象主要分布在中西部地区，所以样本数据存在着一定的局限性，据此得到更大范围结论的可能性尚待进一步求证。

四　未来研究方向

在未来，有关教育扶贫的政策研究依然值得关注。一是在已有研究的基础上，进一步深化现有研究。考虑分别编制面向各级各类教育扶贫受益对象以及其他利益相关者的"教育扶贫政策实施效果"调查问卷，通过对各利益相关主体对教育扶贫实施效果的数据的收集，获得全面的评价数据，以体现区域针对性和操作性。并进一步深化质性研究，对教育扶贫政策实施效果进行更深入的探讨。二是对减缓相对贫困新阶段教育扶贫标准的探讨。通过探索已"摘帽"地区教育不平衡不充分的发展状况，在城乡更广阔的时空范围内研究教育扶贫的标准。三是教育扶贫决策平台建设研究。应加快教育扶贫信息决策系统建设研究，针对减缓相对贫困新阶段教育扶贫的动态性特征，考虑基于大数据技术建设开放的教育扶贫决策平台。以提升扶贫质量为目标，同步各方需求，有效衔接扶贫政策，跨越识别、帮扶、脱贫、发展等多个环节，精准反映教育扶贫效果，为长效脱贫机制的建立提供决策支撑。

主要参考文献

一 中文类
（一）著作

鲍传友：《教育公平与政府责任》，北京师范大学出版社2011年版。

陈纯槿：《教育精准扶贫与代际流动》，华东师范大学出版社2017年版。

陈庆云：《公共政策分析》（第二版），北京大学出版社2011年版。

高考、年旻：《多维贫困视角下的精准扶贫研究》，华中科技大学出版社2018年版。

胡芳肖：《社会救助理论与实务》，西安交通大学出版社2015年版。

胡兴东、杨林：《中国扶贫模式研究》，人民出版社2018年版。

黄承伟、刘欣：《三维资本协同反贫困机制》，湖南人民出版社2018年版。

黄忠敬等：《教育政策研究的多维视角》，教育科学出版社2016年版。

金东海等：《义务教育阶段贫困生就学资助制度研究》，人民教育出版社2011年版。

乐章：《社会救助学》，北京大学出版社2008年版。

李锐、赵茂林：《中国西部农村"教育反贫困"战略报告》，中国社会科学出版社2006年版。

宁骚：《公共政策学》（第二版），高等教育出版社2011年版。

乔东平、邹文开：《社会救助理论与实务》，天津大学出版社2011年版。

全国扶贫宣传教育中心：《贫困村精准扶贫实施指南：精准扶贫村级实施的程序与方法》，中国农业出版社2018年版。

史乐志：《走进贫困的教育：如何阻断贫困代际传递》，经济日报出版社 2019 年版。

孙久文、林万龙：《中国扶贫开发的战略与政策研究》，科学出版社 2018 年版。

汪三贵：《当代中国扶贫》，中国人民大学出版社 2019 年版。

王文静等：《中国教育扶贫发展与挑战》，司树杰等，《中国教育扶贫报告（2016）》，社会科学文献出版社 2016 年版。

文建龙：《中国共产党与中国扶贫事业：改革开放以来扶贫重心转移的路径与动因》，社会科学文献出版社 2018 年版。

吴国宝：《中国减贫与发展：1978—2018》，社会科学文献出版社 2018 年版。

吴鹏森、戴卫东：《社会救助新编》，复旦大学出版社 2015 年版。

吴遵民：《教育政策学入门》，上海教育出版社 2010 年版。

习近平：《摆脱贫困》，福建人民出版社 1992 年版。

向德平、黄承伟：《减贫与发展》，社会科学文献出版社 2016 年版。

向德平等：《减贫目标与减贫手段》，湖南人民出版社 2018 年版。

向德平等：《中国减贫行动（1978—2018）》，武汉出版社 2018 年版。

杨昌江：《贫困生与教育救助研究》，湖南教育出版社 2008 年版。

杨宜勇：《新中国民生发展 70 年》，人民出版社 2019 年版。

俞萍：《重庆市贫困人口受教育状况与教育公平》，中国社会出版社 2007 年版。

袁振国：《当代教育学》（第四版），教育科学出版社 2010 年版。

袁振国：《教育政策学》，江苏教育出版社 2001 年版。

袁振国：《论中国教育政策的转变》，广东教育出版社 1999 年版。

袁振国等：《共和国教育公平之路》，华东师范大学出版社 2019 年版。

曾满超：《教育政策的经济分析》，人民教育出版社 2000 年版。

曾天山：《教育扶贫的力量》，教育科学出版社 2018 年版。

张澧生：《社会资源禀赋视域下湘西教育精准扶贫路径研究》，北京理工大学出版社 2017 年版。

张琦、万君：《扶贫机制创新的理论与实践》，湖南人民出版社 2018 年版。

张秋宝：《精准扶贫脱贫攻坚》，中国人事出版社 2017 年版。

张永丽、耿小娟：《西北地区反贫困战略与政策研究》，人民出版社 2018 年版。

赵映诚、王春霞、杨平：《社会福利与社会救助》，东北财经大学出版社 2015 年版。

郑志龙：《基于马克思主义的中国贫困治理制度分析》，人民出版社 2015 年版。

中国教育科学研究院：《办好人民满意的教育：全国教育满意度调查报告》，教育科学出版社 2019 年版。

中国教育科学研究院：《教育强国之道：改革开放以来重大教育决策研究》，教育科学出版社 2018 年版。

转型期中国重大教育政策案例研究课题组：《缩小差距——中国教育政策的重大命题》，人民教育出版社 2005 年版。

庄天慧：《精准扶贫精准脱贫方略》，中国农业出版社 2018 年版。

［比］热若尔·罗兰：《发展经济学》，中国人民大学出版社 2016 年版。

［德］马克思：《雇佣劳动与资本》，人民出版社 2018 年版。

［美］托马斯·R.戴伊：《理解公共政策》（第十二版），中国人民大学出版社 2011 年版。

［美］托马斯·R.戴伊：《自上而下的政策制定》，中国人民大学出版社 2002 年版。

［美］西奥多·舒尔茨：《对人进行投资》，商务印书馆 2017 年版。

［美］西奥多·舒尔茨：《改造传统农业》，商务印书馆 2017 年版。

［美］亚当·斯密：《国富论》，译林出版社 2011 年版。

（二）期刊报纸

阿海曲洛：《西部少数民族地区教育扶贫政策绩效评估指标体系构建研究》，《四川师范大学学报》（社会科学版）2018 年第 4 期。

白维军：《精准扶贫的风险识别与治理》，《社会科学辑刊》2018 年第 3 期。

曹鑫莉、史大胜、胡月：《教育扶贫背景下民族贫困地区学前教育发展研究——以 MJ 县 LB 镇为例》，《民族教育研究》2018 年第 4 期。

查志远、檀学文：《教育扶贫的基层实践创新——海南省及琼中县教育

主要参考文献

精准扶贫调查》,《中国农业大学学报》(社会科学版)2018年第5期。

陈大柔、谢艳:《高校教育扶贫的问题及对策》,《教育科学》2004年第3期。

陈恩伦、郭璨:《以教师精准培训推动教育精准扶贫》,《中国教育学刊》2018年第4期。

陈平路、毛家兵、李蒙:《职业教育专项扶贫机制的政策效果评估——基于四省雨露计划的调查》,《教育与经济》2016年第4期。

程华东、尹晓飞:《农业高校精准扶贫模式创新探究——基于四所农业高校的案例》,《华中农业大学学报》(社会科学版)2018年第2期。

崔盛:《转移支付和地方政府义务教育投入差异研究——基于县级面板数据的分析》,《中国人民大学教育学刊》2014年第3期。

代蕊华、于璇:《教育精准扶贫:困境与治理路径》,《教育发展研究》2017年第7期。

单德朋:《教育效能和结构对西部地区贫困减缓的影响研究》,《中国人口科学》2012年第5期。

单耀军:《教育精准扶贫的科学内涵及实践路径》,《经济研究参考》2018年第10期。

杜学元:《从教育属性看教育扶贫工作》,《教育发展研究》2017年第12期。

段从宇、伊继东:《教育精准扶贫的内涵、要素及实现路径》,《教育与经济》2018年第5期。

范小梅、吴晓蓉:《教育如何促进贫困者的职业发展?》,《教育与经济》2018年第1期。

付昌奎、邬志辉:《教育扶贫政策执行何以偏差——基于政策执行系统模型的考量》,《教育与经济》2018年第3期。

付卫东、曾新:《十八大以来我国教育扶贫实施的成效、问题及展望——基于中西部6省18个扶贫开发重点县(区)的调查》,《华中师范大学学报》(人文社会科学版)2019年第5期。

高艳云、王曦璟:《教育改善贫困效应的地区异质性研究》,《统计研究》2016年第9期。

胡牧君：《白裤瑶教育精准扶贫现状及对策探析》，《广西民族大学学报》（哲学社会科学版）2019年第5期。

黄承伟：《关于教育精准扶贫的若干思考》，《民主与科学》2018年第2期。

黄巨臣：《农村地区教育扶贫政策探究：创新、局限及对策——基于三大专项招生计划的分析》，《贵州社会科学》2017年第4期。

黄巨臣：《农村教育扶贫"项目制"：运作逻辑、执行困境及应对策略》，《宁夏社会科学》2018年第2期。

季飞、吴水叶：《大扶贫背景下西部地区职业教育发展的政策工具选择——基于贵州省21份文件的文本量化分析》，《贵州社会科学》2019年第1期。

蒋鸣和、徐坚成、王红：《中国贫困县教育财政与初等教育成本——491个国家级贫困县的分析》，《教育与经济》1997年第4期。

金久仁：《精准扶贫视域下推进城乡教育公平的行动逻辑与路径研究》，《教育与经济》2018年第4期。

李丹、刘小川：《政府间财政转移支付对民族扶贫县财政支出行为影响的实证研究——基于241个民族扶贫县的考察》，《财经研究》2014年第1期。

李俊杰、李晓鹏：《高校参与精准扶贫的理论与实践——基于中南民族大学在武陵山片区的扶贫案例》，《中南民族大学学报》（人文社会科学版）2018年第1期。

李鹏、朱成晨、朱德全：《职业教育精准扶贫：作用机理与实践反思》，《教育与经济》2017年第6期。

李晓嘉：《教育能促进脱贫吗——基于CFPS农户数据的实证研究》，《北京大学教育评论》2015年第4期。

李兴洲：《新中国70年教育扶贫的实践逻辑嬗变研究》，《教育与经济》2019年第5期。

李耘、王绪金：《残疾人教育扶贫的机制与对策研究》，《北京联合大学学报》2019年第2期。

主要参考文献

李中国、黎兴成：《职业教育扶贫机制优化研究》，《国家教育行政学院学报》2017年第12期。

梁军：《教育发展对中国经济增长影响的实证分析——基于1980—2006年的时间序列数据》，《教育学报》2009年第2期。

林乘东：《教育扶贫论》，《民族研究》1997年第3期。

刘航、柳海民：《教育精准扶贫：时代循迹、对象确认与主要对策》，《中国教育学刊》2018年第4期。

刘军豪、许锋华：《教育扶贫：从"扶教育之贫"到"依靠教育扶贫"》，《中国人民大学教育学刊》2016年第2期。

刘民权：《发展与反贫：国家、市场与教育》，《南京大学学报》（哲学·人文科学·社会科学版）2014年第1期。

刘细发：《新时代教育扶贫的可行路径探析——基于我国中职教育扶贫视角》，《湖南社会科学》2019年第2期。

刘晓红：《教育扶贫的产出效应研究》，《西南民族大学学报》（人文社科版）2019年第7期。

卢伟、褚宏启：《教育扶贫视角下农民工随迁子女教育改革——如何实现入学机会均等与教育起点公平》，《中国教育学刊》2017年第7期。

鲁子箫：《农村教育扶贫的"因教致贫"困境及观念转向》，《教育理论与实践》2017年第2期。

毛泽东：《论十大关系》，《人民日报》1976年12月26日第1版。

孟照海：《教育扶贫政策的理论依据及实现条件——国际经验与本土思考》，《教育研究》2016年第11期。

闵琴琴：《农村高等教育扶贫：缘起、困境和突围》，《高等教育研究》2018年第5期。

潘昆峰等：《易地教育扶贫——破解"三区三州"深度贫困的非常之策》，《中国人民大学教育学刊》第3期。

彭波、邹蓉、贺晓珍：《论教育精准扶贫的现实隐忧及其消解之径》，《当代教育论坛》2018年第6期。

彭妮娅：《教育扶贫成效如何？——基于全国省级面板数据的实证研究》，《清华大学教育研究》2019年第4期。

任友群、冯仰存、徐峰：《我国教育信息化推进精准扶贫的行动方向与逻辑》，《现代远程教育研究》2017年第4期。

任友群、吴旻瑜：《走向"生活世界知识"的教育——再论"教育扶贫"》，《中国教育学刊》2018年第7期。

沈费伟：《教育信息化：实现农村教育精准扶贫的战略选择》，《中国电化教育》2018年第12期。

石玉昌：《"互联网+"教育转型促西南民族地区教育脱贫研究》，《中国电化教育》2018年第4期。

时昌桂：《教育扶贫视域下高校如何精准发力》，《人民论坛》2019年第26期。

宋宸刚、丛雅静：《我国精准扶贫的最优模式与关键路径分析》，《调研世界》2018年第3期。

宋媛、张源洁、胡晶：《云南"直过民族"聚居区贫困人口能力提升机制研究》，《云南社会科学》2019年第4期。

孙雪连：《农村留守儿童的精准扶贫研究》，《中国教育学刊》2017年第6期。

檀慧玲、李文燕、罗良：《关于利用质量监测促进基础教育精准扶贫的思考》，《教育研究》2018年第1期。

檀学文：《中国教育扶贫：进展、经验与政策再建构》，《社会发展研究》2018年第3期。

汤颖、邬志辉：《贫困地区早期教育扶贫：地位、挑战与对策》，《中国教育学刊》2019年第1期。

唐智彬、刘青：《"精准扶贫"与发展定向农村职业教育——基于湖南武陵山片区的思考》，《教育发展研究》2016年第7期。

陶正付、李芳云：《"第一书记"助农村党建民生双提升——山东省"第一书记"制度建设实践探析》，《中国特色社会主义研究》2016年第5期。

汪德华、邹杰、毛中根：《"扶教育之贫"的增智和增收效应——对20世纪90年代"国家贫困地区义务教育工程"的评估》，《经济研究》2019年第9期。

主要参考文献

汪丽娟：《凉山地区教育获得差异与教育精准扶贫新思路：基于民、汉学生受教育年限的基尼系数分析（2000—2015）》，《民族教育研究》2019年第2期。

汪三贵、殷浩栋、王瑜：《中国扶贫开发的实践、挑战与政策展望》，《华南师范大学学报》（社会科学版）2017年第4期。

王红、邬志辉：《新时代乡村教育扶贫的价值定位与分类治理》，《教育与经济》2018年第6期。

王嘉毅、封清云、张金：《教育与精准扶贫精准脱贫》，《教育研究》2016年第7期。

王林雪、殷雪：《精准扶贫视角下教育扶贫绩效评价体系构建》，《统计与决策》2019年第3期。

王琳：《精准扶贫与总体性贫困之耦合困境及其应对》，《湖北民族学院学报》（哲学社会科学版）2019年第2期。

王奕俊、吴林谦、杨悠然：《受教育者成本收益视角的东西部职业教育协作精准扶贫机制分析——以"滇西实施方案"为例》，《苏州大学学报》（教育科学版）2019年第1期。

王奕俊、吴林谦、杨悠然：《受教育者成本收益视角的东西部职业教育协作精准扶贫机制分析——以"滇西实施方案"为例》，《苏州大学学报》（教育科学版）2019年第1期。

魏有兴：《中国教育扶贫70年：历程、经验和走向》，《深圳大学学报》（人文社会科学版）2019年第5期。

吴春选：《谈智力扶贫》，《群言》1987年第9期。

吴霓：《教育扶贫是实现民族地区精准扶贫的根本措施》，《当代教育与文化》2017年第6期。

吴霓、王学男：《教育扶贫政策体系的政策研究》，《清华大学教育研究》2017年第3期。

吴睿、王德祥：《教育与农村扶贫效率关系的实证研究》，《中国人力资源开发》2010年第4期。

吴晓蓉、范小梅：《教育回报的反贫困作用模型及其实现机制》，《教育研究》2018年第9期。

习近平：《决胜全面建成小康社会夺取新时代中国特色社会主义伟大胜利——在中国共产党第十九次全国代表大会上的报告》，《人民日报》2017年10月2日第1版。

向雪琪、林曾：《我国教育扶贫政策的特点及作用机理》，《云南民族大学学报》（哲学社会科学版）2018年第3期。

向延平、陈友莲：《教育精准扶贫绩效评价研究：以湖南省为例》，《中州大学学报》2016年第5期。

肖菊、梁恒贵：《贵州易地扶贫搬迁安置点教育保障研究》，《贵州社会科学》2019年第7期。

谢君君：《海南"教育+移民"扶贫的新模式》，《中南民族大学学报》（人文社会科学版）2019年第5期。

谢君君：《教育扶贫研究述评》，《复旦教育论坛》2012年第3期。

谢治菊、夏雍：《大数据精准帮扶贫困地区教师的实践逻辑——基于Y市"大数据+教师专业发展支持系统"的分析》，《现代远程教育研究》2019年第5期。

邢慧斌、刘冉冉：《集中连片特困区教育精准扶贫绩效的空间差异研究——以燕山—太行山区8个连片特困县为例》，《教育与经济》2019年第1期。

邢敏慧、张航：《家庭资本、政治信任与教育扶贫政策满意度——基于全国31个省240个村庄的实证分析》，《四川师范大学学报》（社会科学版）2019年第4期。

薛二勇、周秀平：《中国教育脱贫的政策设计与制度创新》，《教育研究》2017年第12期。

杨丽宏：《边疆民族地区实施高等教育精准扶贫的探索与研究》，《云南民族大学学报》（哲学社会科学版）2019年第4期。

杨小敏：《精准扶贫：职业教育改革新思考》，《教育研究》2019年第3期。

姚松：《教育精准扶贫中的政策阻滞问题及其治理策略》，《中国教育学刊》2018年第4期。

姚松、曹远航：《70年来中国教育扶贫政策的历史变迁与未来展望——

主要参考文献

基于历史制度主义的分析视角》，《教育与经济》2019 年第 4 期。

姚松、曹远航：《新时期中央政府教育精准扶贫政策的逻辑特征及未来走向——基于政策工具的视角》，《湖南师范大学教育科学学报》2019 年第 4 期。

袁利平、丁雅施：《教育扶贫政策实施效果评估指标体系构建》，《教育研究》2019 年第 8 期。

袁利平、丁雅施：《我国教育扶贫政策的演进逻辑及未来展望——基于历史制度主义的视角》，《湖南师范大学教育科学学报》2019 年第 4 期。

袁利平、师嘉欣：《教育扶贫政策的理念蕴含、机制解构与未来接续》，《西南民族大学学报》（人文社科版）2019 年第 11 期。

曾天山：《以新理念新机制精准提升教育扶贫成效——以教育部滇西扶贫实践为例》，《教育研究》2016 年第 12 期。

曾天山、吴景松、崔吉芳：《滇西智力扶贫开发精准有效策略研究》，《西北师大学报》（社会科学版）2018 年第 3 期。

张国建、佟孟华、李慧、陈飞：《扶贫改革试验区的经济增长效应及政策有效性评估》，《中国工业经济》2019 年第 8 期。

张家军、唐敏：《教育精准扶贫运行机制的构建》，《教育理论与实践》2018 年第 25 期。

张明杰、吴荣顺：《教育扶贫资金的运行与监管》，《人民论坛》2019 年第 24 期。

张琦：《用教育精准扶贫"拔穷根"》，《人民论坛》2018 年第 22 期。

张琦、史志乐：《我国教育扶贫政策创新及实践研究》，《贵州社会科学》2017 年第 4 期。

张琦、史志乐：《我国教育脱贫工作绩效评价指标体系构建》，《教育与经济》2018 年第 2 期。

张琦、史志乐：《我国贫困家庭的教育脱贫问题研究》，《甘肃社会科学》2017 年第 3 期。

张文杰、周静：《基于信号传递博弈的"雨露计划"扶贫补贴机制治理》，《软科学》2019 年第 2 期。

张翔：《集中连片特困地区教育精准扶贫机制探究》，《教育导刊》2016年第6期。

张翔、刘晶晶：《教育扶贫瞄准偏差与治理路径探究——基于政府行为视角分析》，《现代教育管理》2019年第3期。

钟慧笑：《教育扶贫是最有效最直接的精准扶贫》，《中国民族教育》2016年第5期。

周常春、翟羽佳、车震宇：《多维贫困视角下农村精准扶贫与施策》，《统计与决策》2018年第9期。

朱成晨、闫广芬、朱德全：《乡村建设与农村教育：职业教育精准扶贫融合模式与乡村振兴战略》，《华东师范大学学报》（教育科学版）2019年第2期。

朱德全、吴虑、朱成晨：《职业教育精准扶贫的逻辑框架——基于农民工城镇化的视角》，《西南大学学报》（社会科学版）2018年第1期。

左停、贺莉、赵梦媛：《脱贫攻坚战略中低保兜底保障问题研究》，《南京农业大学学报》（社会科学版）2017年第4期。

左停、金菁：《"弱有所扶"的国际经验比较及其对我国社会帮扶政策的启示》，《山东社会科学》2018年第8期。

二 外文类

Alberty, Susan, Brian J. Mihalik, "The Use of Importance-performance Analysis as an Evaluative Technique in Adult Education", *Evaluation Review*, 1989, 13 (1).

Archambault Jr, Francis X., Robert G. St. Pierre, "The Effect of Federal Policy on Services Delivered through ESEA Title I", *Educational Evaluation and Policy Analysis*, 1980, 2 (3).

Becker, Gary S., *Human Capital: A Theoretical and Empirical Analysis, with Special Reference to Education*, Chicago: University of Chicago Press, 2009.

Brown, Philip H., Albert Park, "Education and Poverty in Rural China", *Economics of Education Review*, 2002, 21 (6).

主要参考文献

Cao, Huhua, "Spatial Inequality in Children's Schooling in Gansu, Western China: Reality and Challenges", *The Canadian Geographer/Le Géographe Canadien*, 2008, 52 (3).

Chen, Xuan, Carlos A. Flores, Alfonso Flores-Lagunes, "Going Beyond LATE Bounding Average Treatment Effects of Job Corps Training", *Journal of Human Resources*, 2018, 53 (4).

Chung, Carol, Mark Mason, "Why Do Primary School Students Drop out in Poor, Rural China? A Portrait Sketched in a Remote Mountain Village", *International Journal of Educational Development*, 2012, 32 (4).

Connelly, Rachel, Zhenzhen Zheng, "Determinants of School Enrollment and Completion of 10 to 18 Year Olds in China", *Economics of Education Review*, 2003, 22 (4).

Ferragina, Emanuele, Mark Tomlinson, Robert Walke, "Poverty and Participation in Twenty-First Century Multicultural Britain", *Social Policy and Society*, 2017, 16 (4).

Glass, Norman, "Sure Start: the Development of an Early Intervention Programme for Young Children in the United Kingdom", *Children & Society*, 1999, 13 (4).

Glass, Norman, "Sure Start: the Development of an Early Intervention Programme for Young Children in the United Kingdom" *Children & Society*, 1999, 13 (4).

Gronroos, Christian, "Relationship Approach to Marketing in Service Contexts: The Marketing and Organizational Behavior Interface", *Journal of Business Research*, 1990, 20 (1).

Havard, John, "World Summit on Social Development", *The Lancet*, 1995, 345 (8946).

Janjua, Pervez, Usman Ahmad Kamal, "The Role of Education and Income in Poverty Alleviation: A Cross-Country Analysis", *Lahore Journal of Economics*, 2011, 16 (1).

Jennings, Jack, Diane Stark Rentner, "Ten Big Effects of the No Child Left

Behind Act on Public Schools", *Phi Delta Kappan*, 2006, 88 (2).

Li, Hongbin, et al., "Human Capital and China's Future Growth", *Journal of Economic Perspectives*, 2017, 31 (1).

Mackenzie, G. Calvin, Robert Weisbrot, *The Liberal Hour: Washington and the Politics of Change in the 1960s*, New York: Penguin Group, 2008.

McCulloch, Neil, Michele Calandrino, "Vulnerability and Chronic Poverty in Rural Sichuan", *World Development*, 2003, 31 (3).

O'Neill, Martin A., Adrian Palmer, "Importance-Performance Analysis: a Useful Tool for Directing Continuous Quality Improvement in Higher Education", *Quality Assurance in Education*, 2004, 12 (1).

Orshansky, Mollie, "Counting the Poor: Another Look at the Poverty Profile", *Soc. Sec. Bull.*, 1988 (51).

Otsuka, Keijiro, Jonna P. Estudillo, Takashi Yamano, "The Role of Labor Markets and Human Capital in Poverty Reduction: Evidence from Asia and Africa", *Asian Journal of Agriculture and Development*, 2010, 7 (1).

Raphael, Dennis, "Poverty, Human Development, and Health in Canada: Research, Practice, and Advocacy Dilemmas", *CJNR (Canadian Journal of Nursing Research)*, 2009, 41 (2).

Ravallion, Martin, "Good and Bad Growth: The Human Development Reports", *World Development*, 1997, 25 (5).

Ravallion, Martin, Shaohua Chen, Prem Sangraula, "Dollar a Day Revisited", *The World Bank Economic Review*, 2008, 23 (2).

Romer, Paul M., "The Origins of Endogenous Growth", *Journal of Economic Perspectives*, 1994, 8 (1).

Saunders, Peter, Yuvisthi Naidoo, Megan Griffiths, "Towards New Indicators of Disadvantage: Deprivation and Social Exclusion in Australia", *Australian Journal of Social Issues*, 2008, 43 (2).

Schochet, Peter Z., John Burghardt, Sheena McConnell, "Does Job Corps Work? Impact Findings from the National Job Corps Study", *American Economic Review*, 2008, 98 (5).

主要参考文献

Sen, Amartya, "Poor, Relatively Speaking", *Oxford Economic Papers*, 1983, 35 (2).

Senge, Peter M., Claus Otto Scharmer, "Community Action Research: Learning as a Community of Practitioners, Consultants and Researchers", in Peter Reason, Hilary Bradbury, eds., *Handbook of Action Research: Concise Paperback Edition*, London: Sage Publications, 2006.

Silver, Hilary, "Social Exclusion and Social Solidarity: Three Paradigms", *International Labour Review*, 1994, 133 (5).

Solow, Robert M., "A Contribution to the Theory of Economic Growth", *The Quarterly Journal of Economics*, 1956, 70 (1).

Spicker, Paul, "Definitions of Poverty: Twelve Clusters of Meaning", *Poverty: An International Glossary*, 2007.

Streeten, Paul, "The Distinctive Features of a Basic-needs Approach to Development", in Paul Streeten, eds., *Development Perspectives*, London: Palgrave Macmillan, 1981.

Townsend, Peter, *Poverty in the United Kingdom: A Survey of Household Resources and Standards of Living*, Berkeley: University of California Press, 1979.

Ul Haq, Mahbub, *Reflections on Human Development*, Oxford: Oxford University Press, 1995.

Vedung, Evert, *Public Policy and Program Evaluation*, New York: Routledge, 1997.

Wallenborn, Manfred, "The Impact of Vocational Education on Poverty Reduction, Quality Assurance and Mobility on Regional Labour Markets-Selected EU-Funded Schemes", *European Journal of Vocational Training*, 2009, 47 (2).

Weisbrod, Burton A., "Education and Investment in Human Capital", *Journal of Political Economy*, 1962, 70 (5).

Yang, Xu, "Access to HigherEducation for Rural-poor Students in China", *Educational Research for Policy and Practice*, 2010, 9 (3).

Yi, Hongmei, et al. , "Dropping out: Why are Students Leaving Junior High in China's Poor Rural Areas?", *International Journal of Educational Development*, 2012, 32 (4).

Zhang, Huafeng, "Opportunity or New Poverty Trap: Rural-urban Education Disparity and Internal Migration in China", *China Economic Review*, 2017, 44.

Zhang, Yuan, Guanghua Wan, "An Empirical Analysis of Household Vulnerability in Rural China", *Journal of the Asia Pacific Economy*, 2006, 11 (2).

Zhao, Meng, Paul Glewwe, "What Determines Basic School Attainment in Developing Countries? Evidence from Rural China", *Economics of Education Review*, 2010, 29 (3).

附　录

一　教育扶贫政策实施效果调查问卷

本调查旨在了解我国教育扶贫政策实施的效果。问卷采用选择题的形式，第一部分是您的基本情况，第二部分是您对实际情况的感知，第三部分是您对教育扶贫政策的期望，第四部分是您认为的应强化的政策方面。请您选择相应的项目。感谢您对中国教育扶贫事业的支持与关心！

课题组
2019 年 10 月

第一部分　基本情况

[1] 性别：
□男　　　　　　　□女

[2] 年龄：
□25 岁及以下　　　□26—35 岁　　　□36—45 岁
□46—55 岁　　　　□56 岁及以上

[3] 您的月均收入（元）：
□2000 元及以下　　□2001—4000　　□4001—6000
□6001—8000　　　 □8001—10000　　□10001 元及以上

[4] 您的文化程度：
□高中及以下　　　 □专科　　　　　□本科

□硕士研究生及以上

［5］您所在工作单位的类型：

□党政机关　　　　　　□事业单位　　　　　　□其他

［6］您从事扶贫工作的时间：

□1年　　　　　　　　□2年　　　　　　　　□3年

□4年及以上

［7］您的帮扶地所在的省份：_____

第二部分　教育扶贫政策实施的实际情况

实际情况选项中数字分别代表以下含义：5 非常同意、4 同意、3 一般、2 不同意、1 很不同意，请在相应的数字上打"√"

序号	问项	实际情况 非常同意——→非常不同意				
10—1	公办幼儿园改扩建有效支持了教育脱贫	5	4	3	2	1
10—2	利用闲置（中小学资源）建设幼儿园有效支持了教育脱贫	5	4	3	2	1
10—3	贫困村幼儿园建设有效支持了教育脱贫	5	4	3	2	1
10—4	乡镇中心幼儿园建设有效支持了教育脱贫	5	4	3	2	1
10—5	普惠性民办幼儿园发展有效支持了教育脱贫	5	4	3	2	1
10—6	"学前教育三年行动计划"有效支持了教育脱贫	5	4	3	2	1
10—7	"薄弱学校基本办学条件改善"有效支持了教育脱贫	5	4	3	2	1
10—8	控辍保学政策有效支持了教育脱贫	5	4	3	2	1
10—9	义务教育质量提升有效支持了教育脱贫	5	4	3	2	1
10—10	县域义务教育均衡发展有效支持了教育脱贫	5	4	3	2	1
10—11	普通高中办学条件改善有效支持了教育脱贫	5	4	3	2	1
10—12	高中办学质量提升有效支持了教育脱贫	5	4	3	2	1
10—13	中等职业技术教育发展有效支持了教育脱贫	5	4	3	2	1

附 录

续表

序号	问项	实际情况 非常同意——→非常不同意					
10—14	职业教育办学能力提升有效支持了教育脱贫	5	4	3	2	1
10—15	职业教育专业调整有效支持了教育脱贫	5	4	3	2	1
10—16	职业教育布局调整有效支持了教育脱贫	5	4	3	2	1
10—17	职业教育质量提升有效支持了教育脱贫	5	4	3	2	1
10—18	学前教育经费增长有效支持了教育脱贫	5	4	3	2	1
10—19	义务教育经费增长有效支持了教育脱贫	5	4	3	2	1
10—20	高中经费增长有效支持了教育脱贫	5	4	3	2	1
10—21	职业教育经费增长有效支持了教育脱贫	5	4	3	2	1
10—22	中小学布局调整有效支持了教育脱贫	5	4	3	2	1
10—23	标准化和寄宿制学校建设有效支持了教育脱贫	5	4	3	2	1
10—24	教育信息化建设有效支持了教育脱贫	5	4	3	2	1
10—25	信息化数字教育资源的丰富有效支持了教育脱贫	5	4	3	2	1
10—26	教育信息化技术应用水平提升有效支持了教育脱贫	5	4	3	2	1
10—27	教师工资福利待遇提升有效支持了教育脱贫	5	4	3	2	1
10—28	教师培养补充机制完善有效支持了教育脱贫	5	4	3	2	1
10—29	教师交流培训机制完善有效支持了教育脱贫	5	4	3	2	1
10—30	普通高中招生向贫困考生倾斜有效支持了教育脱贫	5	4	3	2	1
10—31	中等职业教育招生向贫困考生倾斜有效支持了教育脱贫	5	4	3	2	1
10—32	高等教育招生向贫困考生倾斜有效支持了教育脱贫	5	4	3	2	1
10—33	就业帮扶政策有效促进了困难群众脱贫	5	4	3	2	1
10—34	创业帮扶政策有效促进了困难群众脱贫	5	4	3	2	1
10—35	教育对口帮扶政策有效促进了困难群众脱贫	5	4	3	2	1
10—36	职业技能培训促进了困难群众脱贫	5	4	3	2	1
10—37	高校智力帮扶政策有效促进了困难群众脱贫	5	4	3	2	1

续表

序号	问项	实际情况 非常同意——→非常不同意				
10—38	学生资助政策有效支持了教育脱贫	5	4	3	2	1
10—39	农村义务教育学生营养改善计划有效支持了教育脱贫	5	4	3	2	1
10—40	对贫困家庭子女的教育救助有效支持了教育脱贫	5	4	3	2	1
10—41	留守儿童帮扶有效支持了教育脱贫	5	4	3	2	1
10—42	残疾儿童帮扶有效支持了教育脱贫	5	4	3	2	1
10—43	贫困地区进城务工人员随迁子女帮扶政策有效支持了教育脱贫	5	4	3	2	1
10—44	少数民族教育帮扶有效支持了教育脱贫	5	4	3	2	1

第三部分　您对各项教育扶贫政策实施的预期

重要程度选项中数字分别代表以下含义：5 非常重要、4 重要、3 一般、2 不重要、1 很不重要，请在相应的数字上打"√"。

序号	问项	重要程度 非常同意——→非常不同意				
11—1	公办幼儿园改扩建	5	4	3	2	1
11—2	利用富余、闲置（中小学）资源建设幼儿园	5	4	3	2	1
11—3	贫困村开展幼儿园建设	5	4	3	2	1
11—4	开展乡镇中心幼儿园建设	5	4	3	2	1
11—5	普惠性民办幼儿园发展	5	4	3	2	1
11—6	"学前教育三年行动计划"倾斜	5	4	3	2	1
11—7	薄弱学校基本办学条件改善	5	4	3	2	1
11—8	控辍保学政策	5	4	3	2	1
11—9	义务教育质量提升	5	4	3	2	1
11—10	县域义务教育均衡发展	5	4	3	2	1
11—11	普通高中办学条件改善	5	4	3	2	1

附 录

续表

序号	问项	重要程度 非常同意——→非常不同意				
11—12	高中办学质量提升	5	4	3	2	1
11—13	中等职业技术教育发展	5	4	3	2	1
11—14	职业教育办学能力提升	5	4	3	2	1
11—15	职业教育专业调整	5	4	3	2	1
11—16	职业教育布局调整	5	4	3	2	1
11—17	职业教育质量提升	5	4	3	2	1
11—18	学前教育经费倾斜	5	4	3	2	1
11—19	义务教育经费倾斜	5	4	3	2	1
11—20	高中经费倾斜	5	4	3	2	1
11—21	职业教育经费倾斜	5	4	3	2	1
11—22	中小学布局调整	5	4	3	2	1
11—23	标准化和寄宿制学校建设	5	4	3	2	1
11—24	教育信息化建设	5	4	3	2	1
11—25	信息化数字教育资源丰富	5	4	3	2	1
11—26	信息化技术应用水平提升	5	4	3	2	1
11—27	教师工资福利待遇提升	5	4	3	2	1
11—28	教师培养补充机制完善	5	4	3	2	1
11—29	教师交流培训机制完善	5	4	3	2	1
11—30	高中招生向贫困考生倾斜	5	4	3	2	1
11—31	中等职业教育招生向贫困考生倾斜	5	4	3	2	1
11—32	高等教育招生向贫困考生倾斜	5	4	3	2	1
11—33	就业帮扶政策	5	4	3	2	1
11—34	创业帮扶政策	5	4	3	2	1
11—35	教育对口帮扶政策	5	4	3	2	1
11—36	职业技能培训政策	5	4	3	2	1
11—37	高校智力帮扶政策	5	4	3	2	1
11—38	学生资助政策	5	4	3	2	1
11—39	农村义务教育学生营养改善计划	5	4	3	2	1

续表

序号	问项	重要程度 非常同意——非常不同意				
11—40	贫困家庭子女的教育救助	5	4	3	2	1
11—41	留守儿童帮扶	5	4	3	2	1
11—42	残疾儿童帮扶	5	4	3	2	1
11—43	贫困地区进城务工人员随迁子女帮扶政策	5	4	3	2	1
11—44	少数民族教育帮扶	5	4	3	2	1

第四部分　脱贫之后需要强化的教育扶贫政策

在贫困县脱贫"摘帽"之后，您认为哪些政策的实施有利于解决您所在帮扶地区的贫困问题，请选择三项，并在相应的空白处上打"√"。

序号	问项	认可
12—1	提升贫困地区基础教育发展水平	
12—2	加大职业教育力度	
12—3	加大贫困群众职业技能培训力度	
12—4	进一步优化学校布局	
12—5	加大人才选拔政策的倾斜力度	
12—6	加大人才支援政策倾斜力度	
12—7	加大学生资助政策倾斜力度	
12—8	加大软硬件设施补充力度	
12—9	加大特殊困难群体保障力度	

二　访谈提纲

一、您所了解的教育扶贫政策都有什么？

二、您感受到的扶贫政策对教育产生了什么变化？具体表现在哪些

◈ 附 录 ◈

方面？

三、您认为现阶段教育扶贫工作需要继续加强的方面有哪些？为什么？

四、您认为脱贫之后，是否还需要教育扶贫？如果需要的话应该着重在哪些方面进行帮扶？

三 教育扶贫相关文件

（一）与教育扶贫有关的国家级文件

中共中央、国务院：《关于帮助贫困地区尽快改变面貌的通知》，1984年9月29日。

中共中央：《关于教育体制改革的决定》，1985年5月27日。

《中华人民共和国国民经济和社会发展第七个五年计划》，1986年4月12日。

国务院：《关于加强贫困地区经济开发工作的通知》，1987年10月30日。

中共中央、国务院：《中国教育改革和发展纲要》，1993年2月13日。

国务院：《关于印发国家八七扶贫攻坚计划的通知》，1994年4月15日。

国务院：《关于〈中国教育改革和发展纲要〉的实施意见》，1994年7月3日。

《中华人民共和国国民经济和社会发展"九五"计划和2010年远景目标纲要》，1996年3月17日。

中共中央、国务院：《关于尽快解决农村贫困人口温饱问题的决定》，1996年10月23日。

国务院：《国务院批转教育部〈面向21世纪教育振兴行动计划〉的通知》，1999年1月13日。

中共中央：《关于农业和农村工作若干重大问题的决定》，1998年10月14日。

中共中央、国务院：《关于深化教育改革全面推进素质教育的决定》1999年6月13日。

中共中央办公厅、国务院办公厅：《关于推动东西部地区学校对口支援工作的通知》，2000年4月6日。

国务院：《关于实施西部大开发若干政策措施的通知》，2000年10月26日。

国务院办公厅转发教育部等：《关于实施中小学危房改造工程意见的通知》，2001年2月17日。

《中华人民共和国国民经济和社会发展第十个五年计划纲要》，2001年3月5日。

国务院：《关于基础教育改革与发展的决定》，2001年5月29日。

国务院：《关于印发中国农村扶贫开发纲要（2001—2010年）的通知》，2001年6月13日。

国务院：《关于深化改革加快发展民族教育的决定》，2002年7月7日。

中共中央办公厅、国务院办公厅：《关于转发教育部等〈关于"十五"期间扫除文盲工作的意见〉的通知》，2002年7月22日。

中共中央、国务院：《关于做好农业和农村工作的意见》，2003年1月16日。

国务院：《关于进一步加强农村教育工作的决定》，2003年9月17日。

国务院：《批转教育部2003—2007年教育振兴行动计划的通知》，2004年2月10日。

国务院办公厅：《关于转发教育部等〈国家西部地区"两基"攻坚计划（2004—2007年）〉的通知》，2004年2月16日。

国务院办公厅：《关于切实解决高校贫困家庭学生困难问题的通知》，2004年9月3日。

国务院：《关于大力发展职业教育的决定》，2005年10月28日。

国务院：《关于深化农村义务教育经费保障机制改革的通知》，2005年12月24日。

中共中央、国务院：《关于推进社会主义新农村建设的若干意见》，

附 录

2005年12月31日。

《中华人民共和国国民经济和社会发展第十一个五年规划纲要》，2006年3月14日。

中共中央：《关于构建社会主义和谐社会若干重大问题的决定》，2006年10月11日。

国务院：《国务院批转教育部国家教育事业发展"十一五"规划纲要的通知》，2007年5月18日。

国务院：《关于建立健全普通本科高校高等职业学校和中等职业学校家庭经济困难学生资助政策体系的意见》，2007年5月13日。

中共中央：《关于推进农村改革发展若干重大问题的决定》，2008年10月12日。

《国家中长期教育改革和发展规划纲要（2010—2020年）》，2010年7月29日。

国务院：《关于印发中国妇女发展纲要和中国儿童发展纲要的通知》，2011年7月30日。

中共中央、国务院：《中国农村扶贫开发纲要（2011—2020年）》，2011年12月1日。

中共中央办公厅、国务院办公厅：《关于创新机制扎实推进农村扶贫开发工作的意见》，2013年12月18日。

中共中央组织部等：《关于做好选派机关优秀干部到村任第一书记工作的通知》，2015年4月30日。

中共中央、国务院：《关于打赢脱贫攻坚战的决定》，2015年11月29日。

中共中央办公厅、国务院办公厅：《关于建立贫困退出机制的意见》，2016年4月23日。

中共中央办公厅、国务院办公厅：《脱贫攻坚督查巡查工作办法》，2016年7月17日。

中共中央办公厅、国务院办公厅：《脱贫攻坚责任制实施办法》，2016年10月17日。

国务院：《关于印发"十三五"脱贫攻坚规划的通知》，2016年11

月 23 日。

中共中央办公厅、国务院办公厅：《关于加强贫困村驻村工作队选派管理工作的指导意见》，2017 年 12 月 24 日。

中共中央、国务院：《关于打赢脱贫攻坚战三年行动的指导意见》，2018 年 6 月 15 日。

中共中央、国务院：《关于深化教育教学改革全面提高义务教育质量的意见》，2019 年 6 月 23 日。

中共中央：《关于坚持和完善中国特色社会主义制度推进国家治理体系和治理能力现代化若干重大问题的决定》，2019 年 10 月 31 日。

（二）省级教育扶贫实施方案

甘肃省教育厅、甘肃省扶贫办：《关于精准扶贫教育支持计划的实施方案》，2015 年 6 月 30 日。

中共四川省委办公厅、四川省人民政府办公厅：《关于印发〈四川省基础设施建设扶贫专项方案〉等 10 个扶贫专项方案的通知》，2015 年 9 月 18 日。

湖北省教育厅：《关于印发〈湖北省教育精准扶贫行动计划（2015—2019 年）〉的通知》，2015 年 12 月 21 日。

河北省教育厅等：《关于印发〈关于推进教育脱贫行动的实施方案〉的通知》，2016 年 1 月 13 日。

湖南省教育厅：《关于印发〈湖南省教育厅"发展教育脱贫一批"实施方案〉的通知》，2016 年 1 月 28 日。

贵州省教育厅：《关于印发贵州省教育精准脱贫规划方案（2016—2020 年）的通知》，2016 年 2 月 19 日。

青海省人民政府办公厅：《关于印发青海省发展产业易地搬迁等七个脱贫攻坚行动计划和交通水利等九个行业扶贫专项方案的通知》，2016 年 2 月 29 日。

安徽省人民政府办公厅：《关于印发特色种养业扶贫工程实施意见等五个脱贫攻坚配套文件的通知》，2016 年 3 月 3 日。

辽宁省教育厅、辽宁省脱贫攻坚领导小组办公室：《关于印发〈辽

附 录

宁省教育精准扶贫工作实施方案〉的通知》，2016年4月6日。

福建省教育厅、福建省财政厅：《关于印发实施教育精准扶贫工作方案的通知》，2016年4月12日。

宁夏回族自治区教育厅：《关于印发〈宁夏教育精准扶贫行动方案（2016—2020年）〉的通知》，2016年4月18日。

陕西省教育厅、陕西省扶贫开发办公室：《关于印发〈陕西省教育扶贫实施方案〉的通知》，2016年4月18日。

海南省教育厅：《关于印发〈海南省教育精准扶贫行动计划（2016—2020年）〉的通知》，2016年4月25日。

江西省人民政府办公厅：《关于印发江西省教育扶贫工程实施方案的通知》，2016年6月。

山东省教育厅：《山东省教育扶贫实施方案》，2016年6月12日。

广西壮族自治区教育厅：《关于印发教育精准脱贫专项行动实施方案的通知》，2016年6月13日。

河南省人民政府办公厅：《关于转发河南省教育脱贫等5个专项方案的通知》，2016年6月24日。

内蒙古自治区教育厅：《关于印发〈内蒙古精准扶贫教育支持计划实施方案〉的通知》，2016年7月15日。

山西省脱贫攻坚领导小组：《关于批转〈山西省教育扶贫行动方案〉和〈山西省2016年教育扶贫行动计划〉的通知》，2016年9月20日。

重庆市教育委员会等：《关于打赢教育脱贫攻坚战的实施意见》，2017年9月11日。

云南省扶贫开发领导小组：《关于印发〈云南省教育扶贫实施方案〉的通知》，2017年11月24日。

（三）与教育扶贫相关的部级文件

教育部、国家民族事务委员会：《关于加强领导和进一步办好高等院校少数民族班的意见》，1984年3月30日。

国家教委、国务院西藏经济工作咨询小组转发：《关于内地对口支援西藏教育实施计划》，1987 年 11 月 16 日。

教育部、国家计划委员会：《关于落实中央关于在内地为西藏办学培养人才指示的通知》，1984 年 12 月 11 日。

人力资源社会保障部、财政部：《关于进一步加大就业扶贫政策支持力度着力提高劳务组织化程度的通知》，1991 年 5 月 7 日。

国家教委办公厅：《关于对全国 143 个少数民族贫困县实施教育扶贫的意见》，1992 年 10 月 19 日。

国家教委：《关于大力改革与发展贫困地区教育，促进经济开发，加快脱贫致富步伐的意见》，1993 年 2 月 9 日。

国家教委、国家民委：《关于认真贯彻中央扶贫工作会议精神，进一步加强对口支援民族和贫困地区发展教育事业的通知》，1997 年 4 月 22 日。

教育部：《关于内地有关城市开办新疆高中班的实施意见》，2000 年 1 月 24 日。

教育部等：《关于东西部地区学校对口支援工作的指导意见》，2000 年 4 月 20 日。

教育部：《关于实施"对口支援西部地区高等学校计划"的通知》，2001 年 5 月 10 日。

教育部、财政部：《关于对全国部分贫困地区农村中小学生试行免费提供教科书的意见》，2001 年 6 月 7 日。

教育部等：《关于落实和完善中小学贫困学生助学金制度的通知》，2001 年 9 月 24 日。

教育部等：《关于开展东部对西部、城市对农村中等职业学校联合招生合作办学工作的意见》，2003 年 11 月 10 日。

教育部等：《关于进一步做好教育援藏工作的意见》，2003 年 11 月 24 日。

财政部、教育部：《对农村义务教育阶段家庭经济困难学生免费提供教科书工作暂行管理办法》，2004 年 2 月 26 日。

教育部等：《关于大力培养少数民族高层次骨干人才的意见》，2004 年 7 月 8 日。

附　录

民政部、教育部：《关于进一步做好城乡特殊困难未成年人教育救助工作的通知》，2004年8月26日。

财政部、教育部：《关于进一步加强免费提供教科书工作的若干意见》，2005年1月28日。

财政部、教育部：《关于加快国家扶贫开发工作重点县"两免一补"实施步伐有关工作意见》，2005年2月18日。

教育部：《关于实施"援疆学科建设计划"的通知》，2005年4月15日。

教育部等：《培养少数民族高层次骨干人才计划的实施方案》，2005年6月8日。

中共中央组织部等：《关于组织开展高校毕业生到农村基层从事支教、支农、支医和扶贫工作的通知》，2006年2月25日。

教育部：《关于大力推进城镇教师支援农村教育工作的意见》，2006年2月26日。

财政部、教育部：《农村义务教育经费保障机制改革中央专项资金支付管理暂行办法》，2006年4月6日。

教育部等：《关于实施农村义务教育阶段学校教师特设岗位计划的通知》，2006年5月15日。

教育部：《关于实事求是地做好农村中小学布局调整工作的通知》，2006年6月9日。

财政部、教育部：《关于完善中等职业教育贫困家庭学生资助体系的若干意见》，2006年7月24日。

教育部：《关于进一步深入开展对口支援西部地区高等学校工作的意见》，2006年9月11日。

教育部等：《关于进一步加强教育对口支援西藏工作的意见》，2006年12月20日。

财政部、教育部：《普通本科高校、高等职业学校国家奖学金管理暂行办法》，2007年6月26日。

财政部、教育部：《普通本科高校、高等职业学校国家励志奖学金管理暂行办法》，2007年6月27日。

财政部、教育部：《普通本科高校、高等职业学校国家助学金管理暂行办法》，2007年6月27日。

教育部：《关于大力推进师范生实习支教工作的意见》，2007年7月5日。

教育部等：《关于进一步加强扫盲工作的指导意见》，2007年12月18日。

教育部等：《关于继续组织实施"农村义务教育阶段学校教师特设岗位计划"的通知》，2009年2月23日。

教育部：《关于进一步做好中小学教师补充工作的通知》，2009年3月25日。

教育部：《关于进一步推进对口支援西部地区高等学校工作的意见》，2010年1月22日。

教育部等：《关于在内地部分省（市）举办内地西藏中职班的意见》，2010年6月25日。

教育部：《普通高等学校少数民族预科班、高层次骨干人才硕士研究生基础强化班管理办法》，2010年7月12日。

教育部办公厅：《内地西藏班、内地新疆高中班管理办法》，2010年8月17日。

财政部、教育部：《关于建立普通高中家庭经济困难学生国家资助制度的意见》，2010年9月19日。

财政部、教育部：《普通高中国家助学金管理暂行办法》，2010年11月3日。

教育部等：《关于举办内地新疆中职班的意见》，2011年7月12日。

财政部、教育部：《关于建立学前教育资助制度的意见》，2011年9月5日。

教育部等：《关于实施面向贫困地区定向招生专项计划的通知》，2012年3月19日。

教育部：《关于推进新疆中等职业教育发展的意见》，2012年4月16日。

教育部等：《关于印发〈农村义务教育学生营养改善计划实施细

附 录

则〉等五个配套文件的通知》，2012年5月23日。

财政部等：《关于扩大中等职业教育免学费政策范围进一步完善国家助学金制度的意见》，2012年10月22日。

教育部等：《边远贫困地区、边疆民族地区和革命老区人才支持计划教师专项计划实施方案》，2012年11月27日。

教育部等：《关于加强义务教育阶段农村留守儿童关爱和教育工作的意见》，2013年1月4日。

教育部：《关于做好直属高校定点扶贫工作的意见》，2013年1月6日。

教育部等：《关于全面改善贫困地区义务教育薄弱学校基本办学条件的意见》，2013年12月31日。

人力资源社会保障部：《农民工职业技能提升计划"春潮行动"实施方案》，2014年3月31日。

国务院扶贫开发领导小组办公室：《扶贫开发建档立卡工作方案》，2014年4月2日。

国务院扶贫开发领导小组办公室等：《建立精准扶贫工作机制实施方案》，2014年5月12日。

教育部办公厅等：《关于印发全面改善贫困地区义务教育薄弱学校基本办学条件底线要求的通知》，2014年7月18日。

教育部等：《关于实施第二期学前教育三年行动计划的意见》，2014年11月3日。

中共中央组织部、国务院扶贫办：《关于改进贫困县党政领导班子和领导干部经济社会发展实绩考核工作的意见》，2014年12月11日。

教育部办公厅：《关于开展新疆和援疆省市学校"千校手拉手"活动的通知》，2014年12月26日。

国务院扶贫办等：《关于加强雨露计划支持农村贫困家庭新成长劳动力接受职业教育的意见》，2015年6月2日。

教育部等：《关于完善国家助学贷款政策的若干意见》，2015年7月13日。

国务院教育督导委员会办公室：《全面改善贫困地区义务教育薄弱

学校基本办学条件工作专项督导办法》，2015年12月7日。

中共中央组织部、国务院扶贫办：《省级党委和政府扶贫开发工作成效考核办法》，2016年2月19日。

人力资源社会保障部、国务院扶贫办：《关于开展技能脱贫千校行动的通知》，2016年7月26日。

教育部办公厅等：《关于进一步扩大学生营养改善计划地方试点范围实现国家扶贫开发重点县全覆盖的意见》，2016年8月29日。

财政部、教育部：《关于免除普通高中建档立卡家庭经济困难学生学杂费的意见》，2016年8月30日。

教育部办公厅等：《普通高中建档立卡家庭经济困难学生免除学杂费政策对象的认定及学杂费减免工作暂行办法》，2016年10月18日。

人力资源社会保障部等：《关于切实做好就业扶贫工作的指导意见》，2016年12月2日。

财政部等：《中等职业学校免学费补助资金管理办法》，2016年12月6日。

教育部：《关于加强"十三五"期间教育对口支援西藏和四省藏区工作的意见》，2016年12月29日。

教育部办公厅：《关于进一步加强和规范高校家庭经济困难学生认定工作的通知》，2016年12月30日。

财政部：《关于进一步落实高等教育学生资助政策的通知》，2017年3月28日。

教育部：《关于实施第三期学前教育行动计划的意见》，2017年4月13日。

教育部办公厅、财政部办公厅：《关于进一步做好农村义务教育学生营养改善计划有关管理工作的通知》，2017年5月2日。

教育部办公厅、国务院扶贫办综合司：《关于印发〈贯彻落实《职业教育东西协作行动计划（2016—2020年）》实施方案〉的通知》，2017年5月22日。

教育部办公厅：《职业教育东西协作行动计划滇西实施方案（2017—2020年）》，2017年9月7日。

附　录

教育部等：《援藏援疆万名教师支教计划实施方案》，2017年12月15日。

教育部：《关于做好2018年重点高校招收农村和贫困地区学生工作的通知》，2018年2年26日。

教育部、财政部：《银龄讲学计划实施方案》，2018年7月4日。

教育部、财政部：《高等学校勤工助学管理办法（2018年修订）》，2018年8月20日。

人力资源社会保障部、国务院扶贫办：《关于开展深度贫困地区技能扶贫行动的通知》，2018年9月26日。

教育部等：《关于做好家庭经济困难学生认定工作的指导意见》，2018年10月30日。

国务院教育督导委员会办公室：《关于做好疑似失学儿童情况检查和劝返复学工作的通知》，2018年11月16日。

教育部：《高等学校乡村振兴科技创新行动计划（2018—2022年）》，2018年12月29日。

教育部等：《关于进一步组织高等学校科技力量为振兴农业作贡献的决定》，2018年12月29日。

人力资源社会保障部、国务院扶贫办：《关于深入推进技能脱贫千校行动的实施意见》，2019年1月8日。

人力资源社会保障部：《新生代农民工职业技能提升计划（2019—2022年）》，2019年1月9日。

教育部办公厅：《关于打赢脱贫攻坚战进一步做好农村义务教育有关工作的通知》，2019年2月17日。

教育部：《关于做好新时期直属高校定点扶贫工作的意见》，2019年4月17日。

人力资源社会保障部等：《关于做好易地扶贫搬迁就业帮扶工作的通知》，2019年5月23日。

教育部等：《关于切实做好义务教育薄弱环节改善与能力提升工作的意见》，2019年7月8日。

教育部等:《中等职业教育国家奖学金评审暂行办法》,2019年9月18日。

教育部等:《关于进一步加强农村义务教育学生营养改善计划有关管理工作的通知》,2019年11月15日。

后　　记

感谢华东师范大学和导师袁振国教授。袁老师以教育家的担当与胸怀传道授业解惑，是我学术道路上的北斗。启发我在教育政策研究中关注古今中外，不断开阔研究视野。本书是在袁老师所指导的博士论文的基础上修改完成的。其中的每一个环节、每一个章节的字里行间都凝结着袁老师的心血。在我迷茫与无助时，袁老师言传身教，帮我坚定学术信仰、明晰研究立场、凝练研究主题、拓展研究思路……大师者，师大也，一辈子，一生情。

感谢西安交通大学公共政策与管理学院姚秀颖老师、中国井冈山干部学院范国盛副处长、中国人民大学教育学院严宇博士、清华大学社会学系曹谦博士、四川省教育科学研究院刘传星副所长、共青团渭南市委周博宇主任在本研究数据采集中所给予的帮助，并在此向一线基层扶贫干部的无私奉献表达深深的敬意！

感谢青海省教育厅董林副厅长、发展规划处甘昌福处长、省电化教育馆李朝波老师、海晏县教育局谢晓玲局长、王晓玲副局长、海北州第一高级中学陶园副校长、海晏县寄宿制民族中学季顺山副校长、刚察县民族寄宿制初级中学王明老师、刚察县教育局切太老师、刚察县哈尔盖镇寄宿制小学多杰尖增老师在调研过程中的支持；感谢教育部学校规划建设发展中心陈建荣副主任、张智副处长、郭韶华、季卉慧、张思佳老师以及联合国儿童基金会教育处官员李涛女士给予本研究的关注与启发。

感谢复旦大学熊庆年教授、上海师范大学张民选教授及华东师范大学吴遵民教授、郅庭瑾教授、黄忠敬教授为本研究提出的宝贵建议。感谢上海市教育科学研究院杜晓利研究员，华东师范大学教育学部柯政教授、刘世清副教授、白芸副教授无私分享在相关研究与调研中的感悟与成果。

感谢华东师范大学学报期刊社黄薇主任、杨九诠主编、陈振华编审、范笑仙副编审、胡岩副编审、童想文博士对本书出版的支持。感谢中国社会科学出版社田文老师的辛勤付出。

感谢我的父亲母亲。

感谢这个伟大的时代，让我有幸记录中国大地上的一群小伙伴，欢欢喜喜进校园。

王　森

庚子年秋